中国财务公司协会
CHINA NATIONAL ASSOCIATION OF FINANCE COMPANIES

中国企业集团财务公司
行业发展报告
（2018）

DEVELOPMENT REPORT ON
CHINA'S FINANCE COMPANIES（2018）

中 国 财 务 公 司 协 会
中国社会科学院财经战略研究院　编著

社会科学文献出版社
SOCIAL SCIENCES ACADEMIC PRESS（CHINA）

编 委 会

序

2017 年，面对复杂多变的国内外经济新形势，财务公司行业在党中央的统一领导下，切实将思想和行动统一到党的十九大精神上来，深入贯彻新发展理念，努力实现行业由高速增长向高质量发展的转变，紧紧围绕"服务实体经济、防控金融风险、深化金融改革"三大任务，充分发挥集团资金归集、资金结算、资金监控和金融服务四个平台功能，坚定不移地做产融结合的最佳实践者。

坚持党的领导，公司治理在党的引领下不断完善。2017 年，党的十九大胜利召开，财务公司行业坚持以十九大精神和习近平新时代中国特色社会主义思想为指导，将坚持党的领导和完善公司治理紧密结合，切实把党的领导融入企业决策、执行和监督的各个环节，将党委研究讨论公司"三重一大"等重要事项作为公司决策前置程序，确保党在公司经营决策中的领导地位，让党的十九大精神在财务公司服务实体经济、服务企业集团和防控金融风险的实践中落地生根。

服务实体经济，助力供给侧结构性改革稳步推进。财务公司作为最贴近实体经济的一类金融机构，始终将服务实体经济放在首位，紧扣集团需求，全年累计发放贷款 4.03 万亿元，信贷支持力度持续加大。2017 年，财务公司继续坚持以服务供给侧结构性改革为主线，在监管机构的支持和引导下，积极发挥自身优势，通过差异化特色服务精准助力集团去产能、有保有压严控资金流向协助集团去库存等多种手段，聚焦"三去一降一补"的各个重要环节，全力服务所属集团和所属行业推进供给侧结构改革。同时，财务公司紧随集团海外发展步伐，不断提高跨境金融服务水平，为集团"走出去"提供了账户管理、结算、存贷款、筹融资、外汇交易、外汇资金池等综合性金融服务，为国家"一带一路"建设的顺利推进做出了一定贡献。

切实防范风险，风险管理水平不断提升。2017 年，在强监管严监管的监管环境下，财务公司风险合规意识不断增强，"不能违规、不敢违规、不愿违规"的合规文化初步形成。通过不断完善风险管理组织架构，强化风险管理职能，优化风险管理制度和方法，财务公司行业风险监控指标持续向好。2017 年末，财务公司不良资产率仅为0.03%，流动性比例、拨备覆盖率、资本充足率均保持在较高水平。在不断降低自身风险水平的同时，财务公司积极协助集团防控风险，特别是央企和地方国企财务公司千方百计助力企业集团降杠杆。通过统筹集团融资，规划集团负债，以内部贷款等金融服务替代外部贷款，优化借还款条件减少资金实际占用等多方面优势，有效降低了集团的整体负债水平，为企业防风险、去杠杆贡献了财务公司的解决方案。

全面深化改革，金融创新在严控风险的前提下有序开展。2017年，财务公司深入推进改革创新，在确保安全稳健的前提下开展各种创新活动，行业创新活力不断增强。部分财务公司在监管政策的支持下，通过开展买方信贷、消费信贷，以及延伸产业链业务，拓展产业链金融服务，改善产业链中小微企业融资环境，积极主动地构建以产业发展为核心，金融业务关系为纽带，连通集团内外、实体产业与金融市场等不同参与角色的产业金融行业生态圈。在产品创新的同时，理念创新、模式创新、系统创新协同进行。在产业链金融、资产支持证券等业务创新长足发展的过程中，财务公司积极推进管理系统建设、业务流程优化、风险管控模式设计等方面的创新，以管理模式创新推进创新业务发展，再进一步以管理集成释放传统业务活力，全方位提高财务公司参与市场竞争的能力。

不忘初心，方得始终。2017年是财务公司行业成立三十周年。财务公司作为具有中国特色的非银行金融机构，服务企业集团是其天然属性和存在的意义。三十年行业发展的实践证明，财务公司始终坚持依托集团、服务集团的宗旨，通过提供优质特色的金融服务，在满足成员单位多元需求、支持集团健康发展、促进产业链互利共赢、助力实体经济提质增效等方面均发挥了重要的作用。

矢志奋斗，走向未来。2018年是全面贯彻党的十九大精神的开局之年，是改革开放四十周年，是决胜全面建成小康社会、实施"十三五"规划承上启下的关键一年。财务公司行业将在新时代承担新的使命与任务。财务公司要更加积极主动深入地融入国家战略，发挥自身依托集团，了解实体经济、贴近实体经济、服务实体经济的独特优势，坚持稳中求进总基调，充分把握新时代金融工作面临的新机遇，不断推进改革创新，提高金融服务质效，开启新时代财务公司行业高质量发展新征程，在中国特色社会主义建设的伟大历史进程中做出更大的贡献。

踏石留印，抓铁有痕。为继续全面、深入反映2017年财务公司行业发展的主要成绩和运行特点，展望未来行业发展趋势，中国财务公司协会第三次组织编著了《中国企业集团财务公司行业发展报告》。《报告》内容客观务实、系统全面。希望它能为社会各界了解财务公司经营管理和发展历程，为业内外研究交流提供一定的参考。

是为序。

中国财务公司协会会长

中国电力财务有限公司董事长

导　言

延续过去几年温和复苏的态势，2017 年世界经济总体平稳发展，全球经济增长率约为 3.8%，复苏趋势较为良好，尤其是美国、欧洲、日本和中国等大型经济体均有不同程度的改善，但是单边主义和贸易保护主义是重要的挑战。2017 年中国国内生产总值达到 82.7 万亿元，比上年增长 6.9%。2015 年以来，中国经济持续了缓中趋稳、稳中向好的局面，经济增长内生动力有所增强，供给侧结构性改革缓释了产能过剩及高杠杆等风险，金融不断强化服务实体经济功能，中国经济正逐步转向高质量发展模式。但是，中国经济发展的结构性矛盾仍然存在，不平衡不充分矛盾较为突显，系统性风险因素尚存，高质量转型任重道远。在复杂的国内国际形势下，企业集团财务公司坚决贯彻高质量发展转型战略，一如既往地坚持"服务集团"这一定位，在资金归集、资产规模、经营效益、宏观审慎和服务实体经济等方面呈现积极变化，在行业发展、负债业务、同业业务、信息科技和产业链金融等方面表现出良好的创新驱动趋势。

2017 年企业集团财务公司行业整体保持良好的发展态势并取得了较好的发展业绩。截至 2017 年末，全行业法人机构总计 247 家，较上年末增加 11 家，机构数量持续增加。全行业表内外资产总额 8.69 万亿元，同比增长 15.91%，资产规模保持稳定增长。无不良资产财务公司 217 家，行业平均不良资产率 0.03%，行业风险控制得当。全行业实现利润总额 975.04 亿元，同比增长 21.51%，经营效益大幅提升。全行业平均资金集中度 47.91%，同比上升 2.33 个百分点，资金集中度不断加强。2017 年末行业平均资本充足率 20.92%，同比下降 0.33 个百分点，高于商业银行 7.27 个百分点；行业拨备覆盖率 3937.85%，同比上升 634.06 个百分点，远高于商业银行。

企业集团财务公司在行业改革发展过程中，坚持服务企业集团、服务产业链和服务实体经济的功能，有效支撑经济平稳发展。截至 2017 年末，全国财务公司服务的成员单位涵盖电力、石油化工、钢铁、机械制造、民生消费等 17 个行业，基本覆盖关乎国计民生的重要行业。2017 年，财务公司行业累计发放各项贷款 1.85 万亿元，同比增长 20.17%，有效支撑了企业集团的转型发展。产业链下游业务发生额 3139.53 亿元，产业链上游业务发生额 704.59 亿元，产业链金融业务得以扩展，实体经济的服务功能不断强化。

2017 年，财务公司行业资产规模继续保持平稳增长态势，负债规模实现较高增长，与资产业务形成良性互动，有效支持服务企业集团转型发展的资金与金融服务需求。2017 年全行业表内外资产总额 8.69 万亿元，其中表内资产总额 5.72 万亿元，同比增长 20.12%，较同期银行业高 11.44 个百分点。2017 年末，财务公司全行业负债规模为 4.92 万亿元，较上年末增加 8342.42 亿元，增速 20.41%，较 2016 年提升 3.7 个百分点。负债业务相对较快增长，主要是财务公司强化"主动"意识，实现存款业务增长较快，以持续支持财务公司的资产业务。

财务公司同业业务和中间业务发展保持平稳态势，结构性完善较为显著，国际业务开展取得积极进展，有力支撑了企业集团国际化发展。2017 年财务公司行业顺应货币政策、同业市场政策及市场变化，有效管理存放同业、同业拆借、买入返售与卖出回购业务，实现同业业务结构优化和平稳发展。截至 2017 年末，财务公司行业存放同业余额 2.26 万亿元，同比增长 14.6%；买入返售余额 1205 亿元，同比增长 109.2%；卖出回购余额 450 亿元，同比增长 43.4%。在不断强化企业集团综合金融服务的过程中，财务公司行业中间业务发展成效突出，业务范围不断丰富，各项业务纵深发展，业务大幅增长，收入贡献度显著提升，有效支持了产融结合、以融促产。2017 年度财务公司行业票据承兑业务发生额 6935 亿元，同比增长 58.9%；结算业务发生额 351 亿元，同比增长 31.6%；融资性担保业务发生额 752.54 亿元，同比增长 38.74%；非融资性担保业务发生额 521.77 亿元，同比增长高达 93.43%。2017 年财务公司国际业务和服务不仅面向境内成员单位，更有财务公司结合本外币跨境资金池、外汇交易和自贸区的创新金融业务，各项业务均取得良好的进展，有力支撑了企业集团国际化战略。

财务公司行业持续强化风险管理和内部控制工作，不断完善风险管理组织架构，优化风险管理的制度和方法，风险管理水平不断提高，实现了集团资金平稳运行。行业总体风险水平继续降低，远低于商业银行，不良贷款率维持在 0.06%，低于商业银行平均水平 1.68 个百分点；行业平均资本充足率 20.92%，高于商业银行平均水平 7.27 个百分点；行业流动性比例 62.68%，远高于商业银行 50.03% 的平均水平。信用风险管理措施不断完善，信用风险管理的政策和流程进一步健全，财务公司行业不良资产率为 0.03%，资产质量保持较好水平。财务公司行业建立了较为完善的市场风险管理组织和政策，初步建立了市场风险管理量化指标体系。2017 年，财务公司行业还通过内控建设、使用信息科技、建立考核与激励机制，加强操作风险管理，风控机制建设不断完善。

通过依托所属企业集团和充分发挥自身优势，财务公司的服务功能不断强化，服务成员单位、服务风险管控、服务企业集团、服务产业链、服务国家发展战略的综合服务功能基本呈现，有效助力高质量转型发展。在供给侧结构性改革中，财务公司以差异化特色服务精准助力集团去产能。面对企业集团积极压降过剩产能，与外部商业银行慎贷、惜贷般的"雨天收伞"不同，财务公司作为集团内部金融机构，切实以服务集团为己任，紧跟集团化解过剩产能的整体部署和实际情况，通过差异化特色服务最大限度地助力集团化解过剩产能，同时为去产能的成员单位平稳运行提供综合金融服务，全力支持集团积极践行国家高质量发展战略。

2018 年，中国经济高质量发展转型将进一步深化，财务公司行业发展的整体环境相对较好。宏观政策将继续坚持稳中求进的总基调，财政政策积极的取向不变但注重聚力增效，货币政策保持稳健中性。但是，在系统性金融风险防范化解的现实要求下，稳健中性的货币政策仍然带有一定的偏紧趋势，不过流动性管理政策相对过去两年可能会出现结构性放松。2018 年，中国经济最大的外部不确定来自美国，除了减税、加息等政策冲击外，美国与中国的贸易摩擦将持续较长时间并对进出口造成冲击，同时美联储货币政策外溢效应可能使中国的市场利率和汇率出现较大的波动。2018 年财务公司面临的经济金融环境将比 2017 年更加复杂，风险管理的任务要求更加艰巨。

2018 年，面对"新特点、新挑战、新趋势"，财务公司的转型发展将进一步深化。财务公司将坚持党的领导，积极探索因地制宜强化党的领导、加强组织建设，以党的领导引领公司治理机制的完善，以党建带动生产经营和各方面事业的全面发展。财务公司将继续加强司库功能定位，深化金融服务创新，完善风险管理体系，做精做实各类业务，为实体经济和企业集团的发展提供更大更坚实的基础。一是进一步融入国家战略，更好服务实体经济，更好服务高质量转型发展。重点落实供给侧结构性改革，大力贯彻"一带一路"倡议、区域发展和创新驱动发展战略。二是立足企业主业大势，持续改进财务公司金融服务，强化司库功能创新发展，提高金融服务精细化水平。三是鼓励创新多元发展，重点推进产业链金融服务，提升财务公司综合竞争力。四是全面强化风险管理，构建科技信息为支撑的风险管控体系，巩固财务公司稳健发展的制度、体制和基础设施基础。五是构建财务公司行业发展生态体系，以改革、创新、服务为支撑，应对财务公司发展难题，促进财务公司长期稳健发展，有效支撑企业集团战略转型和实体经济高质量发展。

目　录

Contents

第一篇　环境篇

　　2017 年，全球经济增速约为 3.7%，经济复苏势头进一步明确。全球性宽松货币政策渐次退出。"一带一路"倡议给中国及沿线国家带来重大而深远的影响。中国经济总体运行情况稳中向好，增速 6.9%，转向高质量发展，就业总体稳定，供给侧结构性改革深入推进，资金"脱虚入实"，风险总体可控，经济发展中不平衡不充分的矛盾比较突出。

　　2017 年，全球金融市场震荡态势趋缓。中国金融监管日益强化，金融市场整体保持相对稳定。货币市场利率上行，流动性整体偏紧。债券市场出现结构性调整，发行规模增速下降。股票市场震荡上行，整体相对平稳。人民币逆转 2016 年底的跌势，外汇储备企稳回升。

　　2017 年，货币政策在稳增长、调结构、促改革、去杠杆和防风险之间寻求平衡，为供给侧结构性改革和高质量发展营造了中性适度的货币金融环境。MPA 的构成、权重、相关参数进一步改进和完善。中国人民银行对财务公司实施差别化政策支持。财政政策的总基调是减税、降费、补短板、惠民生，多项积极的财政政策措施落地生效。财政政策通过对行业的管制影响财务公司的资金运作与投资。中国金融监管总体趋严重，防范系统性金融风险成为重中之重。银监会支持财务公司在风险可控的基础上稳步开展产业链金融业务，增强服务实体经济能力，对风险管理能力不同的财务公司实施分类监管。国资委重点从"管投向、管程序、管风险、管回报"四个方面构建投资监督管理体系。国资委要求财务公司助力企业集团转型发展，处理好"保增长"和"两金"压控的关系。

　　2017 年，财务公司行业自律达到新的高度。中国财务公司协会积极本着"促进会员单位实现共同利益，推动行业规范、稳健发展"的宗旨，以自律为基础，进一步解放思想，创新理念，深化服务。财务公司协会通过持续推进行业自律规制建设、初步建立行业社会责任管理体系、不断加强行业评级体系建设、积极引导行业各类风险防范，为促进行业健康发展贡献了重要的力量。

Part 1　Environment

In 2017, The global economic growth registered 3.7%, with a stronger recovery momentum. Global QE was easing. The Road and Belt Initiative brought far-reaching changes to China and countries around the route. The overall performance of China's economy was stable and steady, with a growth rate of 6.9%. China's economy turned to a high-quality development, the overall employment was basically stable, supply-chain reform was deepened, and more capital was invested in the real economy. The overall risks were controllable, while the imbalance and insufficiency of development remained apparent.

In 2017, The global financial market was less fluctuated. Chinese financial regulation was strengthened, and the market maintained relatively stable. Money market interest rate kept rising, and the liquidity was basically tight. Bond market undergone structural reform, and the bond issuance was slowing down. Stock market went upward with fluctuations, but generally speaking, stock market kept at a relatively stable manner. RMB devaluation trend was turned around, and the foreign exchange reserve kept rising.

In 2017, monetary policy stroke a balance among growth, structural adjustment, reform, and de-leveraging, providing a favorable monetary environment for companies in strengthening supply-chain structural reform and high-quality growth. MPA's constitutes, weight, and relevant indicators were improved. People's Bank of China implemented differentiated policies on finance companies. The fiscal policies aimed to reduce tax burden, cut down fees, improve weak links, and benefit people's livelihood, with many positive fiscal policy measures implemented. Fiscal policies may influence the capital operation and investment of finance companies through regulation on the whole industry. China's financial regulation became stricter, and the bottom line was preventing systemic financial risks. China Banking Regulatory Commission encourages finance companies to operate industrial chain business under the premise of controllable risks, so that finance companies can improve service for the real economy. The CBRC adopted differentiated regulation regarding different risk management capabilities. State-owned Assets Supervision and Administration Commission constructed management system from four aspects including investment, procedures, risks, and returns. The SASAC required finance companies to assist corporate groups with structural reform and upgradation, meanwhile manage the relationship between growth and risk control.

In 2017, self-regulation of finance companies industry has achieved a new level. China National Association for Finance Companies encouraged its member units to realize common interest and promoted industrial steady and healthy development. The CNAFC innovated its service and established industrial social responsibility management system, improved industrial rating system, and guided on risk prevention, thus providing support for the steady and healthy development of finance company industry.

第一章
经济环境

一 世界经济形势

（一）全球经济概况

2017年，世界经济企稳向好，全球经济复苏势头进一步明确。国际货币组织（IMF）于2018年1月22日发布的《世界经济展望最新预测》估计，2017年全球经济增速约为3.7%，比2016年高出0.5个百分点，实现了2015年、2016年经济低增长后的小幅回升。此次经济状况改善具有全球范围的普遍性，IMF的预测报告显示，全球约有120个经济体2017年经济增长速度高于上一年，其经济总量占全球GDP的3/4。其中，发达经济体2017年实际增速预计达到2.3个百分点，较上年高出0.6个百分点，表现出强劲的反弹迹象；新兴市场和发展中经济体2017年经济增长率较2016年提升约0.3个百分点，显现出一定程度的回升。在发达经济体中，美国、欧元区、日本的经济增速尤为抢眼，对此次全球经济回暖起到了重要的拉动作用。新兴市场和发展中经济体整体向好，巴西、俄罗斯、南非、东盟五国经济增速显著提升，中国经济增速实现小幅回升，而印度、墨西哥、沙特阿拉伯等国经济活动则低于上年水平。

此次世界经济整体复苏得益于多方面因素。全球范围内新旧动能转换加快，新技术与新业态的涌现为整体经济提供了新的增长点。市场需求逐渐恢复，全球贸易形势好转。IMF统计数据显示，2017年前三季度世界货物出口额同比分别增长11.4个、7.4个和10.1个百分点。其中，大宗商品市场持续向好，为大宗商品出口国的经济状况带来改善。与此同时，全球投资扩张为生产效率的提高提供了保障。2017年，美联储的3次加息政策引领多国央行纷纷效仿，全球性宽松货币政策渐次退出。在诸多利好因素的支持下，全球经济于2017年展现出良好的稳健复苏态势。

　　IMF 预计此次强劲的复苏势头将一直延续至 2018 年与 2019 年，两年全球经济增速均将达到 3.9%，相比 2017 年 10 月份报告的预期均上升 0.2 个百分点。基于有利的全球金融环境及强劲的市场情绪等积极因素，发达经济体 2018 年经济增速预计为 2.3%，2019 年为 2.2%，分别比 2017 年 10 月预测数据高出 0.3 个和 0.4 个百分点。对于新兴市场和发展中经济体，IMF 则保持总体增长预测不变，2018 年与 2019 年将分别实现 4.9% 和 5% 的增长，并预计各地区经济前景将出现明显差异（见表 1-1）。

表 1-1　全球经济增速预测

地区	实际（%）	估计（%）	预测（%）		与 2017 年 10 月预测的差异（个百分点）	
	2016 年	2017 年	2018 年	2019 年	2018 年	2019 年
全球	3.2	3.7	3.9	3.9	0.2	0.2
发达经济体	1.7	2.3	2.3	2.2	0.3	0.4
美国	1.5	2.3	2.7	2.5	0.4	0.6
欧元区	1.8	2.4	2.2	2	0.3	0.3
日本	0.9	1.8	1.2	0.9	0.5	0.1
英国	1.9	1.7	1.5	1.5	0	−0.1
新兴市场和发展中经济体	4.4	4.7	4.9	5	0	0
俄罗斯	−0.2	1.8	1.7	1.5	0.1	0
中国	6.7	6.8	6.6	6.4	0.1	0.1
印度	7.1	6.7	7.4	7.8	0	0
巴西	−3.5	1.1	1.9	2.1	0.4	0.1
南非	0.3	0.9	0.9	0.9	−0.2	−0.7

资料来源：IMF《全球经济展望》，2018 年 1 月。

（二）发达国家经济概况

1. 美国经济形势及特朗普政府政策走势

　　美国经济在 2017 年呈现稳健复苏态势，整体表现超出预期。从美国经济研究局发布的数据来看，以美元现价计算的美国 2017 年 GDP 达到 193862 万亿美元，实际 GDP 的增速为 2.3%，比 2016 年高出 0.8 个百分点。其中，2017 年第四季度 GDP 环比折年增长率为 2.5%，较第三季度 3.2% 的增长率略有回落，但总体保持了 2017 年强劲的复苏态势（见图 1-1）。IMF 对美国经济预估良好，将美国 2018 年和 2019 年的经济增长预测分别从 2.3% 和 1.9% 提高到 2.7% 和 2.5%。个人消费、非住宅类固定投资以及进出口的增长在一定程度上抵消了私人存货投资额的下降，拉动了美国经济的整体复苏。

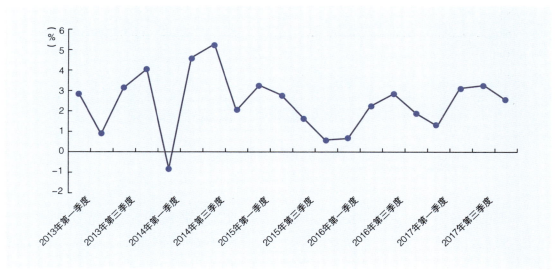

图 1-1 美国 GDP 季度环比折年增长率
资料来源：Wind。

2017 年美联储实施加息、缩表的政策搭配。受 2 月份通胀压力回升的影响（见图 1-2），美联储于 2017 年 3 月 16 日加息 25 个基点，联邦基金利率就此上升至 0.75%～1% 的水平。2017 年 6 月 15 日，美联储进行第二次加息，将联邦基金利率上调至 1%～1.25% 的区间水平；同时，美联储决议声明将开启缩表，起步上限为每月缩减 100 亿美元。2017 年 12 月 14 日，美联储进行第三次加息，联邦基金目标利率区间被上调至 1.25%～1.50%。随着宽松货币政策逐渐退出，美元流动性逐步缩紧，美国经济活动继续温和扩张。但是，加息、缩表政策，再加上特朗普力主的减税政策，将给世界经济带来显著的不确定性，资产价格泡沫可能成为新的风险点，发展中国家资金流出也可能会导致国内市场动荡。

2017 年是特朗普上任美国总统的首年，为了刺激美国经济的复苏并兑现大选期间的承诺，特朗普政府在经济领域的工作重点主要集中于大力推动税制改革、放松金融行业监管、创造更多就业岗位、着力削减贸易赤字等方面。作为特朗普政府经济工作的重中之重，美国税制改革于 2017 年取得了巨大进展。2017 年 12 月 22 日，特朗普签署了 1.5 万亿美元的税改法案，标志着美国逾 30 年来最大规模的减税活动正式启

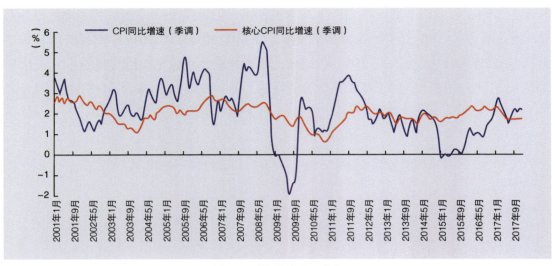

图 1-2 美国月度 CPI 变化

资料来源：Wind。

动。税制的减免将对企业活力复苏、中产阶层创收、就业率提升、全球供应链调整产生重大影响。在放松金融监管领域，特朗普政府着重放松美联储压力测试，改善市场流动性及信贷环境，为金融生态自由发展清扫"路障"。从就业数据来看，特朗普政府促进就业政策也取得一定成绩。据美国劳工局统计，2017 年美国的失业率从 1 月份的 4.8% 降至 12 月份的 4.1%，非农就业人口率上升至 60.1%。在国际贸易方面，特朗普政府奉行保守孤立的贸易政策。2017 年 1 月 22 日，特朗普签署的关于退出跨太平洋伙伴关系协定（TPP）的决定使得世界多边贸易格局产生一定震荡，而特朗普对亚太地区的指责态度使得更多国家对此不满。事实证明，特朗普采取的这种以美国利益至上的贸易保护政策对其自身贸易状况的改善并无益处。美国经济分析局发布的最新数据显示，2017 年美国货物和服务贸易赤字为 5660 亿美元，比 2016 年赤字规模扩大612 亿美元。在全球化依旧面临严峻挑战的今天，美国极可能完成从全球化领导者到阻碍者的角色转变，为全球贸易开展及全球投资扩大带来阻力。

2. 欧日经济增长状况

2017 年，欧元区经济上行态势格外突出。尽管英国脱欧、多国大选、恐怖袭击等事件对欧元区经济造成短暂冲击，但其经济景气指数总体呈现上升趋势（见图 1-3）。IMF 报告上调了多个欧元区经济体的增长率，其中德国、意大利、荷兰增长势头尤为明显。全球贸易的周期性复苏刺激了欧元区出口额的增长，就业市场的改善以及公司经营状况的好转增加了居民可支配消费支出，投资者信心的回升提高了投资利用效率，宽松的货币政策与扩张性财政政策进一步刺激了经济增长。

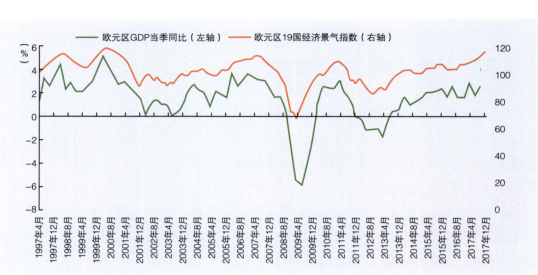

图 1-3　欧元区经济增长与经济景气指数走势
资料来源：Wind。

2017 年，日本经济也保持着温和复苏的脚步，经济景气预期较为乐观。在高度宽松的财政政策以及安倍政府新刺激措施的推动下，日本央行预计 2017 财年日本实际 GDP 增速将达到 1.9%，而 IMF 也对日本 2018 年和 2019 年经济增长预测做出上调。据日本海关统计，2017 年日本货物进出口额为 13698 亿美元，比上年增长 9.3%。同时，日本制造业扩张速度也明显加快，2017 年制造业采购经理指数（PMI）全年超出52，保持在 50 荣枯分界线之上（见图 1-4）。虽然日本经济在 2017 年有着超出预期的

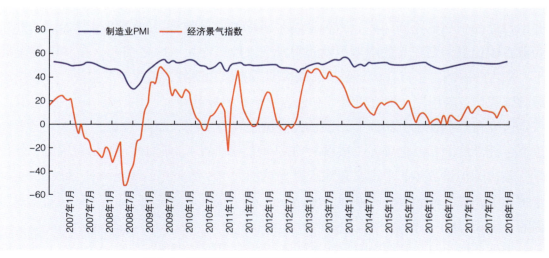

图 1-4　日本制造业采购经理指数与经济景气指数走势
资料来源：Wind。

表现，但安倍政府的政治风险以及逆全球化风潮等外部风险将给日本经济带来诸多不确定性。

（三）"一带一路"沿线国家经济

"一带一路"倡议涵盖中蒙俄、新亚欧大陆桥、中国—中亚—西亚、中国—中南半岛、中巴、孟中印缅六大经济走廊。2017 年是"一带一路"倡议实施的第四年，越来越多的国家与国际组织表达了对该倡议的重视与接受。2017 年，中国对"一带一路"沿线国家进出口总额 73745 亿元，比上年增长 17.8%。其中，出口 43045 亿元，增长 12.1%；进口 30700 亿元，增长 26.8%。"一带一路"倡议给中国及沿线国家带来重大而深远的影响：政治上，中国与沿线国家的互信程度增强，国与国之间的合作环境不断得到优化；项目合作上，基础设施建设取得重大进展，铁路、航空、港口、跨境光缆建设领域均展现亮眼数据；经贸合作上，沿线国家投资合作水平、进出口贸易额、便利化水平获得极大提升；金融服务、文化交流、旅游产业也都展现了更充足的生机与活力。

1. 中蒙俄经济走廊

中蒙俄经济走廊有两个通道，一是华北通道，从京津冀到呼和浩特，再到蒙古和俄罗斯；二是东北通道，沿着老中东铁路从大连、沈阳、长春、哈尔滨到满洲里和俄罗斯赤塔。

蒙古是"一带一路"北线重要支点。近年来，蒙古一直保持低外汇储备，而其主要出口商品价格的不断下跌，致使蒙古经济增长急速放缓。2017 年 5 月 24 日，IMF 为蒙古国提供为期三年的中期援助获得批准，数额约为 4.25 亿美元。在 IMF 的支持下，蒙古政府制定了旨在稳定经济、减少财政赤字和债务、重建外汇储备、采取措施缓解繁荣与萧条周期、促进可持续和包容性增长的复苏计划，并取得一定成效。蒙古统计署发布数据显示，2017 年，蒙古经济增长率为 5.1%，GDP 总量为 27.2 万亿图格里克，折合约 111.49 亿美元（按 2017 年平均汇率折算）。从对外贸易情况来看，2017 年，蒙古国与世界 163 个国家和地区贸易总额为 105 亿美元，同比增长 27.3%。在对华贸易中，蒙古对华贸易总额 67.35 亿美元，较上年同期增长 35.8%，占蒙同期外贸总额的 64.1%。IMF 预测蒙古经济将于 2018 年缓步复苏。

俄罗斯作为能源输出大国，近年已将经济复苏的希望转向亚洲。2012 年，普京提到"搭中国经济之风，扬俄罗斯经济之帆"，因此，"一带一路"建设对俄形成新经济增长点、注入新活力具有重要战略意义。2016 年，俄罗斯经济总量达到 1.283 万亿美元。IMF 在最新发布的报告中表示，2017 年俄罗斯经济在经历外部震荡后企稳，经济增速约为 1.5%。较低的财务净流出以及较高的油价促使俄罗斯经济趋于稳定，具体表现在国家实际信贷规模增长，就业者实际工资提升，就业率与实际可支配收入略有回升。IMF 认为，尽管俄罗斯经济在 2017 年底暴露出一些缺点，但高频数据仍显示俄罗斯经济具有温和扩张的迹象。

2. 新亚欧大陆桥经济走廊

新亚欧大陆桥自中国东部港口连云港一路向西绵延 1.1 万公里，贯穿亚欧 30 多个国家和地区，西达欧洲港口荷兰鹿特丹，覆盖超过世界 75% 的人口、60% 的国土面积、50% 的经济总量。本部分仅选取若干有代表性的国家进行介绍。

哈萨克斯坦经济存在严重的脆弱性，包括对石油价格的依赖以及公共行政方面的不完善。2016 年哈萨克斯坦国内生产总值为 1372.78 亿美元，IMF 在最新报告中预测哈经济 2017 年增长率将达到 2.5%，到 2021 年非石油增长率将达到 4%。在国际贸易方面，随着国际大宗商品价格回升，中哈贸易在连续 3 年下跌后实现恢复性增长，贸易、投资方面均获得一定程度回升。据统计，2017 年中哈双边贸易额为 180 亿美元，同比增长 37.4%。

乌克兰经济在 2014～2015 年经历严重危机后，于 2016 年恢复至 2.3% 的增长速度，并形成 930.7 亿美元的经济总量。灵活的汇率政策和紧缩的财政、货币政策大大降低了内外部失衡。IMF 统计数据显示，2017 年乌克兰实际 GDP 增速约为 2%，并预测 2018 年为 3.2%。

格鲁吉亚地处黑海沿岸，是黑海运输枢纽国家之一。中国是格鲁吉亚第三大贸易伙伴，同时也是格第四大出口市场。该经济体 2016 年经济总量为 143.78 亿美元。2017 年复苏态势良好，经济活动势头不断加强。截至 2017 年 9 月，格鲁吉亚经济同比增长率达到 4.7%，其中建筑、贸易、制造部门最为活跃。格鲁吉亚通胀率一直处于较高水平，CPI 在 6 月份达到 7.1% 的峰值后，又于 9 月份回归至 6.2%。IMF 将 2017 年格鲁吉亚实际 GDP 增长率修正为 4.3%，并预测通胀率将于 2018 年初开始下降。

捷克 2017 年经济增长 4.5%，较 2016 年上升超过 2 个百分点，其中工业同比增长 5.7%。家庭消费及外部需求的增长是拉动经济提升的主要动因。2018 年 2 月捷克经济信心指数为 99.9，达到 2008 年以来最高值。在国际贸易方面，2017 年中捷贸易总额为 228 亿美元，同比增长 16%。IMF 估计 2018 年捷克 GDP 将增长 2.6%。

匈牙利成功实现了连续多年的经济高增长和债务减少。欧盟资金的高利用率、有利的外部环境以及宽松的货币与财政政策支撑了经济增长的回升。IMF 估计 2017 年匈牙利 GDP 增长速度约为 2.9%，2018 年将达到 3.0%。国际贸易方面，2017 年中匈双边贸易额达 101.4 亿美元，同比增长 14.1%，双边贸易额首次突破 100 亿美元大关，中国成为匈牙利在欧盟外的第一大贸易合作伙伴。

阿尔巴尼亚 2016 年经济增长 3.4%，并于 2017 年继续保持增长态势。这得益于国内需求上升、与能源有关的大量外国直接投资以及欧盟主要贸易伙伴的相继复苏。IMF 认为，阿尔巴尼亚中期发展前景仍然乐观，2017 年 GDP 增长将加速至约 4%，预计 2018 年 GDP 增长率约为 3.7%。国内政治动荡以及全球经济增长的冲击可能对阿经济增长带来风险。

保加利亚 2016 年经济总量为 532.38 亿美元。由于出口强劲、财务状况乐观以及信心提升，2017 年和 2018 年保加利亚经济增长率一直呈上升趋势，IMF 估计其增速将达到 3.8%。2017 年总体通胀率转为正值，通胀压力正在上升。失业率已下降至 5.8%，为全球金融危机以来的最低水平。目前保加利亚经济最大的挑战是缩小与欧盟其他地区的人均收入差距。

3. 中国—中亚—西亚经济走廊

中国—中亚—西亚经济走廊经过中亚地区穿越里海和从南部绕过里海，前往西亚和波斯湾地区，途经乌兹别克斯坦、土库曼斯坦、塔吉克斯坦、吉尔吉斯斯坦、伊朗、伊拉克、土耳其、叙利亚、约旦、黎巴嫩、以色列、沙特阿拉伯、也门、阿曼、阿联酋、卡塔尔、科威特、巴林、希腊、塞浦路斯、埃及等国家和地区。本部分选取几个代表性国家进行介绍。

乌兹别克斯坦统计数据显示，2017 年乌国内生产总值为 249.1 万亿苏姆，合 307.53 亿美元，按苏姆计价同比增长 5.3%，其中有经济占比 19%，非国有经济占比 81%。人均 GDP 为 760 万苏姆（合 938.27 美元），按苏姆计价同比增长 3.6%。乌主要贸易伙伴中，对中国贸易占乌外贸总额的 18.4%（49.61 亿美元），中国为乌第一大贸易伙伴。乌兹别克斯坦下一步的改革重点在于改善投资环境和保护弱势群体，同时继续保持财政政策紧张，以帮助控制通胀压力。

伊朗经济正在复苏，且经济增长已开始扩大至非石油部门，预计 2017 年和 2018 年实际 GDP 增长率将达到 4.2%。但与此同时，伊朗经济仍面临不断上升的金融脆弱性、外部不确定性以及恐怖主义的威胁，因此，IMF 敦促伊朗推行金融部门改革，在合理改革预期下，伊朗经济增速甚至可升至 4.5%。

伊拉克 2016 年实际 GDP 增长了 11%，ISIS 冲突对其影响不大。IMF 对伊拉克中期增长前景保持乐观，并预计在政治环境安全以及结构性改革顺利实施的前提下，石油生产的适度增长和非石油增长反弹将推动经济复苏。但是由于石油价格波动、安全性不稳定、政治紧张和政策执行不力等因素，伊拉克经济增长仍面临高风险，因此 IMF 估计伊拉克 2017 年经济增长率为 −0.4%。

沙特阿拉伯作为石油出口国，经济受国际石油价格波动影响显著。2016 年，沙特经济总量为 6464.38 亿美元。2017 年，沙特非石油增长预计将达到 1.7%，但由于石油 GDP 的下降以及与 OPEC 协议的约束，IMF 预计实际国内生产总值增长接近于 0。随着结构改革的实施，沙特经济增长预计将在中期加强，目前其风险主要来自未来油价的不确定性以及当前改革如何影响经济的问题。

希腊经济在欧债危机后面临严重破产危机，2011 年至今处于连续低增长甚至负增长。2016 年希腊经济总量为 1926.91 亿美元。广泛的财政整顿和内部贬值对社会造成了很高的成本，表现为收入下降和失业率居高不下。政局不稳定对希腊投资环境造成严重破坏。2015 年，公共债务已达 179%，仍然不可持续。在中国"一带一路"倡议与欧盟援助计划的带动下，2017 年希腊 GDP 增速或将达到 2.7%。但从长期来看，宏观经济和财政前景的下行风险仍然很大，这与政策执行不完整或延迟有关。结构改革将是希腊长期经济增长的关键驱动力。

埃及经济增长一定程度上受益于全球经济复苏，但由于地区冲突、全要素生产率低等因素影响，其经济前景依然相对疲软。IMF 估计埃及 2017 年经济增速为 4.5%。本币大幅下跌、政府补贴减少造成埃及通胀率达到十年来最高水平，约为 23.5%。虽然埃及加快改革步伐，对经济发展起到一定促进作用，但其所面临的政治和安全局势依然是经济发展的重大障碍。

4. 中国—中南半岛经济走廊

中国—中南半岛经济走廊以中国广西南宁和云南昆明为起点，以新加坡为终点，纵贯中南半岛的越南、老挝、柬埔寨、泰国、缅甸、马来西亚等国家，是中国连接中南半岛的大陆桥，也是中国与东盟合作的跨国经济走廊。

越南充满活力的经济继续表现良好。受干旱和土地盐碱化对农业及石油生产的影响，2016 年越南经济增长放缓至 6.2%，总量为 2052.76 亿美元。2017 年第一季度石油行业疲软持续，但强劲的制造业活动和外国直接投资为越南经济注入活力。IMF 估计 2017 年及 2018 年经济增速将达 6.3%，总体通胀率稳定在 5% 左右。

泰国经济在服务出口、公共投资和旅游业的带动下，2017 年继续保持稳健。2016 年泰国国内生产总值为 4070.26 亿美元，IMF 估计 2017 年泰国 GDP 增速达到 3.7%。泰国平均整体通胀率仍处于低值，2017 年为 0.6%，反映了能源价格低迷以及核心通胀持续疲软。

在对外贸易方面，2017 年 1 月至 11 月，中泰双边贸易额为 69.1 亿美元，同比增长 9.71%。

新加坡的经济增长势头自 2016 年末以来有所改善，2017 年第一季度实际国内生产总值增长 2.7%。但是，新加坡经济复苏尚未形成广泛基础，私人内需尤其是私人投资依然受到抑制。随着能源和公用事业价格上涨，消费者物价通胀率开始转为正值。新加坡正在寻求一种以技术为导向，以创新为基础的未来增长模式。2016 年，新加坡经济总量为 2969.76 亿美元。IMF 预测在短期内，2017 年新加坡实际国内生产总值将增长约 2.5%，2018 年将增长 2.6%。

马来西亚经济受全球电子产品需求旺盛，石油、天然气等商品贸易条件改善等因素影响，继续强劲增长。2016 年马来西亚国内生产总值为 2965.36 亿美元，其就业率的攀升促进了私人消费，投资的增加刺激经济向好发展；同时，由于出口强劲，经常账户顺差预计将增至 GDP 的 2.8%。IMF 估计 2017 年马经济增长率将高于预期的 5.8%，2018 年预计增长 5.3%。

5. 中巴经济走廊

巴基斯坦是中国唯一的全天候战略合作伙伴，彼此珍视并努力深化好邻居、好朋友、好兄弟和好伙伴"四好"关系。中巴经济走廊建设将推动中巴经贸合作步上新台阶。得益于中巴经济走廊建设投资的加快以及能源供应条件的改善，巴基斯坦经济表现出较好的活力，2016 年巴基斯坦经济总量达到 2789.13 亿美元。目前，巴基斯坦的经济增长前景良好，IMF 估计 2017 年其国内生产总值增长率为 5.3%。巴通胀率虽逐渐上升，但仍然受到遏制，金融部门相对稳健。但总体来看，巴基斯坦在政治上面临来自军队、最高法院和民选政府之间三方力量的角逐，民主政治依然脆弱；在外交上虽因向议会民主制国家的转型而获得西方国家认可，但也不断受到以美国为首的西方国家的谴责；在经济上开始企稳，但基础依然薄弱，农业波动大、全社会投资不足、宏观经济双赤字、局部风险较多等问题仍较为突出。

6. 孟中印缅经济走廊

孟中印缅经济走廊对于建立东亚与南亚两大区域互联互通有重要意义。随着全球商品价格回升，2017 年孟加拉国经济增长预计将保持在接近 7% 的水平。货币和信贷增长温和，通胀预期稳定。从中期来看，孟加拉国需采取措施增加公共与私人领域投资，并进行支持资本市场发展、提高投资效率的改革。

印度最近几个季度的经济增长有所放缓，原因在于 2016 年 11 月实施的货币置换举措（去货币化）引发了现金短缺造成的暂时性中断。IMF 在报告中认为，2017 年印度的经济增长率将下降至 6.6%。随着这些暂时性中断的消退，经济增长有望在中期内加速。2017 年 7 月 1 日印度实施了税制改革，商品和服务税的实施具有里程碑式的意义，有助于统一国内市场，并鼓励企业从非正规部门向正规部门转移，这些措施或将使印度的中期 GDP 增长率提高到 8% 以上。

二 中国经济形势

2017 年，中国经济缓中趋稳，好于预期，并逐步转向高质量发展；供给侧结构性改革稳步推进，取得明显成效，产业结构持续优化，新旧动能转换加速，新的经济增长点不断增多；消费、投资、出口共同发力拉动经济增长；传统动能由强转弱，金融与房地产市场风险集聚，环境治理仍任重道远。2018 年，需把握新时代经济发展特点，牢记推动高质量发展的根本要求，坚持稳中求进工作总基调，重点打好防范化解重大风险、精准脱贫、污染防治三大攻坚战，使经济运行保持平稳，最终实现高质量发展。

（一）经济增速缓中趋稳，转向高质量发展

2017 年，中国经济总体运行情况稳中向好。国内生产总值达到 82.7 万亿元，比上年增长 6.9%，增速较上年增加 0.2 个百分点（见图 1-5），实现了自 2010 年以来中国年度经济增速的首次回升。全年人均国内生产总值比上年增长 6.3%，达到 59660 元。

图 1-5 国内生产总值及增速

资料来源：Wind。

联合国发布的《2018 年世界经济形势与展望》报告指出，2017 年全球经济增长趋强，中国对全球经济的贡献约占三分之一，成为名副其实的全球经济"火车头"。

2017 年中国居民消费价格指数（CPI）走势呈非对称"V"形，平均涨幅为 1.6%，总体保持在温和区间（见图 1-6）。工业生产者出厂价格指数（PPI）结束了 5 年来的下降态势，走势具有一定恢复性上涨特征，全年同比走势呈"M"形，涨幅均高于4.9%（见图 1-7）。造成 CPI 涨幅回落的主要原因在于食品价格下降。2017 年食品价

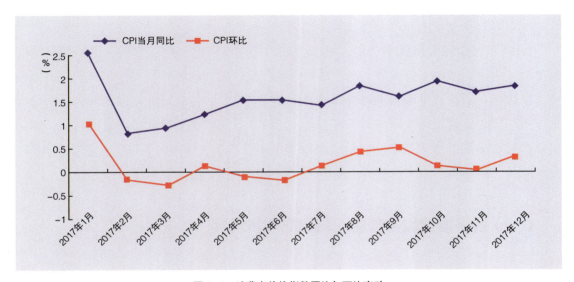

图 1-6　消费者价格指数同比与环比变动
资料来源：Wind。

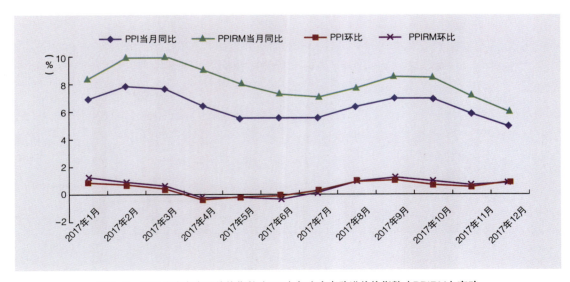

图 1-7　工业生产者出厂价格指数（PPI）与生产者购进价格指数（PPIRM）变动
资料来源：Wind。

格出现自 2003 年以来的首次回落，下降 1.4%，对 CPI 产生约 0.29% 的下滑影响。拉动 PPI 上涨的因素则来自多方面。从国内宏观环境来说，推进供给侧结构性改革、调整优化产业结构对生产领域产生积极导向影响；就世界经济环境而言，大宗商品价格回升、世界经济整体向好，起到良好的"助推器"作用。

进入新时代，我国经济必须依靠深化改革、转变发展方式才能实现持续健康发展，2017 年经济的超预期增长正是全面深化改革的有力实践。

从供给角度来看，影响我国经济增速超过预期的一方面原因在于结构优化。连续五年来，我国三次产业结构持续优化，服务业对经济增长贡献率稳步上升。2017 年，我国三次产业增加值占 GDP 的比重分别为 7.9%、40.5% 和 51.6%，其中第一产业比重较上年下降 0.6 个百分点，第二产业比重提高 0.6 个百分点，第三产业比重与上年持平（见图 1-8）。从对经济增长的贡献率来看，2017 年第三产业贡献率高于第二产业 22.5 个百分点，比 2016 年提升 1.3 个百分点。

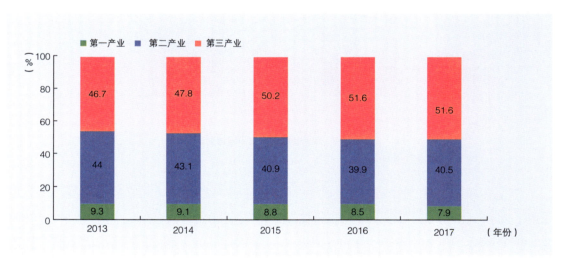

图 1-8　三次产业结构演变

资料来源：Wind。

另一方面，新旧动能转换稳步推进，为我国经济增长提供重要支撑。相关统计分析显示，2017 年，新动能对我国经济增长的贡献度超过 30%，对新增就业的贡献度超过 70%，规模以上工业战略性新兴产业增加值同比增长 11.0%。其中，高技术制造业、装备制造业投资比上年分别增长 17.0% 和 8.6%，高耗能制造业投资比上年下降 1.8%。人工智能、新能源汽车、航空航天、生物制药等领域均涌现重大科技成果。抑制我国实体经济发展的高污染、高耗能、产能过剩行业的负面影响正在被逐渐挤出，新动能、新技术的充分涌现将为我国实体经济转向高质量发展提供源源不断的动力。

从需求结构看，消费、投资和净出口共同拉动经济增长。2017 年，最终消费支出对国内生产总值增长的贡献率为 58.8%，是拉动经济增长的第一动力。资本形成总额的贡献率为 32.1%，其中农林牧渔业、水利、环境保护等短板领域投资持续增加。随着全球经济温和复苏，大宗商品市场价格整体上涨，"一带一路"倡议稳步推进，2017 年中国对外贸易实现超预期回暖，货物进出口总额同比增长 14.2%。其中，出口增长 10.8%；进口增长 18.7%。货物进出口差额为 28718 亿元，比上年减少 4734 亿元（见图 1-9）。

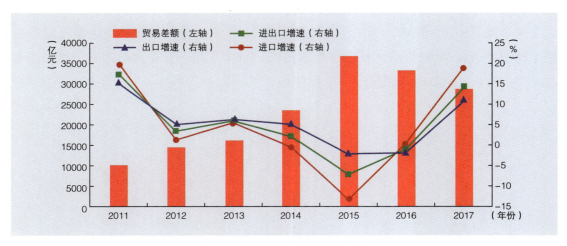

图 1-9　贸易差额与进出口增速变动
资料来源：《中国统计年鉴 2017》。

综上，2017 年中国经济整体运行良好，增速缓中趋稳，转向高质量发展。但也要看到，经济运行中仍存在不少困难和挑战，传统动能由强转弱，金融杠杆平稳转降，房地产市场政策管控，环保督查力度加大等都将对中国经济稳定发展带来不确定性影响，提质增效任重道远。如何解决好这些问题，关系到中国经济长期稳定健康发展的实现。

（二）就业总体稳定，城镇化率进一步提高

超预期的经济增长带动就业弹性增强，新动能产业的密集发展扩大了劳动力市场的就业机会。2017 年，全国就业人员总量保持平稳增长，总数达到 77640 万人，比上年增加 37 万人。其中，全年城镇新增就业 1351 万人（见图 1-10），年末城镇登记失业率为 3.90%，比上年末下降 0.12 个百分点。

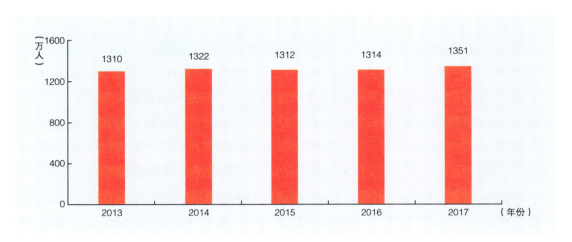

图 1-10 城镇新增就业人数

资料来源：Wind。

新型城镇化扎实推进，城镇化率进一步提高。2017 年，我国城镇常住人口 81347 万人，占总人口的比重为 58.52%，较上年末提高 1.17 个百分点；户籍人口城镇化率为 42.35%，提高 1.15 个百分点。土地、财政、教育、就业、医疗、养老、住房保障等领域配套改革也在不断推进，有力地促进了以人为核心的新型城镇化建设。

（三）供给侧结构性改革深入推进，"三去一降一补"成效明显

2017 年，供给侧结构性改革扎实推进，"三去一降一补"取得显著成效。去产能方面，2017 年钢铁去产能 5000 万吨、煤炭去产能 1.5 亿吨的目标提前圆满完成。全年全国工业产能利用率为 77.0%，比上年提高 3.7 个百分点，创 5 年来新高。去库存方面，商品房待售面积 58923 万平方米，比上年末减少 10616 万平方米。去杠杆方面，2017 年末，规模以上工业企业资产负债率下降 0.6 个百分点。降成本方面，全年规模以上工业企业每百元主营业务收入中的成本为 84.92 元，比上年下降 0.25 元；每百元主营业务收入中的费用为 7.77 元，比上年下降 0.2 元。补短板方面，全年生态保护和环境治理业、公共设施管理业、农业固定资产投资（不含农户）分别比上年增长 23.9%、21.8% 和 16.4%。

供给侧结构性改革深入开展，对经济发展产生显著外溢效应。一方面，产能过剩行业市场加速出清，市场供求关系明显改善，企业效益稳步回升。另一方面，新旧动能转换速度加快，新技术新产业新产品不断涌现，为经济持续健康发展注入新的动力。

17

（四）资金"脱虚入实"，服务实体经济倾向显现

第五次全国金融工作会议强调，做好金融工作要把握好的重要原则之一就是金融要把服务实体经济作为出发点和落脚点。金融是实体经济的血脉，为实体经济服务是金融的天职，是金融的宗旨，也是防范金融风险的根本举措。中共十九大报告再次定调金融发展的着力点，要求深化金融体制改革，增强金融服务实体经济的能力。

2017 年金融运行整体平稳，金融去杠杆成效显现。2017 年末，广义货币供应量（M2）余额 167.7 万亿元，比 2016 年末增长 8.2%，增速下降 3.1 个百分点。全年社会融资规模增量 19.4 万亿元，按可比口径计算比上年多 1.6 万亿元；年末社会融资规模存量 174.6 万亿元，比上年末增长 12.0%。从变动趋势来看，在稳健货币政策与外汇占款减少的背景下，M2 同比增速持续走低，反映了金融部门去杠杆具有成效；社会融资规模存量平稳变动，实体部门融资状况良好。二者增速整体出现背离，差距规模由小增大，并于 2017 年 8 月达到最大（见图 1-11）。

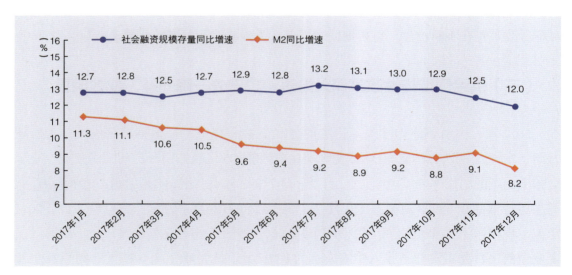

图 1-11　社会融资规模存量同比增速与 M2 同比增速
资料来源：中国人民银行。

引起社会融资规模与 M2 背离的主要原因在于金融去杠杆。一是金融去杠杆导致银行向非银金融体系投放的资金减少。随着金融监管加强，银行开始回收投向非银机构的资金，金融机构内部资金往来减少，进而引起 M2 增速下降，但该账户变动不会影响社会融资规模。统计数据显示，2017 年金融机构持有的 M2 增长 7.2%，低于整体 M2 增速水平，而住户及企事业单位持有的 M2 增速高于整体水平，意味着资金在金

融业内部空转减少。二是金融去杠杆引起表外融资渠道减少，进而减少了货币派生，M2 增速下降，但该部分融资还未被完全计入社会融资规模，故而社会融资规模增速相对平稳。金融创新、地方债务减少、银行同业业务收缩也是引发社会融资规模与 M2 背离的因素。从长远来讲，随着金融监管进一步发力，金融去杠杆目标逐步实现，社会融资规模与 M2 增速差距将逐步缩小。

（五）风险总体可控，系统性风险诱导因素尚存

2018～2020 年，要坚决打好防范化解重大风险、精准脱贫、污染防治三大攻坚战。其中防范化解重大风险的工作重点就是防控金融风险。当前中国经济金融风险总体可控，尚未形成系统性风险，但诱导形成系统性风险的因素尚存，因此在下一步重大风险防范工作中，应做到标本兼治，有效消除风险隐患。

2017 年，中国金融业整体运行较为稳健，风险总体可控。以金融体系中最具代表性的银行业来看，中国银行体系总体保持良好，具体表现在以下几个方面：一是信贷资产质量较好，2017 年四个季度不良贷款率均为 1.74%，处于较低水平；二是流动性保持稳定，商业银行流动性比例在四个季度中持续递增，人民币超额备付金率于 2017 年第四季度达到 2.02%；三是资本充足率高，核心一级资本充足率均保持在 11.1% 以上，加权平均资本充足率超过 13%，处于国际领先水平（见表 1-2）。

表 1-2　2017 年中国商业银行主要监管指标情况

单位：%

指标	2017 第一季度	2017 第二季度	2017 第三季度	2017 第四季度
信用风险指标				
不良贷款率	1.74	1.74	1.74	1.74
流动性指标				
流动性比例	48.74	49.52	49.17	50.03
人民币超额备付金率	1.65	1.65	1.42	2.02
资本充足指标				
核心一级资本充足率	11.28	11.12	11.19	11.35
加权平均资本充足率	13.26	13.16	13.32	13.65

资料来源：中国银行业监督管理委员会。

风险总体可控并不意味着没有风险需要防范。目前，中国经济金融风险仍存在于多个领域。从金融机构体系看，影子银行的发展壮大将为整个金融体系的健康发展带来隐患，监管漏洞的存在为风险滋生提供可能。从金融市场来看，潜在的流动性风险上升给银行业稳定发展带来严峻挑战。从金融体系与实体经济的互动来看，房地产市场泡沫集聚，地方债务问题引发财政失衡，"僵尸企业"债务风险难以消除，这些因素积聚的风险都可能对金融体系乃至宏观经济的稳定发展产生负面影响。

（六）不平衡不充分矛盾突出，经济增长面临新挑战

新时代，中国社会主要矛盾已发生转化。习近平总书记在十九大报告中指出："中国特色社会主义进入新时代，我国社会主要矛盾已经转化为人民日益增长的美好生活需要和不平衡不充分的发展之间的矛盾。"这是对中国主要矛盾的新判断，对于把握中国发展新的历史方位、明确面临的主要问题和任务具有重大意义。

在经济发展领域，中国社会发展不平衡不充分主要表现在以下几个方面。

一是区域发展不平衡。从经济总量来看，近几年我国东部地区生产总值始终占国内生产总值 50% 以上，中部地区与西部地区比例接近，约占 20%，东北地区占比低于10%。东部地区经济发展明显好于、快于其他三个地区。从产业结构来看，东部地区卓越的地理优势更容易吸引高精尖产业落户，而中西部地区大多依靠传统产业来拉动经济增长。从对外贸易角度看，在"一带一路"倡议的顺利推进下，中西部地区焕发新的活力，但距东部地区仍有不小差距。从资源占有角度看，东部地区享受更优质的公共资源与社会服务，而中西部地区相对匮乏落后。

二是收入分配差距大。相关数据显示，城镇居民人均可支配收入 36396 元，人均消费支出为 24445 元，农村居民人均可支配收入 13432 元，人均消费支出 10955 元。农村居民人均收入与支出增长率皆超过城镇居民，但差额呈现逐年扩大的趋势（见表1-3）。国家统计局估计，2017 年中国基尼系数仍将超过 0.4，说明我国地区之间收入差距依然较大，不容小觑。

表 1-3　中国城镇、农村人均可支配收入与人均消费性支出

单位：元

地区	2013 年	2014 年	2015 年	2016 年	2017 年
人均可支配收入					
城镇	26467	28844	31195	33616	36396

续表

地区	2013 年	2014 年	2015 年	2016 年	2017 年
农村	9430	10489	11422	12363	13432
差额	17037	18355	19773	21253	22964
人均消费性支出					
城镇	18488	19968	21392	23079	24445
农村	7485	8383	9223	10130	10955
差额	11002	11586	12170	12949	13490

资料来源:《中国统计年鉴 2017》。

三是消费领域发展不充分。随着居民收入不断提升,对消费的要求日益提高,但消费领域自身发展还不够充分。根据国家统计局发布的数据,2017 年全年社会消费品零售总额 366262 亿元,比上年增长 10.2%。旅游市场需求旺盛,体育健身、电影娱乐等休闲项目消费增加,带动相关商品与服务快速增长。2017 年旅游总收入超过 5.3 万亿元,餐饮业收入共计 39644 亿元,增长 10.7%。除此之外,消费升级类商品也呈现较快增长,通信器材、体育娱乐用品及化妆品类商品分别增长 11.7%、15.6% 和 13.5%。

中国作为人口众多的发展大国,发展过程中出现不平衡不充分是必然的历史表现。着力解决好发展不平衡不充分问题,大力提升发展质量和效益,更好地满足人民在经济、政治、文化、社会、生态等方面日益增长的需要,将是新时代的新使命。

第二章
货币金融环境

2017 年，全球金融市场震荡态势趋缓。在政府防范化解系统性金融风险的要求下，中国金融监管日益强化，金融体系去杠杆压力较大，金融市场整体保持相对稳定，各个子市场结构性特征较为明显。

受金融监管强化和流动性管理加强的影响，货币市场利率上行，交易量小幅下降，流动性整体偏紧。债券市场出现结构性调整，发行规模增速下降，交易量有所下降，债券收益率曲线上移，10 年期国债收益率突破 4%。股票市场震荡上行，整体相对平稳，IPO 数量大幅上升，融资额下降明显，交易量有所下降。人民币逆转 2016 年底的跌势，双边波动中保持较显著的升值态势，外汇储备企稳回升。

一 货币市场环境

2017 年，在中央经济工作会议和全国金融工作会议的要求下，中央政府强化了系统性金融风险防范化解的各项工作，金融监管逐步强化，市场体系被迫去杠杆，叠加美联储加息等多种外部因素影响，我国货币市场供求波动有所加大，流动性整体呈现偏紧状态。

中国人民银行在防范化解系统性金融风险的要求下，强化货币市场的流动性管理，加强预调微调和与市场沟通，综合运用逆回购、中期借贷便利、抵押补充贷款、临时流动性便利等工具，调节货币市场流动性，银行间市场整体交易活跃，货币市场流动性整体相对合理。中国人民银行相机抉择、削峰填谷管理流动性，一方面强化金融去杠杆政策要求，强化市场微观主体的利率敏感性，降低金融体系严重依赖短期融资市场的脆弱性；另一方面保持流动性相对合理稳定、结构偏紧，防止出现内生性或政策性的流动性风险。

（一）货币供应与社会融资

2017 年，伴随实体经济平稳运行，金融体系流动性保持整体稳定、结构偏紧，人民币存款平稳增长，人民币贷款增长较快，货币总量增长小幅放缓，社会融资总规模合理增长，货币信贷和社会融资体系稳健运行。

在货币供应上，2017 年末广义货币供应量 M2 余额 167.7 万亿元，同比增长 8.2%，增速同比回落 3.1 个百分点[①]，大幅低于 M2 增长目标值 12%（见图 2-1）。M2 增速大幅低于预期目标，与国内金融体系去杠杆和金融监管强化紧密相关，金融体系内部资金循环大幅降低，资金链条缩短、资金嵌套减少，银行债券、股权及其他投资大幅减少。

图 2-1　中国货币供应量走势
资料来源：Wind。

2017 年末社会融资规模存量为 174.64 万亿元，同比增长 12%，增速比上年末低 0.8 个百分点。2017 年社会融资规模增量为 19.44 万亿元，比上年多 1.63 万亿元。[②]2017 年社会融资规模合理增长，并出现了较为显著的结构性特征：首先，人民币贷款尤其是中长期贷款增长迅猛。其次，信托贷款和未贴现银行承兑汇票增长显著，委托贷款同比少增较多。最后，企业债券融资和股票融资下降。

[①] 中国人民银行：《2017 年第四季度中国货币政策执行报告》，2018 年 2 月 14 日。
[②] 同上。

在存贷款上，2017 年末，金融机构本外币各项存款余额为 169.3 万亿元，同比增长 8.8%，新增人民币存款 13.5 万亿元，同比少增 1.4 万亿元，其中居民和非金融企业存款少增较多。2017 年末，金融机构本外币贷款余额为 125.6 万亿元，同比增长 12.1%，新增人民币贷款 13.5 万亿元，增量再创历史新高，其中中长期贷款增量高达 11.7 万亿元，同比增长 86.3%（见图 2-2）。[①] 但是，中长期贷款余额与各项贷款余额"喇叭口"扩大的趋势尚未根本缓解。

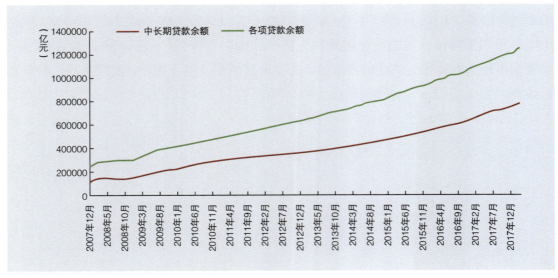

图 2-2　中长期贷款余额走势

资料来源：Wind。

（二）公开市场操作

2017 年，在金融去杠杆政策和系统性金融风险应对强化的基础上，中国人民银行密切关注流动性形势和市场预期变化，综合运用多种流动性管理工具灵活提供不同期限流动性，维护银行体系流动性合理稳定。在去杠杆政策要求下，中国人民银行保持流动性合理稳定的同时，保持公开市场操作利率小幅提升，以提高金融机构的利率敏感性和业务稳健性。

在公开市场操作上，中国人民银行在通过中期借贷便利（MLF）、抵押补充贷款（PSL）等工具弥补银行体系中长期流动性缺口的同时，以 7 天期为主合理搭配逆回

[①]　中国人民银行：《2017 年第四季度中国货币政策执行报告》，2018 年 2 月 14 日。

购期限品种，张弛有度地开展公开市场操作，不断提高操作的前瞻性、灵活性和精准性，并根据"削峰填谷"的需要推出 2 个月期逆回购、临时准备金动用安排等工具品种，丰富央行流动性管理工具，整体保持银行体系流动性中性适度、合理稳定和货币市场利率平稳运行。

受国内金融去杠杆和国外美联储加息等因素影响，公开市场操作利率小幅上行，推动银行间市场利率上升。中国人民银行分别于 2017 年 2 月 3 日、3 月 16 日和 12 月 14 日上调公开市场操作 7 天利率各 10、10 和 5 个基点（见图 2-3）。公开市场操作利率上调有三个原因：一是金融去杠杆的政策需要，通过上调利率水平提高微观主体对利率走势的预期和反应，释放金融去杠杆和流动性管理强化的政策信号；二是强化政策利率和市场利率的关系，以提高公开市场操作利率来呼应货币市场利率上行，形成一个政策利率和市场利率的有效互动机制，强化利率中枢上移的价格信号；三是强化人民币与美元的利差管理，缓释美联储加息导致人民币与美元的利差缩小及潜在的资本流出压力。

图 2-3　逆回购政策利率

资料来源：Wind。

（三）银行间市场交易

2017 年，受制于金融去杠杆和金融监管强化，金融机构资产负债表整固较为显著，银行间市场交易量有所下降，同时出现较为显著的结构性变化。银行间市场信

25

用拆借、回购交易成交总量 695.3 万亿元，同比下降 0.3%。其中，同业拆借累计成交 79.0 万亿元，同比下降 17.7%。2017 年隔夜拆借等短期资金交易规模明显下降，2017 年 10 月隔夜拆借规模下降至 4.7 万亿元，同时利率基本呈现上升态势（见图 2-4）。质押式回购累计成交 588.3 万亿元，同比增长 3.5%；买断式回购累计成交 28.1 万亿元，同比下降 14.9%。①

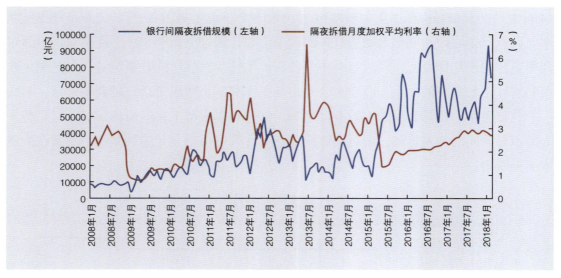

图 2-4　银行间隔夜拆借规模及利率

资料来源：Wind。

　　从期限结构看，回购和拆借隔夜品种的成交量分别占各自总量的 80.5% 和 86.1%，占比基本保持稳定。从融资主体结构看，一是中资大型银行作为资金主要融出方的地位进一步加强。2017 年大型银行经回购和拆借净融出资金占市场总体净融出资金量的 99.5%。二是其他金融机构及产品、证券业机构是主要的资金融入方。其中证券业机构全年净融入占市场净融入资金的 35.9%。三是城商行、农商行和农合行等小型银行通过质押式回购融入资金规模大幅减少。

　　同业存单和大额存单业务有序发展。2017 年上半年，同业存单余额稳步上升，下半年受监管强化、金融体系去杠杆等因素影响，同业存单余额呈波动下降趋势。2017 年末，同业存单市场余额为 8.03 万亿元，较 2017 年 8 月的最高点回落 0.41 万亿元。2017 年银行间市场陆续发行同业存单 2.7 万只，发行总量为 20.2 万亿元，二级市场交易总量为 112.9 万亿元，同业存单发行交易全部参照 Shibor。同业存单发行利率与

① 中国人民银行：《2017 年金融市场运行情况》，2018 年 1 月 26 日。

中长端 Shibor 的相关性进一步提高。2017 年，3 个月期同业存单发行加权平均利率为4.62%，比 3 个月 Shibor 高 25 个基点。金融机构陆续发行大额存单 2.3 万期，发行总量为 6.2 万亿元，同比增加 9343 亿元。[①] 大额存单发行的有序推进，进一步扩大了金融机构负债产品市场化定价范围，有利于培养金融机构的自主定价能力，健全市场化利率形成和传导机制。

票据承兑业务降幅趋缓。2017 年，企业累计签发商业汇票 17.0 万亿元，同比下降 6.1%；期末商业汇票未到期金额为 8.2 万亿元，同比下降 9.5%。前三季度票据承兑余额持续下降，第四季度票据承兑余额有所企稳，2017 年末余额较 9 月末上升 434 亿元、较年初下降 8544 亿元。从行业结构看，企业签发的银行承兑汇票余额仍集中在制造业、批发和零售业；从企业结构看，由中小型企业签发的银行承兑汇票约占三分之二。[②]

（四）利率走势

在贷款利率上，上半年金融机构贷款利率小幅上升，下半年利率走势相对平稳，2017 年 12 月末非金融企业及其他部门贷款加权平均利率为 5.74%，其中，一般贷款加权平均利率为 5.8%，票据融资加权平均利率为 5.23%。在利率浮动状况上，执行上浮利率的贷款占比比上年同期大幅增长 11.68 个百分点至 64.41%。2017 年贷款利率上浮可能有三个原因：一是流动性相对偏紧，金融机构负债成本上升；二是经济相对稳定，非金融企业资本形成需求回升；三是债券、股票融资相对困难，传统信贷需求较为强烈。

货币市场利率延续上行态势，下半年相对趋于稳定。2017 年 12 月，同业拆借月加权平均利率为 2.91%，比 6 月低 3 个基点；质押式回购月加权平均利率为 3.11%，比6 月高 8 个基点；12 月银行业存款类金融机构间利率债质押式回购月加权平均利率为2.74%。Shibor 总体有所上行。2017 年末，隔夜和 1 周 Shibor 分别为 2.84% 和 2.95%，3 个月和 1 年期 Shibor 分别为 4.91% 和 4.76%（见图 2-5）。[③]

---

① 中国人民银行：《2017 年第四季度中国货币政策执行报告》，2018 年 2 月 14 日。
② 同上。
③ 同上。

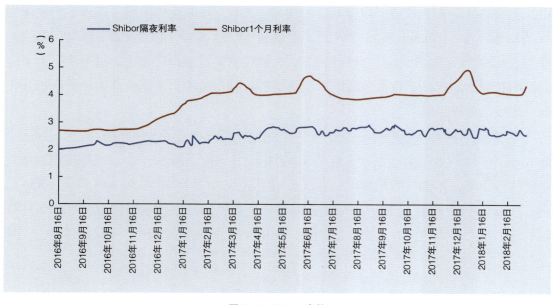

图 2-5　Shibor 走势

资料来源：Wind。

（五）财务公司的影响与应对

在金融去杠杆和金融监管强化的基础之上，货币市场流动性相对紧张，利率整体呈现上移态势，这对财务公司的业务开展有着广泛而直接的影响。财务公司的资金来源主要有企业存款、发行财务公司债券、通过回购市场和同业拆借市场操作等。企业存款往往难以完成满足集团公司内部调剂余缺，而通过其他途径都需要考虑货币市场的相关情况。当银行间回购和同业拆借市场交易活跃时，同业存单、票据等产品运行机制良好，财务公司更容易融通资金；而回购和拆借的利率将影响财务公司的融资成本或投资收益。

2017 年，货币市场利率整体处于上涨趋势，财务公司积极应对，保持流动性相对合理。在利率上行中，财务公司面临外部资金筹集的可得性和成本问题，特别是财务公司在同业拆借市场拆入资金最长期限为 7 天，同业拆借到期后不得展期，也不得以其他方式变相展期。在货币市场新形势下，财务公司根据未来货币市场及其利率走势判断，进一步强化资金融通结构、流动性管理、利率定价以及资产负债等方面的管理，行业整体未出现显著的流动性风险事件。

二　资本市场环境

（一）债券市场

1. 债券市场运行状况

受制于金融监管强化和流动性结构性偏紧等原因，2017 年债券市场虽发行规模继续保持增长态势，但是，市场调整较为显著，交易规模出现显著下降，收益率曲线明显上移。过去几年债券市场急速膨胀和过度交易的态势有所缓释，债券市场进行了一次内生性的风险调整。银行间市场债券指数下行显著，中债综合净价指数全年降幅达到 4.09%。

从发行量看，规模继续保持增长态势，而发行结构出现较大变化。2017 年，全债券市场发行债券总规模 39.8 万亿元，同比上涨 12%。其中，同业存单发行高达 20.2 万亿元，国债发行 4.0 万亿元，但是，公司信用类债券发行规模同比减少 2.6 万亿元。2017 年底，债券市场余额为 74.4 万亿元，同比增长 16.6%。[①]

从交易量看，2017 年债券市场现券交易量 108.4 万亿元，同比下降 18.0%。其中，银行间债券市场现券交易 102.8 万亿元，同比下降 19.1%；交易所市场成交 5.5 万亿元，同比上涨 4.2%。金融债券仍然是银行间债券市场交易的核心品种，占比高达 69.6%，国债和信用债交易量占比分别为 12.8% 和 16.7%。[②]

从收益率看，无风险收益率提升和风险溢价上涨，使得债券市场收益率不断抬升。国债收益率曲线因流动性风险和信用风险溢价上升而整体上升，2017 年 11 月 14 日 10 年期国债收益率突破 4%，2017 年 11 月 22 日 10 年期国开债收益率突破 5%。2017 年 12 月发行的 10 年期国债发行利率为 3.82%，比上年同期发行的同期限国债利率上升 112 个基点。2017 年 3 年期 AA 级债券发行利率为 5.00%～8.20%，平均利率超过 6%，出现与贷款利率的倒挂。国债收益率曲线整体抬升同时进一步扁平化，2017 年底 10 年期和 1 年期国债收益率利差仅为 9 个基点，较年初下降 27 个基点（见图 2-6）。[③]

---

① 中国人民银行：《2017 年第四季度中国货币政策执行报告》，2018 年 2 月 14 日。

② 同上。

③ 同上。

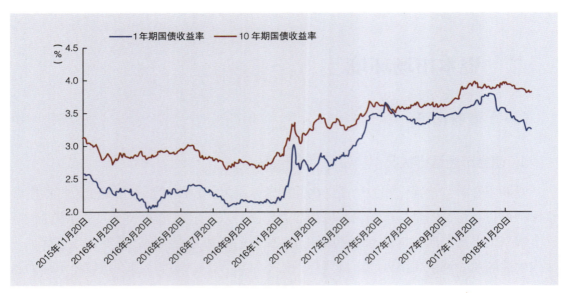

图 2-6　国债收益率走势

资料来源：Wind。

2. 债券市场违约趋缓

债市流动性偏紧和市场下跌引发了较多的技术性违约，债市信用风险日益显性化，刚性兑付打破被深化；不过，相对于 2016 年中国债券市场的情况，2017 年的违约状况有所缓解。此前，中国债券市场一向鲜有债券违约，2014 年仅有 6 只债券违约，涉及 5 家企业；2015 年有 22 只债券违约，涉及 20 家企业。2016 年，债券违约快速增加到 79 只，违约规模达 398.94 亿元。2017 年债券违约现象有所缓解，截至 2017 年 10 月底，违约债券 32 只，违约金额约为 120.56 亿元（见图 2-7）。①

债券市场违约状况缓解有多重原因：一是经济基本面改善，特别是"三去一降一补"政策持续两年多，使得原材料和重化工业的资产负债表状况得到改善。2016 年仅钢铁行业违约债券就达到 9 只。二是全球经济回暖，对于出口需求的提升，带动贸易与工业品经销、电子设备和仪器等领域的状况改善，这三个行业在 2016 年亦是违约的重灾区。三是国内经济结构转型带动通信行业升级，5G 开始进入布局阶段，使得2016 年违约较为严重的通信行业在 2017 年得以改善。四是 2017 年流动性管理相对于2016 年更加稳健合理，2016 年 8 ~ 9 月是中国人民银行进行金融去杠杆的初始阶段，力度较大，影响较为直接，金融机构和企业都尚未适应监管的强化，2017 年这种状况得到改善。虽然，流动性整体偏紧，但是，企业流动性管理的预期相对稳定。

---

① 中诚信国际:《我国债券市场违约情况分析》，2017 年 11 月 16 日。

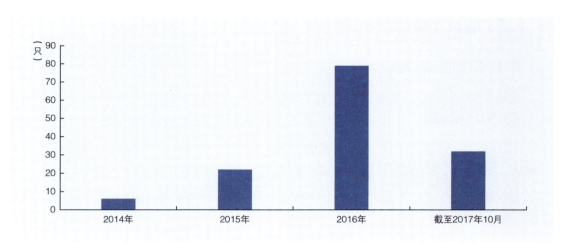

图 2-7　2014 年至 2017 年 10 月中国债券市场违约债券数量

资料来源：Wind、中诚信。

3. 财务公司的影响与应对

　　财务公司是债券市场的重要参与者，受债券市场影响较为显著。一是财务公司通过债券市场进行资产负债管理；二是财务公司通过债券市场进行债券融资；三是财务公司可以承销成员单位的企业债券、试点在银行间交易商协会承销企业集团成员单位债券或者作为债券承销财务顾问开展相关业务。这三个方面业务都受到债券市场发展状况的影响，特别是债券收益率的变化，对于财务公司的资产收益具有直接的影响。

　　随着债券市场收益率高企，财务公司通过债券融资的成本增加，且持有债券价格可能下降。在债券市场流动性变化、收益率高企的情况下，财务公司资产负债管理面临更多不确定性，特别是财务公司在银行间市场拆入资金的期限不能超过 7 天的情况下，债券市场变化对于财务公司的影响更为显著，短期流动性管理难度加大。此外，债券信用风险会对财务公司产生影响，当财务公司购买的债券违约时，将对其造成直接的损失。

　　在监管强化过程中，2017 年债券市场出现较为显著的调整，内生风险得到一定程度的缓释，但也对财务公司的融资、投资和流动性管理造成了影响。值得注意的是，负面冲击总体上还是相对有限的。首先，由于财务公司配置债券市场的资产规模仍然十分有限，债券市场的变化对于财务公司整体的影响仍然有限。其次，财务公司通过债券市场融资的规模相对较小，对财务公司整体融资成本的直接影响相对有限；对于其他融资渠道成本上升的间接影响个体差异化较大，但是总体上看财务公司主要依靠内部融资，间接成本上升的风险仍然可控。最后，财务公司良好的风险管理体系，尤其是企业集团作为流动性问题最后责任人的制度安排，使得财务公司流动性风险受债市冲击相对较小。

（二）股票市场运行状况

1. 股票市场运行状况

受到全球经济复苏和美国经济基本面向好的支撑，2017 年全球股市总体表现良好，股票市场涨势喜人。全球主要股票市场在 2017 年继续延续 2016 年的复苏和上涨态势，发达经济体股市出现较大幅度的上涨，新兴经济体股票市场整体保持较好的发展态势。道琼斯工业指数、标普 500 和纳斯达克指数分别上涨 25%、18% 和 27%，美国三大股指在 2017 年均多次刷新历史新高。2017 年香港恒生指数上涨 36%，位居全球重要股市前列（见图 2-8）。

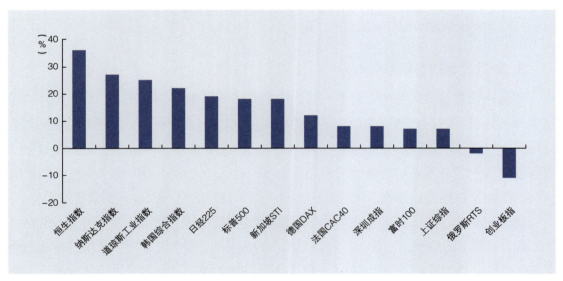

图 2-8　2017 年全球重要股指涨跌幅

资料来源：Wind。

2017 年中国股票市场改革处于平稳状况，股票市场整体在震荡中上行，市场没有出现重大的波动事件。2017 年沪指上涨 6.56%，深成指上涨 8.48%，创业板因 IPO 节奏加速以及估值调整原因下降 10.67%。市场整体走势虽然向好，但是也存在成交量萎缩的问题，2017 年沪深两个股票市场总成交额为 112.8 万亿元，同比减少 11.7%，创业板成交 16.6 万亿元，同比萎缩 23.7%。2017 年末，沪深两市流通市值为 44.9 万亿元，同比提高 14.2%；创业板流通市值为 3 万亿元，与 2016 年大致相当。

2. A 股市场估值结构调整

A 股市场的估值结构发生了较大的变化。2017 年上证 50 指数和沪深 300 指数分别上涨 25.08% 和 21.78%，低估值大型股票上涨态势十分抢眼。大盘股大幅上涨抬升了上海市场的整体估值，沪市 A 股加权平均市盈率从 2016 年末的 15.9 倍上升至 18.2 倍，这主要由于银行、非银行金融、食品饮料、通信、计算机等行业市盈率提高所致（见图 2-9）；同时，因创业板大幅下跌出现较为显著的估值调整，深市 A 股市盈率从 41.6 倍下降至 36.5 倍。估值结构的变化实际上反映了投资风格和风险偏好的相对变化，同时也反映了经济结构的相对变化。

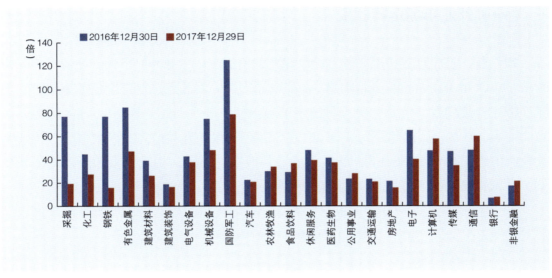

图 2-9 2017 年 A 股行业市盈率变化状况

资料来源：Wind。

2017 年，股票市场公开发行数量增加，但市场融资规模有所下滑。全年各类企业和金融机构通过发行、增发、配股、权证行权等方式，在境内外股票市场上累计筹资 1.2 万亿元，同比下降 19%，其中通过 A 股筹资 1 万亿元，同比下降 24.7%。[①] 增发融资的规模显著下降是股票市场融资下滑最为重要的影响因素，不过，这也有利于控制增发融资中的不规范操作，强化公开发行的融资功能。

3. 财务公司的影响与应对

作为机构投资者，股票市场波动会对财务公司的股权投资形成影响。作为财务公司资产配置的重要方向之一，股票市场涨跌幅对于财务公司效益提升和风险管理都具有重要的意义。理论上看，相对债券市场，股票市场的收益性和风险性均比较明显，

---

① 中国人民银行：《2017 年第四季度中国货币政策执行报告》，2018 年 2 月 14 日。

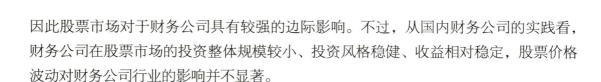

因此股票市场对于财务公司具有较强的边际影响。不过，从国内财务公司的实践看，财务公司在股票市场的投资整体规模较小、投资风格稳健、收益相对稳定，股票价格波动对财务公司行业的影响并不显著。

三 外汇市场环境

（一）外汇市场运行状况

2017年，在全球经济温和复苏持续深化的情况下，全球外汇市场出现较大的结构变化。2017年美联储持续进行加息，并在2017年10月开始进行资产负债表整固，美国经济亦持续向好，但是，美元却出现了趋势性下跌。美元逆转2016年的涨势，从2017年初103的高点持续下行，在2017年底艰难守住90关口。2017年底，美国特朗普政府出台1986年以来最为重大的税收政策改革，但是，美元继续下挫，并在2018年1月底跌破90大关（见图2-10）。

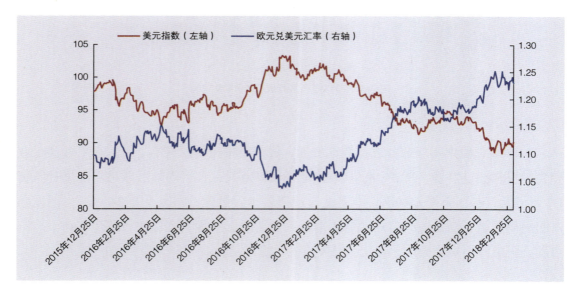

图2-10 美元指数及欧元兑美元汇率走势
资料来源：Wind。

（二）人民币兑美元升值

2017年，人民币逐步摆脱2016年对美元较为显著的贬值趋势。2016年人民币对美元汇率出现一定程度贬值。2016 年末，人民币汇率指数为 94.83，全年下降 6.05%；人民币兑美元汇率中间价为 6.9370，贬值幅度为 6.39%。[①]2016 年人民币兑美元艰难守住 7.0 关口，但外汇无交割远期市场一度预期人民币在 2017 年将跌至 7.3。

人民币兑美元在 2017 年升值近 6%，创出 2008 年以来最高年度升值幅度。人民币在 2017 年前 5 个月保持对美元的相对稳定，在 2017 年 5 月之后人民币展现较为显著的升值趋势，2017 年 8～9 月出现小幅回调之后，2017 年底又呈现较为显著的升值态势。2017 年底，人民币兑美元收于 6.5120，逆转了过去三年的连续贬值趋势。不过，从人民币 NDF 市场 1 年期汇率看，人民币兑美元仍然有一定的贬值预期（见图 2-11）。

图 2-11　人民币即期和 NDF 市场汇率

资料来源：Wind。

人民币兑美元出现较为显著的升值趋势，主要有三个重要的原因：一是中国经济基本面已经呈现改善的迹象，2015～2016 年制造业部门产出价格持续下跌的状态得到逆转，"三去一降一补"政策使得部分原材料和制造业部门出现复苏。二是美元指数出现较为显著的下跌，作为外围货币之一的人民币呈现相对强势。三是人民币汇率形成机制改革具有重要的影响，2017 年 5 月人民币汇率形成机制逆周期因子的引入，缓释并逐步扭转了外汇市场对人民币汇率的非理性看空预期，使得人民币汇率走向相对稳定的定价状态。

[①]　中国人民银行：《2016 年第四季度中国货币政策执行报告》，2017 年 2 月 17 日。

2017 年由于人民币兑美元出现近 6% 的升值幅度，外汇市场整体呈现稳定运行状况，同时出现了较为显著的结构性变化。2017 年，人民币外汇即期成交 6.4 万亿美元，同比增长 8.0%，增速比上年低 13.9 个百分点；人民币外汇掉期交易累计成交金额折合 13.4 万亿美元，同比增长 34.1%，其中隔夜美元掉期成交 7.8 万亿美元，占掉期总成交额的 58.2%；人民币外汇远期市场累计成交 1034 亿美元，同比减少 32.4%。[①]2016 年人民币外汇远期市场交易规模同比增长了 325%。人民币外汇即期成交增速下降和外汇远期市场交易绝对减少，说明市场对于人民币汇率的预期出现了向好的发展态势，此前市场一定程度的非理性恐慌及其交易投资行为在明显下降。

2017 年，不仅人民币兑美元的双边汇率出现较大幅度的升值，人民币有效汇率亦出现了企稳回升态势。2017 年 5 月之前，人民币实际有效汇率指数和名义有效汇率指数都出现了一定程度的下跌。随着 2017 年 5 月人民币逆周期因子的引入以及美元指数的走跌，人民币实际有效汇率开始走稳并逐步回升。但是，由于欧元、英镑等货币相对更强，2017 年底，人民币有效汇率基本恢复至 2016 年底水平但是尚未有效突破盘整趋势。

图 2-12　人民币有效汇率走势

资料来源：Wind。

总体上看，2017 年中国外汇市场整体发展态势良好，开放度持续提高，交易机制不断创新，交易效率不断提升，人民币的国际影响力不断提高。外汇市场交易主体进一步丰富，截至 2017 年末，即期市场会员增加 63 家至 645 家，其中，远期、外汇掉

①　中国人民银行：《2017 年第四季度中国货币政策执行报告》，2018 年 2 月 14 日。

期、货币掉期和期权市场会员各 194 家、192 家、163 家和 116 家，即期市场做市商 32 家，远、掉期市场做市商 27 家。[①]

（三）财务公司的影响与应对

外汇市场的波动主要影响财务公司的跨境资金管理业务和结售汇业务，同时通过影响集团公司的对外贸易，也会对财务公司的整体发展环境造成影响，并且对财务公司承担职责提出要求。财务公司需要关注外汇市场最新走势尤其研判美国税改、加息及缩表的政策影响，既要规避本机构的汇兑风险，获取汇兑收益，又要为集团公司规避汇兑风险、获取汇兑收益提供咨询建议。

① 中国人民银行：《2017 年第四季度中国货币政策执行报告》，2018 年 2 月 14 日。

第三章
政策环境

2017 年，货币政策、财政政策、监管政策以及国有资产管理政策共同构成财务公司运营的政策环境，从不同角度为财务公司运营创造健康的外部环境，同时，对其运营行为予以监管约束。

一　货币政策环境

（一）2017年货币政策

2017 年，中国经济向高质量发展方式迈进，经济快速平稳增长，发展方式转变，经济结构优化，增长动力转换，去杠杆和去产能效果显现。在这一过程中，货币政策发挥了重要作用，在稳增长、调结构、促改革、去杠杆和防风险之间寻求平衡，为供给侧结构性改革和高质量发展营造了中性适度的货币金融环境。

2017 年，货币政策保持稳健中性，在金融体系稳步去杠杆的同时，保持了经济平稳较快增长，稳定了市场预期。银行体系流动性中性适度，货币信贷和社会融资规模平稳增长，利率水平总体适度。人民币对美元双边汇率弹性进一步增强，双向浮动的特征更加显著。货币政策和宏观审慎政策双支柱调控框架初见成效。

进一步完善货币政策调控和传导机制，推动货币政策调控框架转型，更加充分地发挥价格杠杆的调节和传导作用，继续深入推进利率市场化改革。2017 年，指导全国银行间同业拆借中心推出了银银间回购定盘利率（FDR）和以 7 天银银间回购定盘利率（FDR007）为参考利率的利率互换产品，完善银行间市场基准利率体系。不断健全市场利率定价自律机制，自律机制成员已扩大至 1712 家。[①]引导同业存单市场规范有序发展，明确同业存单的发行期限不得超过 1 年。完善中央银行利率调控体系，探索构建利率走廊机制，疏通利率传导渠道，增强央行引导和调节市场利率的有效性。

继续有序推进人民币汇率市场化形成机制改革，保持人民币汇率在合理均衡水平上基本稳定，加大市场决定汇率的力度，增强汇率弹性，提升应对外部冲击的韧性。2017 年 5 月，外汇市场自律机制在"收盘汇率 + 一篮子货币汇率变化"的人民币兑美元汇率中间价形成机制基础上，组织各报价行在报价模型中增加了"逆周期因子"，以对冲外汇市场的顺周期性，防范可能出现的"羊群效应"。2017 年 9 月，中国人民银行调整外汇风险准备金政策，对境外金融机构境内存放执行正常准备金率政策，将外汇风险准备金征收比例降为零，并取消对境外金融机构境内存放准备金的穿透式管理。

灵活应对流动性短期波动。2017 年，国库库款余额同比持续走高，财政收入与支出之间的时滞拉长，市场预期变化，金融机构资产负债行为调整，这些都在一定程度上放大了流动性波动。为应对这些局面，中国人民银行结合流动性形势和市场预期变化，运用多种货币政策组合，加强预调微调和与市场沟通，并搭配使用常备借贷便利（SLF）、中期借贷便利（MLF）、抵押补充贷款（PSL）、逆回购、临时准备金动用安排（CRA）等工具提供不同期限流动性，维护银行体系流动性中性适度、合理稳定。

支持发展普惠金融。2017 年 9 月，中国人民银行优化原有定向降准政策标准，将定向降准政策从小微企业和"三农"领域拓展并延伸至脱贫攻坚和"双创"等其他普惠金融领域。针对小微企业、个体工商户、农户、建档立卡贫困人口等的生产经营、创业担保、助学等贷款，运用支农支小再贷款、再贴现、扶贫再贷款和抵押补充贷款等工具并发挥信贷政策的结构引导作用，聚焦真小微、真普惠，经济社会发展的重点领域和薄弱环节得到支持，政策精准性和有效性显著提高。

完善存款保险制度功能。优化存款保险风险评价和费率机制，更好地发挥差别费率的风险约束和正向激励作用。加强对各类型投保机构的风险监测与核查，依法采取风险警示和早期纠正措施。积极与地方政府、监管部门沟通协调，落实地方政府和监管部门的管理和风险处置责任，推动风险依法处置。开展存款保险宣传和业务培训。做好存款保险保费归集和基金管理工作。

完善货币政策担保品管理框架。进一步完善各项制度流程和央行内部（企业）评级系统，并拟推广至全国。2017 年，中国人民银行分支机构以信贷资产质押方式向金

---

① 中国人民银行:《2017 年第四季度中国货币政策执行报告》，2018 年 2 月 14 日。

融机构提供信贷政策支持再贷款和常备借贷便利。金融机构可根据向央行融资的需要及合格担保品持有情况，筛选优质信贷资产，向中国人民银行申请对相关非金融企业进行央行内部评级，达标非金融企业贷款可纳入货币政策担保品范围。中国人民银行优先接受符合标准的小微企业贷款、绿色贷款作为信贷资产担保品。12月，在总结前期试点经验的基础上，中国人民银行决定自2018年起向全国推广信贷资产质押和央行内部（企业）评级工作。

（二）中国人民银行相关政策对财务公司影响

自2016年将差别准备金动态调整机制"升级"为宏观审慎评估体系（MPA）后，中国人民银行根据宏观调控需要和评估情况，不断对MPA的构成、权重、相关参数等加以改进和完善。2017年第一季度，将表外理财正式纳入MPA广义信贷指标范围。2017年第三季度，将绿色金融纳入MPA"信贷政策执行情况"进行评估。进一步完善和推广全口径跨境融资宏观审慎政策，适时推动逆周期调控政策回归中性。

为支持财务公司健康发展，中国人民银行对财务公司实施差别化的政策支持：（1）在宏观审慎评估（MPA）政策参数方面，对财务公司有一定的灵活设置，并对其信贷投放给予一定容忍空间。（2）2017年，中国人民银行、银监会、证监会、保监会和外管局联合发布《关于规范金融机构资产管理业务的指导意见（征求意见稿）》（简称"资管新规"），规范金融机构资产管理业务，统一同类资产管理产品监管标准，防范和控制金融风险，引导社会资金流向实体经济，更好地支持经济结构调整和转型升级，防止部分业务发展不规范、多层嵌套、刚性兑付、规避金融监管和宏观调控等问题。"资管新规"使资产管理业务更加规范，有助于降低财务公司投资风险，同时，投资业务会受到更多约束，短期内压缩其利润空间。

 专题

专题3-1 MPA考核体系

1. MPA考核体系基本内容

MPA（Macro Prudential Assessment）即宏观审慎评估体系。2015年12月29日，央行发布《关于部署完善宏观审慎政策框架》，指出为进一步完善宏观审慎政策框架，更加有效地防范系统性风险，发挥逆周期调节作用，并适应资产多元化的趋势，从2016年起将差别准备金动态调整和合意贷款管理机制"升级"为宏观审慎评估体系。

　　MPA 体系的主要构成：重点考核资本和杠杆情况、资产负债情况、流动性、定价行为、资产质量、外债风险、信贷政策执行七大方面，其中资本充足率是评估体系的核心。

　　2016 年 12 月，央行对 MPA 政策进行了补充，将表外理财资产增速纳入广义信贷增速，MPA 监管政策实现了进一步的升级，对金融机构表内外资产的扩张形成了有效约束。2017年 2 月，央行提出对不符合 MPA 的金融机构实行惩罚性的常备借贷便利利率（SLF），进一步加强了 MPA 对于金融机构去杠杆的约束效应。

　　2. 广义理财纳入 MPA 考核体系

　　宏观审慎评估体系的指标包括七大类 16 项指标。2016 年 10 月，央行将表外理财纳入广义信贷增速考核，2017 年将同业存单纳入同业负债考核。

表 3-1　MPA 考核体系指标

	指　　　标
资本和杠杆情况	资本充足率（80 分）、杠杆率（20 分）
资本负债情况	广义信贷（60 分）、委托贷款（15 分）、同业负债（25 分）
流动性	流动性覆盖率（40 分）、净稳定资金比例（40 分）、遵守准备金制度情况（20 分）
定价行为	利率定价（100 分）
资产质量	不良贷款率（50 分）、拨备覆盖率（50 分）
跨境融资风险	跨境融资风险加权资产余额（100 分）
信贷政策执行	信贷政策评估结果（40 分）、信贷政策执行情况（30 分）、央行资金运用情况（30 分）

　　资本充足率和杠杆率是 MPA 考核的首要指标。资本充足率采用央行的宏观审慎资本充足率，与广义信贷扩张速度直接挂钩，在 0 容忍评价体系下，如果广义信贷扩张较快，导致宏观审慎资本充足率较高。考虑资本充足率占 80 分，一旦银行资本充足率不达标，便很难通过该项评价。

　　C* 为宏观审慎资本充足率，宏观审慎资本充足率的计算方式为：C*= 结构性参数 ×（最低资本充足率要求 + 系统重要性附加资本 + 储备资本 + 资本缓冲要求）。通过比较实际资本充足率和 C*，如果不低于 C*，得 80 分（满分）；如果低于 C*，但大于 C*-4%，则可以得 48 ~ 80 分，如果低于 C*，但小于 C*-4%，则得 0 分。广义信贷 = 旧口径广义信贷 + 表外理财 = 各项贷款 + 债券投资 + 股权及其他投资 + 买入返售资产 + 存放非存款类金融机构款项 + 表外理财 − 现金和银行存款。逆周期资本缓冲 $=\max\{\beta_i\times[$机构 i 广义信贷增速 −（目标 GDP 增速 + 目标 CPI）], 0\}。其中，β_i 为机构 i 对整体信贷顺周期贡献参数，$\beta_i=$ 宏观经济热度参数（β_{i1}）× 系统重要性参数（β_{i2}）。

近年来由于广义信贷增长过快，央行将表外理财纳入广义信贷框架，体现监管层对于构建资本约束机制、强化稳健经营理念的重视，也是为了进一步去杠杆、挤泡沫，缓慢释放信贷业务累积的风险。

3. MPA 体系更新的影响

首先是广义信贷的收缩调整。在 MPA 体系监管下，各金融机构将有意识地压缩其广义信贷的增长。广义信贷压缩包括理财产品、同业资产、债券、非标、贷款等方面。理财资金进入广义信贷统计，长期来说对规范金融机构的发展起到了积极作用，对其资产管理能力，尤其是投资能力和风险管理能力提出了更高的要求，有助于抑制表内业务转向表外规避 MPA 考核实现监管套利。

其次，在 2016 年开始实施的 MPA 考核中，一方面延续此前要求，若同业负债超过33%，则同业负债项将不得分；另一方面，广义信贷增速被视为考核的核心。在此压力下，金融机构极可能通过抛售买入返售资产、缩减同业资产规模等来控制广义信贷增速，当规模快速扩张和规避监管行为受到约束时，金融机构将更加注重经营效益，向精细管理、创新业务要效益。

二　财政政策环境

（一）2017 年财政政策

减税，降费，加大支出力度补短板、惠民生，是 2017 年财政政策的总基调，多项积极的财政政策措施落地生效，并产生积极影响。2017 年，全国财政收入总额为236608 亿元，同比增长 13.3%。全国财政支出总额为 266803 亿元，同比增长 12.9%。[①]财政运行压力略有缓解。

2017 年 3 月，财政部印发《中央国有资本经营预算支出管理暂行办法》，以完善国有资本经营预算管理制度，规范和加强中央国有资本经营预算支出管理。

2017 年 6 月，财政部印发《国有企业境外投资财务管理办法》，加强国有企业境外投资财务管理，防范境外投资财务风险，提高投资效益，提升国有资本服务于"一带一路""走出去"等国家战略的能力，要求国有企业境外投资财务管理贯穿境外投资决策、运营、绩效评价等全过程，将境外投资企业（项目）纳入全面预算管理体系。

---

① 闫坤、张鹏:《中国经济新时代与世界经济"调适"——2017 年我国宏观经济与财政政策分析报告》,《经济参考报》2018 年 1 月 31 日。

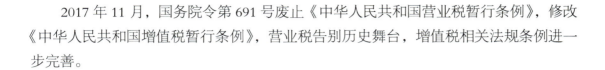

2017 年 11 月，国务院令第 691 号废止《中华人民共和国营业税暂行条例》，修改《中华人民共和国增值税暂行条例》，营业税告别历史舞台，增值税相关法规条例进一步完善。

（二）财政政策对财务公司的影响

财政政策的经济结构调整方向对财务公司工作的大环境产生了影响。财务公司的本职是为企业集团发展服务，对企业集团资金进行归集管理，为成员企业提供资金融通服务。当财务公司所属行业为财政限制型行业时，资金运作将面临一定限制，而当其所属行业为财政支持型行业时，资金运作范围将得到扩展。

2017 年，财政部共修订六项会计准则，其中涉及金融业务的有金融工具确认和计量、金融资产转移、套期会计、金融工具列报，减少金融资产分类，简化嵌入衍生工具的会计处理，强化金融工具减值会计要求；突出金融资产终止确认的判断流程，对相关实务问题提供更加详细的指引，增加了继续涉入情况下相关负债计量的相关规定；将套期会计和风险管理紧密结合，使企业的风险管理活动恰当地体现在财务报告中；根据金融资产新的三分类，对企业财务报表相关列示项目和附注披露内容做出修改，规定了企业信用风险、预期信用损失的计量和减值损失准备等金融工具减值相关信息的列报要求。这些修订在短期内增加了财务公司的负担，但长期而言，使财务公司相关金融业务会计更加规范、简洁、科学，便于控制风险。

三 监管政策环境

2017 年 7 月，第五次全国金融工作会议召开，强调金融回归本源，服务实体经济；完善金融市场、金融机构和金融产品体系，坚持质量优先、金融业与经济社会协调发展，促进融资便利，降低实体成本，提高资源效率，确保风险可控；强化监管，提高防范和化解金融风险能力，强化行为监管和功能监管；发挥市场在金融资源配置中的决定性作用。会议决定设立国务院金融稳定监管委员会，以强化跨部门监管协调功能，补齐监管短板，提高防范系统性风险的能力。会议确定下一阶段的工作重点是推动经济去杠杆，执行稳健的货币政策，把国有企业降杠杆作为重中之重。

2017 年 10 月召开的党的十九大再次强调增强金融服务实体经济的能力，深化利率和汇率市场化改革，健全金融监管体系，守住不发生系统性金融风险的底线。提出

健全货币政策和宏观审慎政策双支柱调控框架，统筹中国经济与金融稳定发展。

（一）2017年银行业整体监管情况

"严监管""防风险"是 2017 年中国银行业的关键词。银监会出台了一系列规范性文件，整治银行业乱象，规范银行业发展。

2017 年 3 月至 4 月，银监会相继出台《关于开展银行业"违法、违规、违章"行为专项治理工作的通知》《关于开展银行业"监管套利、空转套利、关联套利"专项治理工作的通知》《关于开展银行业"不当创新、不当交易、不当激励、不当收费"专项治理工作的通知》《关于集中开展银行业市场乱象整治工作的通知》，被称为"三三四十"专项治理，以净化金融环境，为实体经济服务。

4 月 7 日，银监会发布《中国银监会关于提升银行业服务实体经济质效的指导意见》，意见按照突出重点、疏堵结合、内外发力、抓好落实的基本思路，从正向引导、改革创新、监管约束、外部环境、工作机制五个维度提出 24 项政策措施。

6 月 26 日，银监会发布《关于进一步规范银行业金融机构吸收公款存款行为的通知》，提出强化廉洁从业、严禁利益输送、防范道德风险、提升服务水平，以整顿规范银行业金融机构吸收公款存款行为，营造风清气正的金融市场环境。

11 月 16 日，银监会发布《商业银行股权管理暂行办法（征求意见稿）》，提高股东准入门槛，加强股权、股东的管理，避免和杜绝代持、隐形股东，通过穿透监管识别出最终受益人，并使其履行股东的责任和义务。

11 月 17 日，中国人民银行会同银监会、证监会、保监会、外汇局起草《关于规范金融机构资产管理业务的指导意见（征求意见稿）》，对同类资管产品制定统一的监管标准，实施公平的市场准入和监管，最大限度地消除监管套利空间。

12 月 6 日，银监会就《商业银行流动性风险管理办法（修订征求意见稿）》公开征求意见。修订的主要内容包括：（1）新引入三个量化指标——净稳定资金比例、优质流动性资产充足率和流动性匹配率。（2）完善流动性风险监测体系。（3）细化了流动性风险管理相关要求，如日间流动性风险管理、融资管理等。修订案意味着监管机构将对 2000 亿元以下规模中小银行实施有效监管，加强对银行同业业务的抑制，鼓励银行业务回归传统业务、服务实体经济。

12 月 22 日，银监会发布《关于规范银信类业务的通知》，明确银信类业务及银信通道业务的定义，规范银信类业务中商业银行的行为，规范银信类业务中信托公司的行为，加强银信类业务的监管，以防范银信通道业务中存在的风险隐患。商业银行在涉及信托业务时，应对信托公司实施名单制管理，综合考虑信托公司的风险管理水平和专业投资能力，审慎选择交易对手。

（二）2017年银监会对财务公司的监管情况

1. 引导财务公司立足定位，服务供给侧结构性改革

一是印发通知要求财务公司围绕主业促进实体经济发展，明确财务公司服务实体经济以及供给侧结构性改革、落实"三去一降一补"改革任务的方向和重点。二是通过监管会谈、监管意见和监管评级等手段，督促引导财务公司充分发挥功能，通过存贷款利率优惠、费用减免以及发挥专业金融机构优势等方式多措并举助力集团降成本；通过优化资金配置，调剂资金余缺，降低集团整体杠杆率，更好地支持企业集团供给侧结构性改革。

2. 支持财务公司创新发展，提升金融服务水平

一是进一步扩大延伸产业链金融服务试点范围，完成 49 家财务公司试点备案审核，引导财务公司加大对企业集团核心产业链和上游中小微企业的金融服务支持力度，提升服务实体经济质效。二是引导财务公司深入挖掘集团成员单位的资金管理和金融服务需求，在风险可控、依法合规的前提下丰富金融服务功能，提升金融服务水平。截至 2017 年末，批准 1 家财务公司发行金融债券，2 家财务公司完成信贷资产证券化项目备案，48 家财务公司新增集团成员单位产品的消费信贷、买方信贷、融资租赁，有价证券投资及承销成员单位债券和衍生产品等业务资格。

3. 防控金融风险，提升监管有效性

一是通过信用风险专项排查、"三三四十"（即"三违反"、"三套利"、"四不当"、整治银行业十大市场乱象）专项治理以及"两个加强、两个遏制"回头看等工作，督促财务公司弥补内部控制和风险管理制度短板、规范经营行为、夯实发展基础。二是狠抓制度落实，加大对违法违规行为的问责和处罚力度，督促财务公司切实落实风险管控主体责任，增强合规经营意识。对 1 家财务公司采取暂停投资和委托投资业务的监管强制措施，对 16 家财务公司采取行政处罚措施，没收违法所得 151.65 万元，罚款金额合计 495 万元。

四 国有资产管理政策环境

（一）2017年国资委相关要求

国有资产管理委员会贯彻党中央、国务院关于国有企业降杠杆的指示精神和第五次全国金融工作会议精神，积极推进中央企业降杠杆，高度重视中央企业债务风险管理，要求企业做好加强高负债企业管控、严防债券兑付风险、加快资金融通、积极稳妥开展市场化债转股、着力加大股权融资力度、大力处置"僵尸企业"、发挥国有资本运营公司功能作用七个方面的工作。要求中央企业强化资本约束，盘活存量资产，发展直接融资，推进混合所有制改革，扩大重大项目股权融资比例，多渠道补充资本。

国资委要求改进各司其职、各负其责、协调运转、有效制衡的国有企业法人治理结构，完善产权清晰、权责明确、政企分开、管理科学的国有企业现代企业制度。提升国有企业运行效率，理顺出资人职责，转变监管方式，加强董事会建设，落实董事会职权，维护经营自主权，激发经理层活力，发挥监督作用，完善问责机制，坚持党的领导，发挥政治优势。

严格监管国有企业投资。2017 年 1 月修订《中央企业投资监督管理办法》和《中央企业境外投资监督管理办法》，贯彻以管资本为主加强国有资产监管的要求，重点从"管投向、管程序、管风险、管回报"四个方面，构建权责对等、运行规范、信息对称、风险控制有力的投资监督管理体系，促进中央企业加强投资管理，规范投资行为，强化风险管控，提高国有资本效率，防止国有资产流失，实现国有资本保值增值。

（二）国资委对央企财务公司的要求

2017 年，国资委要求财务公司协助企业集团处理好"保增长"和"两金"（存货和应收款项）压控的关系。"两金"压控必须以企业发展质量和效益为核心，综合考虑企业财务承受能力和现金流因素，在做好精准细化分析的基础上，努力将"两金"压控在合理水平，引导企业去杠杆。

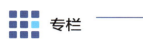 专栏

专栏 3-1　2017 年与财务公司业务相关的政策文件

序号	文件名称	制定机构	发布日期
1	《中国银监会关于规范银行业服务企业走出去 加强风险防控的指导意见》	银监会	2017 年 1 月 25 日
2	《中国证监会关于支持绿色债券发展的指导意见》	证监会	2017 年 3 月 2 日
3	《中国人民银行关于实施电子商业汇票系统移交切换工作的通知》	中国人民银行	2017 年 3 月 27 日
4	《关于开展银行业"监管套利、空转套利、关联套利"专项治理工作的通知》	银监会办公厅	2017 年 3 月 28 日
5	《关于金融支持制造强国建设的指导意见》	一行三会、工信部	2017 年 3 月 28 日
6	《关于开展银行业"违法、违规、违章"行为专项治理工作的通知》	银监会办公厅	2017 年 3 月 28 日
7	《中国人民银行办公厅关于做好 2017 年信贷政策工作的意见》	中国人民银行办公厅	2017 年 3 月 29 日
8	《关于开展银行业"不当创新、不当交易、不当激励、不当收费"专项治理工作的通知》	银监会办公厅	2017 年 4 月 6 日
9	《中国银监会关于银行业风险防控工作的指导意见》	银监会	2017 年 4 月 7 日
10	《中国银监会关于提升银行业服务实体经济质效的指导意见》	银监会	2017 年 4 月 7 日
11	《中国银监会关于切实弥补监管短板提升监管效能的通知》	银监会	2017 年 4 月 12 日
12	《商业银行押品管理指引》	银监会	2017 年 4 月 26 日
13	《关于进一步推进外汇管理改革完善真实性审核的通知》	外管局	2017 年 4 月 27 日
14	《中国人民银行关于加强开户管理及可疑交易报告后续控制措施的通知》	中国人民银行	2017 年 5 月 12 日
15	《银行业金融机构销售专区录音录像管理暂行规定》	银监会	2017 年 8 月 23 日
16	《国务院办公厅关于积极推进供应链创新与应用的指导意见》	国务院办公厅	2017 年 10 月 13 日
17	《应收账款质押登记办法》	中国人民银行	2017 年 10 月 25 日
18	《关于规范金融机构资产管理业务的指导意见（征求意见稿）》	一行三会、外管局	2017 年 11 月 17 日
19	《关于完善银行内保外贷外汇管理的通知》	外管局	2017 年 12 月 7 日
20	《中国银监会关于规范银信类业务的通知》	银监会	2017 年 12 月 22 日

第四章
行业自律环境

2017 年，中国财务公司协会（以下简称中国财协）本着"促进会员单位实现共同利益，推动行业规范、稳健发展"的宗旨，认真履行"自律、维权、协调、服务"四项基本职责，以自律为基础，进一步解放思想，创新理念，深化服务，为促进行业健康发展贡献了重要的力量。

一 持续推进行业自律规制建设

2017 年中国财协修订了《中国财务公司协会章程》和《中国财务公司协会会员管理办法》，新修订的《章程》与修改调整后的《办法》一同由第二十次会员大会表决通过，正式实行。《章程》和《办法》的修订，进一步理顺了中国财协治理结构，规范了会员管理工作，丰富了服务手段和内容。

二 初步建立行业社会责任管理体系

在 2016 年首次发布财务公司行业社会责任报告的基础上，为更好规范行业社会责任管理工作，中国财协组织起草《企业集团财务公司社会责任管理办法》，规范了行业社会责任管理的治理、绩效、议题、报告和执行；建立了《中国财务公司行业社会责任指标体系》，系统描述社会责任关键领域；表彰财务公司履行社会责任优秀案例，激励社会责任履行；组织社会责任管理专项培训研讨，引导行业加强社会责任管

理；启动《中国财务公司行业 2016～2017 年社会责任报告》编写工作，为完善社会责任管理提供重要抓手，行业社会责任管理制度体系建设初见成效。

三　不断加强行业评级体系建设

为进一步完善企业集团财务公司行业评级指标体系，中国财协深入地方银监局和财务公司走访调研，通过调查问卷和座谈讨论的方式听取监管机关和会员单位对评级办法和指标体系的意见和建议，结合行业特点和发展变化情况，在兼顾合理性和可行性的基础上对行业评级部分事项做出了适当调整，完成了对《企业集团财务公司行业评级办法（试行）》的修订。同时，起草拟定行业评级实施细则并印发各会员单位，规范评级流程和会员单位数据报送行为，明确各方责任，建立奖罚机制，为行业评级顺利开展提供保障。依托行业统计分析系统有序开展 2016 年度行业评级，做到程序合规、结果准确、发布及时。

四　积极引导行业各类风险防范

为全面贯彻监管部门对风险防范的政策要求，中国财协成立课题组，对行业当前面临的风险种类及风险防控重点进行梳理，采取问卷的形式对行业风险管理情况进行全面了解，并组织召开了财务公司风险管理座谈会，就当前面临的主要风险点及防控措施进行了充分的讨论和交流，形成《关于财务公司行业风险管理情况的报告》，引导财务公司坚持为实体产业服务的经营理念和经营实践，提示财务公司重点防范各类风险，增强风险抵御能力。

第二篇　机构篇

　　2017 年末，全行业法人机构总计 247 家，较上年末增加 11 家，机构数量持续增加。全行业表内外资产总额 8.69 万亿元，同比增长 15.91%，资产规模保持快速增长。无不良资产财务公司 217 家，行业平均不良资产率 0.03%，行业风险控制得当。全行业实现利润总额 975.04 亿元，同比增长 21.51%，经营效益大幅提升。全行业平均资金集中度 47.91%，同比上升 2.33 个百分点，资金集中度不断加强。行业结算业务规模 351.55 万亿元，同比增长 31.70%，年末行业各项贷款余额 2.52 万亿元，同比增长 21.17%，集团服务功能不断强化。产业链下游业务发生额 3139.53 亿元，产业链上游业务发生额 704.59 亿元，产业链金融业务得以扩展。截至 2017 年末，全国财务公司服务的成员单位涵盖电力、石油化工、钢铁、机械制造、民生消费等 17 个行业。全国共有 73 家中央国有企业设立了财务公司，地方国有企业所属财务公司有 129 家。2016 年236 家正常经营的财务公司中，A 类财务公司 101 家，占比 43%。

　　2017 年，财务公司行业根据银监会的相关指导意见加大了信息科技体系建设力度。财务公司行业在信息科技制度建设、信息系统建设、信息科技队伍建设、资金投入规模等方面均有较大发展和提升。信息科技为财务公司新业务开展和推广提供了重要支持。信息系统有力支撑了资金集中度管理，财企直联提升了企业集团信息化处理水平，票据系统帮助企业集团资金流转及运作，定价系统为财务公司行业应对利率市场化提供支持，EAST 系统使数据报送功能进一步完善。

　　2017 年，财务公司行业从业人员达 12369 人，同比增加 7%，行业人才队伍规模进一步壮大。财务公司行业深入贯彻落实中共中央和中国银监会党委"两学一做"学习教育部署，财务公司行业中共党员达 6046 人，为行业稳健合规经营提供了坚强的政治保障。2017 年，财务公司行业通过加强顶层设计优化人才配置，通过强化培训开发提升人才素质，通过优化薪酬结构激发人才活力，通过拓宽发展通道助推人才成长，通过创新绩效考核坚持正确导向，人才队伍不断优化。

Part 2 Finance Companies

At the end of 2017, the legal entity within finance company industry amounted to 247, increased by 11 compared to the previous year, and the number of institutions kept rising. Total asset registered RMB 8.69 trillion and kept rising rapidly, increasing by 15.91% year on year. No non-performing assets were found among 217 finance companies, and the industrial annual NPA ratio was only 0.03%, which manifested that the industrial risks were properly controlled. Total profit of the industry was 97.504 billion yuan, an increase of 21.51% over the same period of last year, and the operating efficiency was greatly increased. The average concentration of funds was 47.91%, an increase of 2.33 percentage points year on year, and the concentration of funds continued to increase. The scale of industrial settlement business was 351.55 trillion yuan, an increase of 31.70% year-on-year. At the end of the year, the industry owned 2.52 trillion yuan as the loan balance, an increase of 21.17% year-on-year, and the group's service function continued to strengthen. The downstream business volume of the industrial chain was 313.953 billion yuan, the upstream business volume was 70.459 billion yuan, and the industrial chain finance business kept expanding. As of the end of 2017, finance company industry have covered 17 sectors including electricity, petrochemicals, steel, machinery manufacturing, consumer welfare, etc. A total of 73 central state-owned enterprises nationwide have established finance companies, and 129 local state-owned enterprises have set up finance companies. Of the 236 finance companies operating in 2016, 101 were rated with A level, representing 43% of the total.

In 2017, the finance company industry increased its efforts in building an information technology system based on the relevant guidance from the CBRC. The industry has made great progress in internal IT policies, IT system construction, IT team building, and investment scale. Information technology has become an important support for the development and promotion of finance companies' new businesses. The IT system has effectively supported the management of fund concentration. Direct connection between finance companies and corporate groups has improved information processing. The bill system has helped corporate groups with capital transfer and operation. The pricing system has provided support for the industry in the interest rate marketization, and the EAST system has improved data reporting.

In 2017, the number of employees in the finance company industry reached 12369, an increase of 7% year-on-year, and the scale of the industry's talent team further expanded. The industry has met with the requirements of studies on the theoretical and practical issues of party building. The industry has a total of 6046 CCP members, providing a strong political guarantee for the industry's steady and compliant operations. In 2017, the finance company industry optimized human resources allocation through strengthening top-level design. By improving training design, employee's quality and expertise were greatly enhanced. Remuneration structured was modified, thus vitalizing people's enthusiasm. The talent team kept improving through exploring new career development paths and innovating performance assessment methods.

第五章
机构概览

一　总体情况

2017 年是企业集团财务公司行业发展 30 周年，也是"十三五"规划全面实施、供给侧结构性改革持续深化的一年。财务公司依托企业集团，有效发挥产融优势，通过积极贯彻国家战略，不断提升服务功能，为企业集团战略实施和稳健发展提供了有力保障，行业整体发展规模和经营质效继续保持良好态势。

（一）机构数量持续增加

2017 年末，全行业法人机构总计 247 家，较上年末增加 11 家，均为当年度新设机构，无财务公司注销解散。2017 年，全行业新设机构数量较 2016 年少 3 家，但依然延续了 9 年来新设机构每年两位数增加的趋势。

（二）资产规模保持快速增长

2017 年末，全行业表内外资产总额 8.69 万亿元，同比增长 15.91%，较 2016 年提升 3.48 个百分点。其中，表内资产总额 5.72 万亿元，同比增长 20.12%，较同期银行业高 11.44 个百分点；2017 年末，全行业表内资产总额占银行业资产总额的比重为 2.27%，较 2016 年提升 0.22 个百分点。财务公司全行业资产规模依然保持较高增长水平。

（三）风险控制得当

全行业信用风险控制良好，2017 年末行业不良资产余额 18.35 亿元，同比增加 1.29 亿元，无不良资产财务公司高达 217 家。行业平均不良资产率 0.03%，与上年持平；流动性状况保持良好，行业平均流动性比例 62.68%，同比下降 2.11 个百分点，高于监管指标下限 37.68 个百分点；风险抵御能力保持良好。2017 年末行业平均资本充足率 20.92%，同比下降 0.33 个百分点，高于商业银行 7.27 个百分点；行业拨备覆盖率 3937.85%，同比上升 634.06 个百分点，远高于商业银行。

（四）经营效益大幅提升

2017 年全行业实现利润总额 975.04 亿元，同比增长 22.55%，增长率较 2016 年提升 19.10 个百分点；2017 年全行业实现净利润 753.25 亿元，同比增长 21.51%，增长率较 2016 年提升 17.17 个百分点，增长率较商业银行高 15.52 个百分点。2017 年财务公司行业利润总额和净利润均出现大幅提升。

2017 年全行业资产收益率 1.44%，净资产收益率 10.25%，分别较上年提升 0.05 个和 0.42 个百分点，盈利能力指标同比提升，改变了 2015 年以来连续两年下降的态势。

2017 年全行业平均净息差和净利差分别为 2.08% 和 1.90%，分别较上年提升 0.21 和 0.20 个百分点，受同业利率上行影响，2016 年行业利差同比下降态势得以扭转。

（五）资金集中不断加强

全行业资金集中成果显著，年末全行业平均资金集中度 47.91%，同比上升 2.33 个百分点。全行业各项存款余额为 4.64 万亿元，同比增长 21.33%；外汇及跨境资金集中进一步加强，截至 2017 年末，分别有 83 家和 85 家财务公司作为主办企业获得跨国公司外汇资金集中运营管理资质和跨境人民币资金集中运营业务资质。

（六）集团服务功能不断强化

2017 年，财务公司立足集团主业发展，不断拓展服务对象和范围，各项业务指标大幅提升，集团服务功能不断强化。2017 年行业结算业务规模 351.55 万亿元，同比增长 31.70%，较 2016 年提升 20.84 个百分点，开展外币结算的机构数量增加 6 家至 84 家。2017 年末行业各项贷款余额 2.52 万亿元，较上年增加 4399.18 亿元，同比增长 21.17%。

（七）产业链金融业务得以扩展

财务公司通过产业链金融业务开展有效支持集团产业发展。2017 年，有 34 家财务公司向产业链下游开展消费信贷、买方信贷和集团产品融资租赁业务，业务发生额 3139.53 亿元，涉及中小微企业 4210 家；有 42 家财务公司向产业链上游开展延伸产业链业务，业务发生额 704.59 亿元，涉及中小微企业 3057 家。

二　分布情况

（一）地区分布

截至 2017 年末，全国共有企业集团财务公司 247 家，其中北京、上海、广东三个城市的财务公司分别为 71 家、21 家、22 家，行业占比依次为 28.74%、8.50%、8.91%，总计 46.15%，基本与上年持平，财务公司地区分布依然比较集中（见图 5-1）。

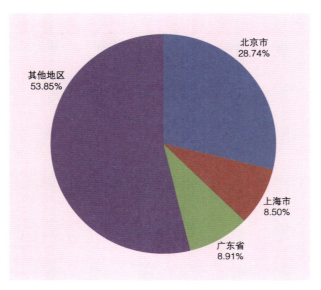

图 5-1　2017 年财务公司地区分布

　　截至 2017 年末，全行业共有 9 家财务公司设有分支机构，共设立分支机构和境外附属机构 38 家，自 2013 年以来，近 4 年未有分支机构的变化。有 3 家财务公司的分支机构数超过 5 个，其中，中国电力财务公司分支机构数量最多，达 12 家。从分支机构地区分布看，湖北省分支机构最多，有 4 家财务公司设有分支机构。全行业仅中油财务公司分别在香港、新加坡、迪拜三地拥有境外附属机构。

（二）行业分布

　　截至 2017 年末，全国财务公司服务的成员单位涵盖电力、石油化工、钢铁、机械制造、民生消费等 17 个行业。机构数量排名前五名的行业依次是交通运输（25 家）、煤炭（21 家）、投资控股（20 家）、电力（20 家）和有色金属（19 家）（见图 5-2）。

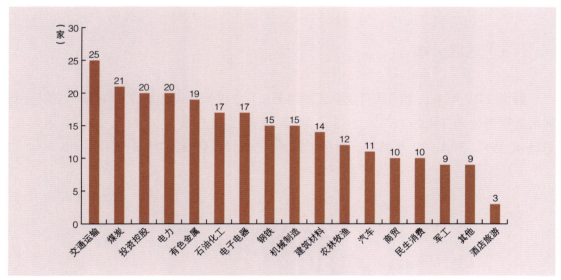

图 5-2　2017 年财务公司法人机构的行业分布

　　从各行业机构数量变化看，电力、电子电器、有色金属、民生消费、交通运输、汽车和石油化工 6 个行业 2017 年均有机构增加。其中，电力、电子电器、民生消费、汽车均新增 2 家机构；石油化工、有色金属和交通运输均新增 1 家机构；其他行业 2017 年无新增机构。

（三）所有制分布

　　截至 2017 年末，全国共有 73 家中央国有企业设立了财务公司，与上年持平，占全部财务公司的 29.55%；地方国有企业所属财务公司有 129 家，占全部财务公司的 52.23%；中央与地方国有企业所属财务公司合计占比 81.78%，较 2016 年降低 1.27 个百分点；集体民营企业所属财务公司共 42 家，占总数的 17.00%；外资企业所属财务公司有 3 家，与上年持平，占总数的 1.21%（见图 5-3）。

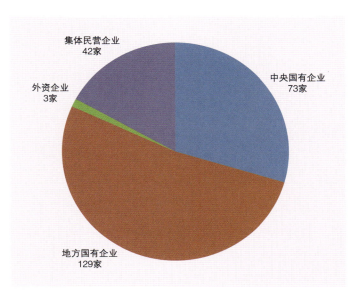

图 5-3　2017 年财务公司法人机构所有制分布

三　行业评级

2017 年，为进一步完善企业集团财务公司行业评级指标体系，中国财协在银监会的指导下，广泛听取了监管机构和多家财务公司的意见，对《企业集团财务公司行业评级办法（试行）》进行了修订。根据修订后的《企业集团财务公司行业评级办法（试行）》，中国财协组织完成 2016 年度行业评级工作，236 家已开业并正常经营的财务公司中，A 类财务公司 101 家，占比 42.80%；B 类财务公司 116 家，占比 49.15%；C 类财务公司 19 家，占比 8.05%。评级结果显示，2016 年部分财务公司行业评级指标有明显改善，在一定程度上体现了行业评级的导向作用。

第六章
经营概况

一 财务状况

（一）资产状况

2017 年末，全行业表内外资产总额 8.69 万亿元，较上年末增加 1.19 万亿元，年增长率 15.91%。其中，表内资产总额 5.72 万亿元，较上年末增加 9575.97 亿元，年增长率 20.12%；表外资产 2.97 万亿元，较上年末增加 2339.72 亿元，年增长率 8.55%。

2017 年，在银行业整体资产增速放缓的背景下，财务公司行业资产增速依然保持较高水平，比 2016 年提升 3.23 个百分点，高于同期银行业增速 11.44 个百分点（见图 6-1）。

图 6-1 财务公司表内资产及增速情况

从资产结构看，财务公司坚持以积极服务供给侧结构性改革为主线，聚焦主业，回归本源，加大信贷供给力度，不断提升服务实体经济的能力。2017 年末，贷款占资产的比重为 44.03%，比 2016 年提升 0.38 个百分点；存放同业和存放央行占资产的比重分别为 39.44% 和 6.13%，比 2016 年下降 1.89 和 0.31 个百分点；投资占资产的比重为 5.75%，比 2016 年下降 0.34 个百分点。其中，钢铁、电力、商贸、有色金属和石油化工行业贷款占比超过 50%，民生消费和其他行业贷款占比明显低于平均水平（见图 6-2）。

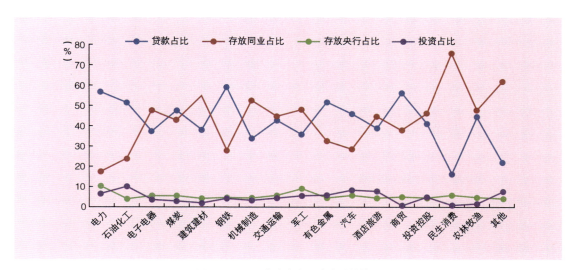

图 6-2　2017 年末各行业资产结构情况

2017 年末，资产规模超千亿元的财务公司共 8 家，除中油财务公司、中国电力财务公司和上汽财务公司外，当年新增 5 家，分别是中船重工财务公司、中航工业财务公司、中石化财务公司、中移动财务公司和中铁建财务公司。资产规模超千亿元的财务公司资产总额占全行业的 25.39%，较 2016 年提升 10.07 个百分点。此外，资产规模在 100 亿元（含）至 500 亿元的财务公司数量及资产总额依然占据行业主体地位，占比分别为 45.53% 和 41.94%（见表 6-1）。

表 6-1　财务公司资产规模分布

单位：家，%

资产规模	2016 年末			2017 年末		
	家数	家数占比	资产占比	家数	家数占比	资产占比
1000 亿元（含）以上	3	1.27	15.32	8	3.25	25.39
500 亿元（含）至 1000 亿元	21	8.90	30.75	19	7.72	22.58
100 亿元（含）至 500 亿元	93	39.41	40.39	112	45.53	41.94
50 亿元（含）至 100 亿元	68	28.81	10.41	57	23.17	7.61

续表

资产规模	2016 年末			2017 年末		
	家数	家数占比	资产占比	家数	家数占比	资产占比
少于 50 亿元	51	21.61	3.13	50	20.33	2.48
总计	236	100.00	100.00	246	100.00	100.00

注：2017 年末成立的 1 家财务公司暂无数据，因此，2017 年末的数据为 246 家财务公司统计数据，以下同。

从行业看，酒店旅游行业表内外资产增长率 45.81%，位居行业首位；汽车、民生消费、农林牧渔和其他行业表内外资产增速超过 30%；电力、机械制造、军工、投资控股和石油化工行业增速低于行业平均水平（见图 6-3）。

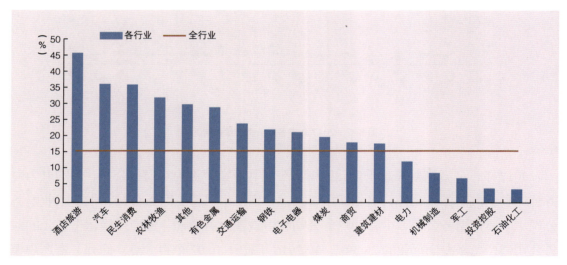

图 6-3　2017 年末各行业表内外资产增速

（二）负债状况

2017 年末，财务公司全行业负债规模为 4.92 万亿元，较上年末增加 8342.42 亿元，增速 20.41%，较 2016 年提升 3.70 个百分点。2017 年，银行业负债增速大幅放缓，而财务公司行业负债增速高于银行业平均水平 12.01 个百分点，财务公司负债规模占银行业的比重达到 2.11%，较上年末上升 0.21 个百分点。

存款作为财务公司最核心的负债来源，占负债的比重连续七年上升，由 2010 年末的 87.13% 上升至 2017 年末的 94.38%。

分行业看，酒店旅游行业存款占比最高，达到 99.20%；石油化工行业存款占比最低，为 79.45%（见图 6-4），其同业负债及应付债券分别占 12.99% 和 6.18%，均为行业最高水平。

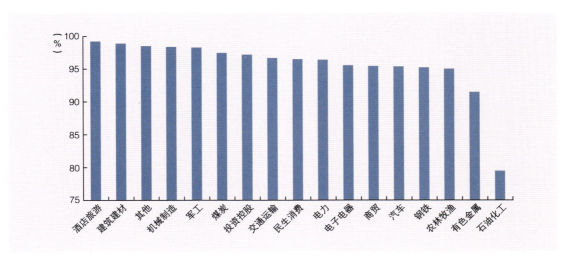

图 6-4　各行业存款占总负债的比重

从所有制角度看，外资企业存款占比最高，达到 99.47%；集体民营企业存款占比最低，为 89.01%（见图 6-5），其同业负债占比为 6.82%。

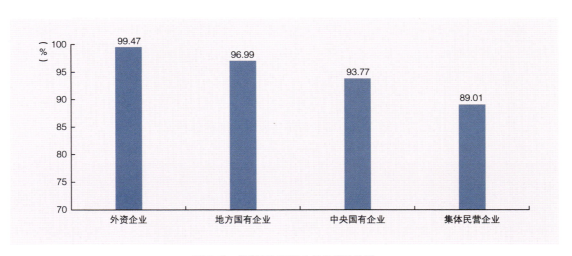

图 6-5　各所有制存款占总负债的比重

从行业看，酒店旅游行业负债增速最高，达到 99.99%，农林牧渔、煤炭、汽车、民生消费和其他行业增速超过 30%，机械制造、建筑建材和投资控股行业负债增速低于 10%（见图 6-6）。

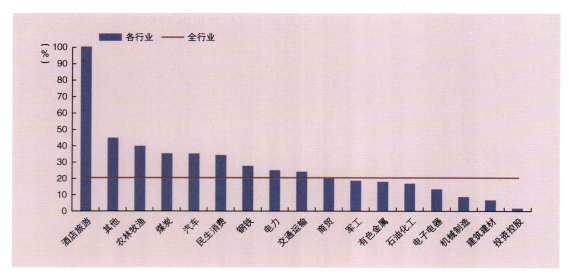

图 6-6　2017 年末各行业负债增速

（三）权益状况

2017 年末，全行业净资产总额 7967.85 亿元，较上年末增加 1233.55 亿元，同比增长 18.32%。实收资本 5144.80 亿元，较上年末增加 813.56 亿元，同比增长 18.78%。2017 年，有 46 家财务公司进行增资，增资金额合计 682.56 亿元。

从实收资本规模分布看，2017 年末，有 28 家财务公司实收资本超过 50 亿元（含），较上年增加 8 家；159 家财务公司实收资本集中在 10 亿元（含）至 50 亿元之间，占总家数的 64.63%（见表 6-2）。

表 6-2　财务公司实收资本规模分布

单位：家，%

实收资本	2016 年末		2017 年末	
	家数	家数占比	家数	家数占比
100 亿元（含）以上	5	2.12	6	2.44
50 亿元（含）至 100 亿元	15	6.36	22	8.94
20 亿元（含）至 50 亿元	57	24.15	67	27.24
10 亿元（含）至 20 亿元	90	38.14	92	37.40
少于 10 亿元	69	29.24	59	23.98
总计	236	100.00	246	100.00

二 经营成果

（一）收入支出情况

2017 年，全行业实现营业净收入 1220.34 亿元，较上年增加 256.10 亿元，增速为 26.56%，扭转了 2016 年同比下降态势，增速较 2016 年提升 30.92 个百分点。利息净收入 1058.96 亿元，较 2016 年增加 260.35 亿元，年增长率 32.60%，较 2016 年提升 28.98 个百分点；利息净收入占营业净收入的比重为 86.78%，较 2016 年提升 3.95 个百分点；投资收益 130.54 亿元，较 2016 年减少 2 亿元，同比降低 1.51%，占营业净收入的比重为 10.70%，较 2016 年下降 3.05 个百分点（见图 6-7）。

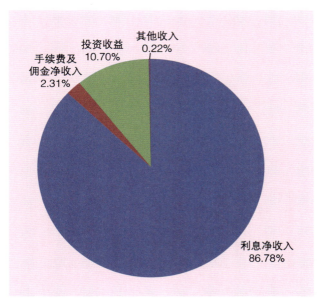

图 6-7　2017 年财务公司营业净收入结构

2017 年，全行业营业支出 112.22 亿元，较上年减少 0.39 亿元，降幅 0.34%。其中，业务及管理费 101.14 亿元，较上年增加 11.98 亿元；受"营改增"的部分影响，营业税金及附加较上年减少 12.95 亿元。

（二）盈利情况

2017 年，全行业实现净利润 753.25 亿元，较上年增加 133.33 亿元，增长率 21.51%，较上年提升 17.17 个百分点（见图 6-8）。

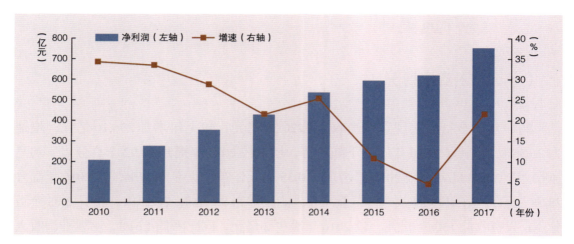

图 6-8　行业净利润及增速情况

分行业看，2017 年民生消费、农林牧渔、其他和机械制造行业净利润增长率高于 50%；军工、酒店旅游、石油化工和汽车行业净利润增长率低于 10%（见图 6-9）。

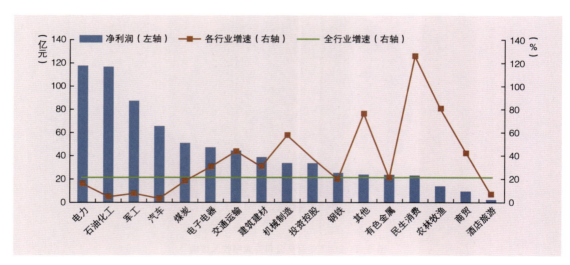

图 6-9　分行业净利润情况

2017 年，行业经营质效明显好转。行业平均净息差和净利差分别为 2.08% 和 1.90%，较 2016 年分别提升 0.21 个和 0.20 个百分点；资产回报率保持较高水平，2017 年行业平均资产收益率 1.44%，净资产收益率 10.25%（见图 6-10、图 6-11），较 2016 年分别提升 0.05 个和 0.42 个百分点。

分所有制看，中央国有企业财务公司净利润占全行业的比重为 59.19%，较上年略有下降；地方国有企业、集体民营企业和外资企业财务公司净利润增速均超过 30%（见图 6-12）。

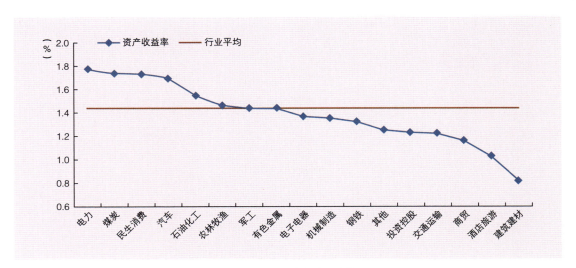

图 6-10　分行业资产收益率情况

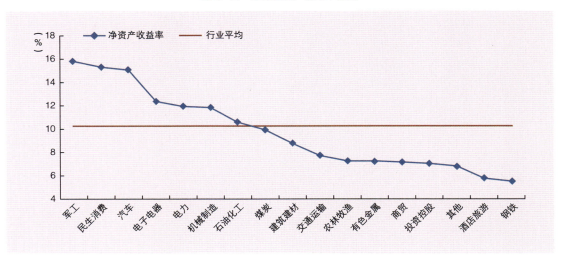

图 6-11　分行业净资产收益率情况

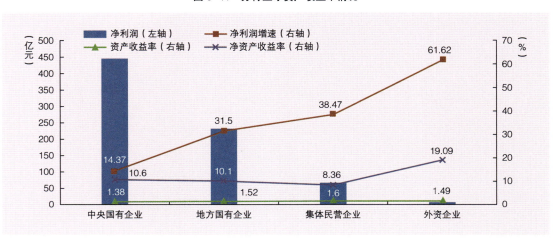

图 6-12　分所有制利润情况

（三）资金集中情况

2017 年，财务公司行业更好地发挥了集团资金管控功能，资金集中度进一步加强，年末资金集中度 47.91%，较 2016 年提升 2.33 个百分点（见图 6-13）。

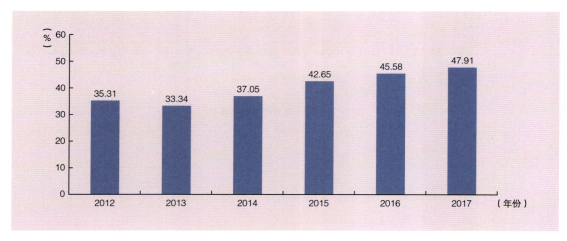

图 6-13　财务公司行业资金集中度

据不完全统计，资金集中度超过 60% 的行业分别为电力、军工、机械制造，对应行业资金集中度依次为 76.34%、65.98%、61.67%。

第七章 信息科技

信息科技就是生产力。信息科学技术的迅猛发展，推动着各行各业的变革。在金融领域中，尤其是在财务公司行业中，强大的信息系统不仅在企业集团资金集中管理方面发挥着重要作用，还在应对利率市场化风险、促进业务的创新发展等方面，提升了财务公司的综合经营管理能力。信息科技水平的高低不仅是财务公司经营能力和风险管控能力的重要体现，更成为衡量一个财务公司是否先进，是否能够可持续发展的重要标准。2017 年，随着财务公司行业的快速发展和经营模式的快速转型升级，信息科技管理在财务公司内部越来越受到重视，信息科技成为财务公司新业务开展和推广的重要支撑。

一　信息科技基本概况

2017 年，在互联网金融蓬勃发展和服务主业供给侧结构性改革的背景下，财务公司业务不断延伸、功能持续丰富。为了更好地支持业务开展和防范金融风险，财务公司行业越来越重视信息科技体系的建设，持续完善信息科技治理架构，加强信息科技专业队伍建设，建立和完善信息科技风险管控机制，加大了对信息科技的资金投入，加强基础设施建设和系统安全防护，积极开展信息系统定级、报备与测评，不断提升运行维护能力。信息科技已经成为财务公司行业赖以生存的重要基础，财务公司业务的创新发展依赖信息科技的支持（见图 7-1）。

2016 年底，银监会颁发了银监办发〔2016〕188 号文件《中国银监会办公厅关于加强非银行金融机构信息科技建设和管理的指导意见》，从多方面为财务公司信息科技建设和管理做出了指导意见。2017 年，财务公司行业根据银监会的相关指导意见加

图 7-1　信息科技体系示意

大了信息科技体系建设力度。财务公司行业在信息科技制度建设、信息系统建设、信息科技队伍建设、资金投入规模等方面均有较大发展和提升。

在组织架构方面，截至 2017 年末，财务公司行业中有部分财务公司设立了由高级管理层、信息科技部门和主要业务部门负责人组成的信息科技管理委员会或信息化领导工作组，负责对财务公司信息科技战略规划进行审议、推进重大项目决策。财务公司行业共有 142 家财务公司设立了独立的信息技术部门，占比 57.72%，同比增加 10 家。[①] 尚未设立信息技术部门的财务公司也基本拥有专门从事信息管理的人员，大多隶属于办公室等综合部门。

在信息科技制度方面，财务公司行业逐渐建立了信息科技制度、管理办法、实施细则三层制度体系，部分财务公司的信息科技部门还针对日常开发和运维工作制定了一系列工作表单，在信息科技管理制度体系和实际运用方面走在了同行的前列。

截至 2017 年末，财务公司行业信息科技人员达到 811 人，占财务公司从业人员总数的 6.56%，较上年增加 63 人，增幅达到 8.42%，其中，信息化程度高的财务公司信息科技人员的占比要比财务公司行业均数高。

在信息系统投入方面，2017 年度财务公司行业信息科技总投入达到 11.95 亿元，同比增加 26.3%。财务公司普遍建立了专门的信息系统建设预算，2017 年信息化建设投入在 1000 万元以上的有 29 家，占比 11.89%，同比增加 7 家；1000 万元（含）以下 500 万元以上的有 37 家，占比 15.16%，同比增加 9 家；500 万元（含）以下 100 万元以上的有 123 家，占比 50.41%，同比增加 3 家；100 万元（含）以下的有 55 家，占比 22.54%，同比减少 11 家（见图 7-2）。[②] 在信息科技投入分配方面，信息系统建设投入依然占比很大；随着财务公司对信息科技规划工作越来越重视，在信息科技咨询方面的投入占比得到提升。

---

①　本章未注明来源的数据和信息，均取自中国财协报表、调查问卷及案例。
②　由于 3 家新成立财务公司没有相关数据，此处为 244 家机构数据。

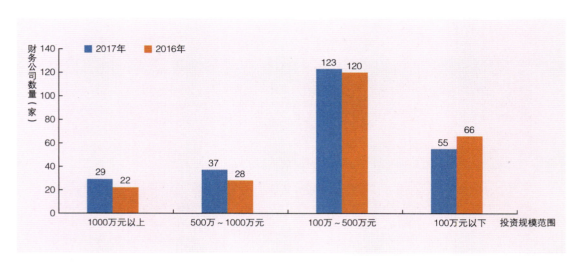

图 7-2　财务公司行业信息科技投入对比

二　信息系统应用情况

　　财务公司信息系统建设经过近年来的高速发展，实现了业务信息化范围从最初的只覆盖重要业务发展到业务全面覆盖的飞跃。在满足集团资金集中管理要求的同时，很多财务公司向成员单位提供了网上金融服务平台，为成员单位提供优质、高效、便利的服务；部分财务公司通过与银行进行网络直联，实时处理代理收付款业务；更有一些财务公司信息系统中的资金集中管理模块已经与集团公司的统一资金管控系统进行财企直联，实现了资金计划、收付款、电子回单等业务信息化的高度集成，为集团资金管控提供了有力的支持。在财务公司内部精细化管理方面，很多财务公司通过制定高效内部管理机制和建立配套的信息管理系统，实现了操作风险管控、客户管理、经营绩效、监管报表等方面的信息化、流程化，大大提升了财务公司内部工作效率，同时也提升了财务公司科技创新实力（见图 7-3）。

　　2017 年，财务公司行业信息化建设与公司业务高度融合发展，加强对核心业务系统进行持续优化升级，针对大额存单、同业存单、同业债券交易、产业链保理、产业链票据贴现等新兴业务，部分财务公司的核心系统进行了相关的升级，同时与中国外汇交易中心（全国银行间同业拆借中心）的 CSTP[①] 数据接口进行直联，实时获得市场交易数据。随着上海票交所的成立，同业票据业务有了更广泛可信的交易平台。

---

　　①　CSTP 是交易中心为银行间市场提供的数据直通式处理接口服务。

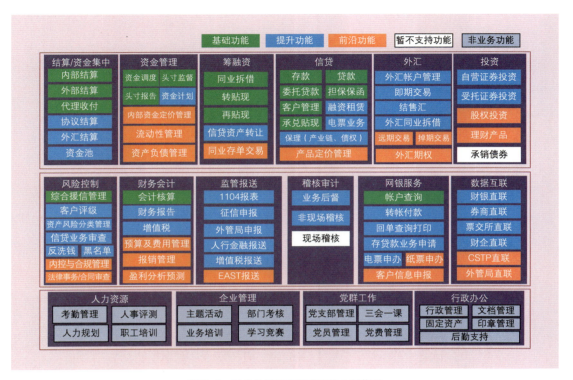

图 7-3　财务公司信息系统支持业务范围

（一）核心系统的应用

各财务公司的业务范围、业务规模、信息化成本等诸多不同，使得财务公司的核心系统差异较大。

新成立的财务公司一般根据经营业务范围和有限的投入来选择开业版的核心业务系统。开业版的核心业务系统一般都支持客户基本管理、账户管理、存贷款业务、资金业务、票据业务，同时根据银财企三方协议为集团企业提供代理收付款功能，实现集团资金集中管理目标，为财务公司成为集团资金集中管理平台提供必要的支撑。

主流财务公司的核心系统不仅包含了存贷款业务、资金业务、票据业务和资金集中管理，而且支持更全面的内部管理功能，如客户评级、综合授信管理、信贷合同管理、信贷签报审批流程、五级分类、会计管理；也支持更多更细分的产品分类，更灵活的利率配置管理，便于为业务的后续监管报表提供翔实的数据基础。同时提供网银系统，为没有实现财企直联的企业提供网上付款、查询、业务办理申请等服务。

信息化建设走在行业前列的财务公司的核心系统功能更加全面，性能更加高效，并且支持监管报送及决策分析。在处理业务范围方面，不仅满足财务公司经营的所有业务，而且通过采用灵活可配置的工作流、便捷审批的移动办公、与流程紧密关联的影像系统等技术，实现了业务事前审批、事中监测、事后核查的业务全流程信息化管理功能，为财务公司构建基于信息科技的企业内部业务管控体系提供坚实基础。在业务处理量上，财务公司通过建设与集团企业的财企直联、与合作银行的银企直联、与交易中心的 CSTP 直联、与票交所的直联等信息传输通道，突破了日均处理上万笔交易的阈值，为今后财务公司承担集团财务共享服务相应责任打下了技术基础。同时，财务公司通过建立统一数据平台对各个信息系统数据进行及时集成，实现了对财务公司业务数据进行科学、准确、及时、全面、统一的数据汇总分析功能，并根据集团管理部门，银监局、外管局等监管机构对财务公司的监管要求，实现了自动化出具各种监管报表的功能。

根据业务发展规划与资金管控的需求，财务公司行业在信息系统建设方面加大投资力度，通过对原有信息系统升级改造或更换新一代高性能的核心系统来支持公司业务的发展。在 2017 年，有多家财务公司完成更换新一代核心系统，如中国电力财务公司、航天科工财务公司、首都机场财务公司、TCL 财务公司、上海电气财务公司等。新一代核心系统通过设计产品库、配置参数和设置工作流程定制业务功能，可以全面满足未来财务公司业务品种的横向拓展和业务量增加的纵向发展；同时，新一代核心系统优化了资金管理模式，通过标准的财银接口、财企接口，高效连接集团内部企业和外部银行，使得资金处理效率更加高效，提高了财务公司业务自动化水平，降低了操作风险。

（二）信息系统为资金集中管理提供有力支撑

财务公司是企业集团的资金集中管理平台，信息系统都要提供资金集中管理功能。资金集中管理的模式[①] 主要分为银行总分账户和财务公司总分账户代理收付两种基础模式。结合自身结算业务发展趋势、规模、信息化能力等因素来选择合适的资金管理模式是财务公司承担资金集中管理重任的必要前提。

新设立的财务公司由于自身资金集中管理体系还处于规划或建设阶段，资金计划管理较弱，且有开业时间窗口和投资成本等因素制约，因而选择软件厂商支持银行总分账户模式的成熟产品作为资金集中管理的技术基础。这种方式目标明确、运作简单，主要商业银行均有成熟方案，而软件厂商的信息系统实施成本低，上线周期快，

---

① 资金集中管理的两种模式的介绍，可见专栏 7-1。

因此能够满足新设立财务公司对信息系统上线时间的要求以及投资成本限额的要求。

企业集团资金集中管理体系完善、结算业务规模大、资金运作要求高的财务公司逐渐转为财务公司总分账户代理收付模式。这种模式涉及企业集团、成员单位、财务公司、商业银行等，需要满足企业集团各上线单位信息系统配套成熟、管理体系完善、资金计划执行度高、商业银行积极配合等多方面条件，并且信息系统间信息报文复杂、传递链路长、接口众多、安全级别高，对财务公司相关的信息系统开发、测试、部署、运行性能、安全防护、监控等诸多方面提出了更高的要求。已实施此模式的财务公司一般通过采购一个成熟度高的信息系统产品，并对其进行个性化开发以及对相关系统进行充分的改造优化，最终达到财务公司总分账户代理收付模式的营运要求。

部分财务公司在考虑更换新一代核心系统的过程中，不仅考虑了支持的业务范围、操作的方便性、产品的性能和处理能力等方面，同时，也考虑了新核心系统支持的资金集中管理模式，为今后提升财务公司运作资金效率和效果奠定技术基础。

 专栏

专栏 7-1 资金集中管理的两种主要模式

资金集中管理的模式主要分为银行总分账户和财务公司总分账户代理收付两种基础模式。在这两个模式的基础上，各财务公司和商业银行在实际应用时又派生出很多子模式。

1. 银行总分账户模式

财务公司、商业银行与成员企业签订三方协议，依托商业银行提供的总分账户管理方式进行资金管理。其中，资金主管单位的银行账户作为总账户，交由财务公司管理；成员企业账户作为分账户，可以按需要分别配置收入分账户和支出分账户，成员企业必须用收入分账户进行收款，且收入分账户不得向非总账户之外进行转账。资金下拨时，由财务公司资金人员按企业提供的资金支付计划通过总账户向各企业的支出分账户拨付相应资金，成员企业人员登录商业银行网银系统进行付款操作。资金归集时，商业银行系统负责将收入分账户的余额按协议要求定时或实时转入总账户内。资金运作时，财务公司根据与资金主管单位签订的存款合同或协议，将总账户上的资金转账到财务公司在商业银行的账户上，再由财务公司进行同业运作。

这种模式全部利用商业银行账户体系，技术方案成熟，实现简单，投资成本低，上线周期短。但由于采用商业银行账户体系，内外部结算均反映在银行账户中，不便于财务公司进行资金头寸运作。

2.财务公司总分账户代理收付模式

财务公司、商业银行与成员企业签订三方协议，依托商业银行提供的总分账户管理方式进行资金管理。

在账户设置方面，财务公司在商业银行开立的银行账户作为总账户，成员企业的银行账户作为分账户，只作为付款通道标识。成员企业在财务公司开立内部账户，并将内部账户与银行分账户进行关联匹配。在分账户设立方面，根据资金集中管理要求，可设立一个分账户以满足总额头寸控制要求；而分别设立收入户和支出户，可以进行更加严格的资金收支两条线管理。

在服务要求方面，分账户不能开通银行网银服务，分账户的收款自动归集到总账户，不留有余额，由总账户统收统支，严格防范资金脱管风险。

资金下拨时，由成员企业资金上级管理单位按企业提供的资金支付计划向各企业在财务公司的内部账户转入款项；成员企业登录财务公司网银系统或通过财企直联向财务公司发送付款请求，财务公司信息系统通过收款账户判断付款类型，如果是财务公司内部账户之间付款业务，则实时到账；如果是向外部银行付款业务，则财务公司资金人员根据在商业银行总账户实时头寸情况通过财银直联进行付款指令的发布操作；付款指令由总账户通过企业分账户通道向外部收款企业付款。

资金归集时，商业银行负责将收入分账户实时不落地归集转入总账户内，并将包含收款信息和收入分账户信息的到账通知通过财银直联接口发送给财务公司信息系统；依据到账通知，财务公司信息系统通过收入分账户与企业在财务公司的内部账户关系，转换为企业在财务公司内部账户的收款（见图7-4）。

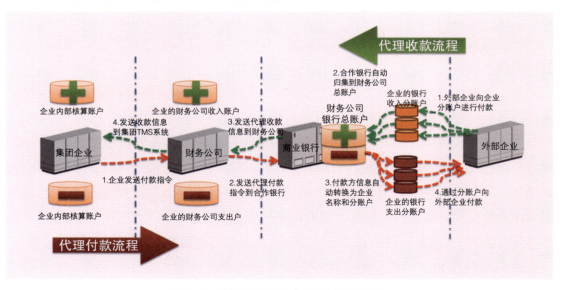

图7-4　财务公司总分账户代理收付模式示意

财务公司与商业银行进行财银直联是此模式的基础。财务公司信息系统通过财银直联，将对外转账业务及时发送到商业银行系统，同时可以及时获取各类账户的收付款通知单和对账单，及时获得资金头寸。

成员企业在财务公司开立的内部账户与在商业银行开立的外部账户联动是此模式的关键。在此模式中，财务公司的银行头寸可以得到最大限度利用，减少内部结算对整体资金的占用，并可根据当日实时收款情况进行总账户的头寸调度和管理。

企业及时报送准确的资金计划是此模式的保证。在此模式中，财务公司进行银行头寸管理和资金运作是完全依靠企业资金计划，企业资金计划的执行准确度影响着财务公司头寸准备额度。

总分账户代理收付模式，通过合理的账户配置、信息系统互联和自动化处理，实现了"收得进、付得出、分得清"，解决了财务公司代理收付传统难题，为充分发挥财务公司结算职能、建设基于财务公司的集团资金管理平台打下了坚实的业务和技术基础。总分账户代理收付模式，是综合业务和技术的创新，也是资金集中管理系统的主要特点之一。

（三）财企直联提升企业集团信息化处理水平

功能丰富的财企直联为企业集团信息化提供了重要通道和技术保障。大型企业集团一般通过建设统一的 ERP 系统实现供应链上采购、生产、销售环节的信息化。但在整个供应链上，采购、销售环节涉的资金收付工作因为涉及企业集团外的商业银行而无法实现财务流与信息流的自动匹配，成为制约企业集团经营管理全面信息化的技术难点。

财企直联为财务流与信息流自动匹配提供了通道，同时使得财务公司全面代理企业集团各类收付款提供了技术保障。

财企直联连接着集团公司资金管理部门资金管控系统、各成员企业 ERP 系统和财务公司核心系统及电子票据系统。财企直联承载着企业的资金计划、付款指令、到账通知、财企对账单、电子回单等资金流信息，同时也可以支持企业在本单位 ERP 系统中审批后通过财企直联桥梁直接向财务公司提交业务申请（如票据贴现业务、委存委贷业务等）、业务办理回复、业务到期提醒等业务流信息。

成员企业在 ERP 系统中根据购销单据生成的资金计划和电子付款单，通过财企直联发送到财务公司，财务公司代理付款后自动将付款结果和电子回单发送回 ERP

系统中，实现自动记账。

电子回单通过财企直联发送给成员企业，极大地减少了企业财务人员对业务凭证的验证、匹配、整理、存放等工作量。同时，财企直联和电子回单也为集团公司财务共享服务提供了坚实的技术基础。如兵装财务公司，在2017年，借助新一代网银结算系统上线的契机，主动与集团内部结算量大的几家企业联系沟通，实现财务公司结算系统与企业核算系统直联，共同推动财企直联工作。

 案例

案例 7-1　中石化财务公司实施电子回单

中石化财务公司每年为集团成员企业因代理收付款业务而产生的回单数量约为2500万笔，按照传统的打印、分拣、整理、装订、归档的方式，需要耗费大量的人工及管理成本。2013年财政部颁发了《企业会计信息化工作规范》，2015年财政部与国家档案局联合颁发了《会计档案管理办法》，积极推进电子会计档案进程。遵照两规定精神，中石化财务公司努力探索电子档案在实际业务中的应用，为集团成员企业设计并推广了电子回单方案，得到了很好的应用效果。

中石化财务公司电子回单包含两部分内容，由PDF格式的回单文件与结构化的XML形式的数据组成，两种形式的信息内容一致。PDF文件以类似于传统纸质回单的形式将交易信息直观地反映出来，便于阅读；XML结构化数据通过标签标识信息内容，便于回单接收单位准确、方便地利用电子信息。

PDF回单文件（见图7-5）包含了收付款单位双方账号、名称、交易币种、金额、交易发生时间等必要的交易信息、交易流水号、电子签名的特征码等信息，以及包含上述信息的二维码图片。

企业可以采用三种方式获得中石化财务公司电子回单，一是企业通过登陆中石化财务公司网银系统主动索取下载；二是中石化财务公司定期将企业的电子回单发送到企业指定的电子邮箱中；三是中石化财务公司通过财企直联实时或定期向企业信息系统发送电子回单。

由于中石化财务公司电子回单提供了XML的结构化格式和PDF格式，企业可以通过解析电子回单的结构化数据进行数据应用，特别在电子回单作为会计档案归档的过程中得到了很好的应用。企业资金系统可通过自动解析电子回单中的交易流水号等信息，与会计核算系统中的相关信息匹配，能够精确地做到会计凭证与电子回单的双向索引，满足企业电子回单作为会计档案归档的需求，同时也满足企业通过会计凭证能够快速查询

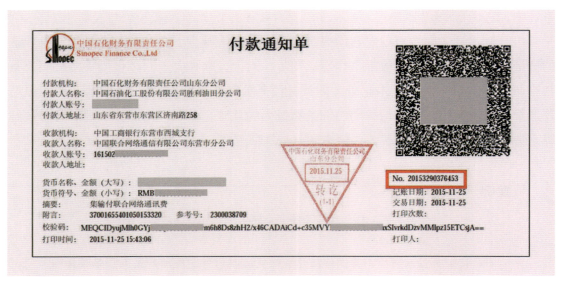

图 7-5　中石化财务公司 PDF 电子回单样式

到对应的电子回单文件和影像件的需求。

中石化财务公司电子回单功能于 2016 年 11 月正式上线运行，截至 2017 年 9 月底，已完成 40 余家集团二级企业的上线应用。企业 ERP 信息系统根据电子回单方案，实现了财务公司回单与会计凭证的匹配、影像存储、凭证归档等后续工作，将原有的打印、分拣、整理、装订、归档等事务性工作转移到信息系统中自动完成，无须打印纸质回单，无须人工分拣匹配，不但大幅降低了纸张消耗，而且大幅提升了工作效率与质量。

（四）票据系统助力企业集团资金流转及运作

2017 年，在政策推动下财务公司行业加快了票据业务电子化进程。《关于规范和促进电子商业汇票业务发展的通知》（银发〔2016〕224 号文）要求自 2017 年 1 月 1 日起，单张金额在 300 万元以上的商业汇票必须通过电票系统办理。中国人民银行设立上海票据交易所后，对所有纸质票据和电子票据进行统一登记、托管、报价、交易、清算、托收，对各项交易行为进行实时监控。在此前提下，越来越多的企业集团从降低成本、票据集中管理等方面考虑，要求财务公司建立电子票据系统，并引导企业选择电票作为票据业务介质，从而使电子票据使用的范围迅速扩大，产生的规模效应又使电子票据的流通性更强，交易成本更低。

随着上海票交所的成立，电子票据系统主管单位由中国人民银行清算中心切换为上海票交所。上海票据交易所作为具备票据交易、登记托管、清算结算、信息服务多功能的全国统一票据交易平台，大幅提高了票据市场的透明度和交易效率，激发了市场活力，更好地防范了票据业务风险。

截至 2017 年底，共有 176 家财务公司成为上海票据交易所的交易系统上线会员，占财务公司行业单位总数的 71%。2017 年，中石化财务公司、美的财务公司作为第一批试点机构，积极配合上海票据交易所进行了全国电子商业汇票系统功能的测试工作。[①]

2018 年 1 月 29 日，上海票据交易所的中国票据交易系统直联接口上线投产成功。在第一批上线的 20 家会员单位中就有四家财务公司，它们分别是中石化财务公司、美的财务公司、一汽财务公司、申能财务公司。2018 年上海票交所实施纸电交易融合后，依托中国票据交易系统强大的交易承载功能，财务公司票据业务将获得更大的发展空间。

2017 年，财务公司行业多家单位根据企业集团对票据集中管理的要求建设了相应的票据池系统，为企业集团成员单位票据在财务公司流转提供技术平台（见图 7-6）。

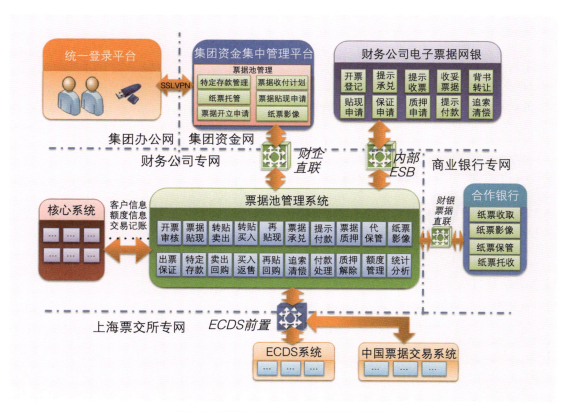

图 7-6 财务公司信息系统支持票据业务示意

① 上海票据交易所官网 http://www.shcpe.com.cn/。

集团票据池建设主要抓住八个方面进行设计和建设：一是企业集团对参加票据池管理成员企业的票据实施统一预算管控，成员企业须在财务公司开通电子票据功能，并要求提高电子票据接收占比，减少纸质票据量。二是成员企业将所收票据按预算有组织地在集团票据池系统中根据实际交易进行内部流转登记，直至转让给集团外单位。三是符合条件的存量票据全部交财务公司托管后以特定利率贴现，票据转化为带有期限的特定存款可在集团内部结算中流转使用。四是特定存款到期后，自动转换为企业在财务公司的活期存款，可以向集团外支付。五是对外支付时推广使用财务公司承兑汇票，尽量减少货币资金支出。六是财务公司统一经营贴现票据资源，扩展产业链金融，努力为集团降本增效。七是财务公司依托合作银行，贯通纸质票据的全生命周期信息管理。八是合作银行通过开发财银票据直联接口和资金直联接口全程在线实现财务公司的票据收取、审验、保管与托收等信息传递工作。加上新建的集团及财务公司相关信息系统，实现集团票据的全生命周期在线管理。

（五）定价系统为应对利率市场化提供支持

2017 年，财务公司行业积极应对利率市场化的影响，为了切实提高利率风险和流动性风险管理水平，部分财务公司建立了集中的、专业化的、科学有效的利率风险及流动性风险管理架构，使用先进的管理方法及工具和有效的信息系统，对利率风险和流动性风险的预测、识别、计量、报告和控制进行全面的管理。

财务公司行业定价管理系统的应用体系一般由四个层次组成，分别包括数据集市、基础配置、定价引擎和盈利分析。数据集市部分是通过 ETL 从各业务系统中抽取源数据，经加工、处理后形成有效的分析数据；基础配置部分主要支持定价运行所需的参数、客户等信息；定价引擎部分是系统核心部分，负责公式解释、定价计算等任务；盈利分析部分主要是对计算结果进行综合分析，包括客户分析、优惠政策分析、成本分析等（见图 7-7）。

截至 2017 年底，财务公司行业有多家单位成功建设了定价管理系统，如中石化财务公司、兵器装备财务公司、中化财务公司、中航工业财务公司、海尔集团财务公司等，有效监测利率风险，引导资产负债配置，并在利率合规管理、防范经营和操作风险方面发挥了积极作用。通过定价管理系统的刚性控制和授权流程控制，确保了存贷款利率操作规范性和合规性，防范了经营风险和操作风险。

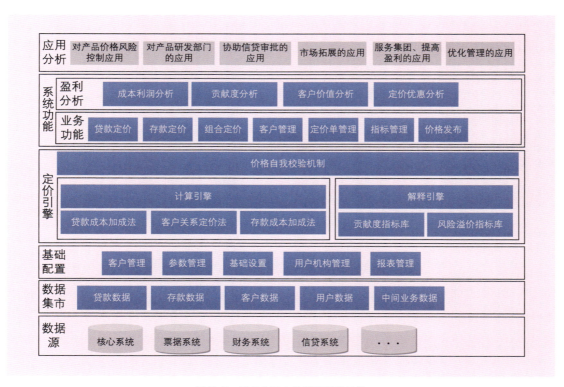

图 7-7　财务公司定价管理系统结构

（六）EAST系统完善数据报送功能

2017 年，上海银监局要求辖内财务公司纳入 EAST 系统应用体系。EAST 系统是银监会在 2012 年立项，2014 年已在国内银行业全面推行的针对金融监管的开放性数据分析平台。EAST 系统的核心主要包括两方面：一是建设一个相对开放的数据分析平台，实现对银行业务数据的灵活组织、筛选、抽取、建模、挖掘和分析；二是建立一套通用的、相对封闭的数据采集标准，纳入监管人员关心的风险数据点。

财务公司行业的 EAST 系统数据采集，涉及信息类、资产类、负债类、中间业务类和财务信息类共计 51 张表，须提交各业务的余额和交易明细。需要申报的数据内容及项目非常详细，如项目贷款表中的项目批文、项目文号、环评报告编号，银团贷款表中的主办行行号行名、参办行行号行名、代理行行号行名、管理行行号行名、银团贷款总金额、银团已发放的贷款金额等。由于很多财务公司信息系统仅限于对业务的流程控制和交易核算，而对业务原始内容缺乏全面的记载，部分数据只能手工补填。

EAST 系统数据采集报送的数据标准和内容，为上海地区财务公司改进自身信息系统，提升完整性和一致性提供了契机。由于报送数据涉及财务公司多个信息系统，数据分析和提取难度非常大，不适合完全由人工进行手工填报。各家财务公司借此机会全面梳理了各个信息系统的数据，规范和整合数据资源，建设统一业务数据视图、固定报表或报表平台，为规范化报表报送打下了技术基础。

上海地区财务公司行业纷纷高度重视 EAST 系统数据采集报送，上汽财务公司在这期间为其他单位提供了很多帮助，使得各家财务公司均在规定时间内完成了上报工作。

三　信息科技发展趋势与展望

随着金融监管机构对财务公司行业信息科技要求的提升以及信息科技的迅猛发展，财务公司行业在信息科技方面将加大重视力度，加强和完善信息科技体系，持续加大信息科技的资金投入，更加合理地配置信息科技人员团队，建设和完善资金集中体系的技术平台，逐渐提升财务公司在集团中的财务地位。

（一）信息系统定级管理

2017 年，随着《网络安全法》的颁布和实施，财务公司行业依法按照网络安全等级保护制度的要求，履行安全保护义务，保障网络免受干扰、破坏或者未经授权的访问，防止网络数据泄露或者被窃取、篡改。

在制度方面，财务公司行业需要尽快制定和完善内部安全管理制度和操作规程，确定网络安全负责人，落实网络安全保护责任。

在技术方面，财务公司行业信息科技部门应加大技术投入力度和细化安全防范方案和手段，采取防范计算机病毒和网络攻击、网络侵入等危害网络安全行为的技术措施。定期聘请专业的网络安全评测公司对信息系统进行检验，完善信息系统安全防护，保障信息系统整体安全。

在监控方面，财务公司行业需要加强对信息系统运行的监控，采取监测、记录网络运行状态、网络安全事件的技术措施，并按照规定留存相关的网络日志不少于六个月。部分财务公司通过采购和部署监控系统对重要业务系统进行实时监控，及时提示信息系统运行的异常情况，使得信息科技人员能够及时发现、及时解决故障，为避免业务中断提供前提条件。

在数据管理方面，财务公司行业信息科技部门应制定数据保密和管理规范，区分各业务系统中的数据类型，并根据数据的重要程度对数据进行分类；需要对敏感数据、涉密数据、重要数据进行实时备份和加密存储。同时，在涉密数据的转移或传递过程中，应严格执行保密制度，采取加密方法保证数据不泄密。

（二）信息系统建设

2018 年，上海票据交易所将大力推广系统直联，并加快纸电一体化管理业务功能的建设。财务公司行业已有部分单位承担了企业集团票据集中管理的责任。而借助上海票据交易所优化和提升其业务系统的契机，财务公司建设企业集团票据集中管理平台有了更大的发挥空间。

EAST 系统在经过上海地区财务公司试点成功后，预计将会在全国财务公司行业推行。这需要财务公司行业积极面对监管要求，提前做好筹划，规范信息录入要求，全面梳理信息系统数据，完善信息系统，建设统一数据视图或报表平台，做好报送的准备工作。

移动 APP 的发展提升了财务公司工作效率及客户满意度。部分财务公司已经将业务办理延伸到移动设备上，通过开发移动 APP，将业务在线办理、业务查询等传统网银功能进行集成，让企业的财务人员可以随时随地在手机或 PAD 等移动设备上进行操作，便于向企业尤其是产业链客户推广新产品、新业务。同时，开发财务公司专用业务 APP，便于内部业务审批和查询。移动 APP 的建设要基于移动终端的数字证书，使用数字证书签名可以确保移动设备上各种业务记录的抗抵赖性，可追溯性。

 案例

案例 7-2　港中旅财务公司建设业务系统移动 APP

港中旅财务公司为提升服务能力与服务水平，经充分论证，创新性地推出业务系统移动 APP，提升了信息化水平，增强了资金监控的手段与服务能力。通过开发移动 APP，使得资金管理与风险防控更及时、更全面、更便利，可有效帮助集团和各个业务板块，以及各成员单位，实时、全面地管理资金业务，提升财务公司的服务能力，增强客户黏性。

港中旅财务公司于 2017 年 9 月推出第一个测试 APP 版本，完成了账户查询、支付结算审批、消息推送、移动数字证书管理等功能测试；10 月份完成账户管理、权限管理模块的开发，并对第二个测试版本进行全面测试；2017 年 12 月正式上线；2018 年全面推广。

第八章
人力资源管理

2017 年，财务公司行业人才队伍继续保持专业化、年轻化的发展趋势，为行业持续创新发展提供了坚实的人力资源保障。截至 2017 年末，财务公司行业从业人员达 12369 人，同比增加 7%，行业人才队伍规模进一步壮大。截至 2017 年末，财务公司行业本科及以上学历从业人员 11391 人，占比 92.09%，同比提升 0.92 个百分点；硕士及以上学历从业人员 3921 人（硕士 3819 人，博士 102 人），占比 31.70%，同比提升 1.01 个百分点，行业人才队伍专业化水平持续提升。截至 2017 年末，财务公司行业 30 岁以下、31 ~ 50 岁、50 岁以上人员占比，分别为 33.41%、59.16%、7.43%，继续保持合理的年龄结构。

2017 年，财务公司行业深入贯彻落实中共中央和中国银监会党委"两学一做"学习教育部署，抓紧压实党员教育管理。截至 2017 年末，财务公司行业中共党员达 6046 人，中共党员占比近 50%，为行业稳健合规经营提供了坚强的政治保障。

一 加强顶层设计，优化人才配置

2017 年，行业内财务公司结合各自管理模式、经营模式以及业务创新等需求，坚持人才强企策略，合理制定人力资源中长期配置计划和年度计划，并根据人才类别选择不同的引进渠道，逐步形成多层次、宽领域、内外结合的人员招聘配置体系。2017 年，行业从业人员流入 1714 人，其中硕士及以上学历 1029 人、占比 60.04%；金融机构从业经验人员 1250 人、占比 72.93%。财务公司行业整体的市场化、专业化选人用人导向更为明显，行业人才结构进一步优化。2017 年，财务公司行业从业人员流出 888 人，其中流出企业集团系统 469 人，人员流失率仅为 3.79%，远低于市场其他金融机构平均水平。

案例

案例 8-1　中信财务公司多措并举打造高素质团队

中信财务公司建立期初即注重人才队伍的建设和培养，坚持多措并举，打造高素质团队。公司现有员工 40 人，中共党员占比 65%。其中，8 人毕业于清华大学，3 人毕业于北京大学，2 人获清华大学博士学位，2 人在职攻读清华大学博士学位，多名员工毕业于海外名校，人才队伍结构不断优化。

公司严把招聘关，按照校园招聘和社会招聘并举的思路开展人员甄选工作。校园招聘方面，公司与清华大学五道口金融学院建立了密切联系，通过实习考察、"传帮带"等方式让应届毕业生尽快融入工作环境并迅速成长。社会招聘方面，除借助各类招聘网站及集团内借调交流外，公司鼓励员工内部推荐金融系统的优秀社会人员。

公司的选人用人机制公开透明，努力创造"能者上，不能者下""以专业和业绩制胜"的竞争氛围。公司每年举办一次中层干部竞聘活动，员工要求进步的气氛浓厚，几乎所有满足竞聘条件的员工都会参与竞聘。竞聘活动为员工表达自我、展示业绩提供了广阔的舞台和机会。提级后的员工干部均须接受公司全员的无记名民主测评。2017 年公司明确了对不合格（C 类）员工的惩戒机制，并拟于 2018 年执行中层管理人员的末位淘汰机制。公司鼓励员工加强专业学习，员工攻读在职硕博学位，考取 CFA、CPA、FRM 和 CTP 等证书均为考核、竞聘的加分项。

二　强化培训开发，提升人才素质

2017 年，中国财务公司协会继续发挥会员教育培训引领作用，全年共举办培训班 13 期，累计培训 1397 人次，形成了多层次、多维度教育培训体系。其中，举办行业高级管理人员研修班 2 期、174 人次，举办行业外汇、风险管理等中层业务人员培训班 2 期、365 人次，举办结算信贷、风险管理等基础业务培训班 6 期、640 人次，举办国际财资管理师认证培训 2 期、200 余人次。

2017 年，随着我国金融市场化改革步伐的加快，财务公司行业普遍将人才教育培训开发作为重要的管理和战略性工作来抓，不断加大政策倾斜和资源投入力度。财务公司行业全年累计举办、参加各类培训 7872 次，同比大幅增加 36%；行业全年累计参训 75193 人次，同比增加 8%。从 2017 年情况看：一是培训管理的专业性持续提升。行业内 70 余家公司，将教育培训开发与企业中长期发展战略和关键成长要素紧密结合，与员工中长期发展规划和关键成功要素紧密结合，制定了明晰的人才培训开发策略和完整的教育培训体系；二是培训内容更加丰富，形式更加多样。大部分财务公司自主培训涉及商业银行、资金及财务管理、风险内控、信息化建设、人力资源、综合管理等，基本涵盖经营管理范畴；部分财务公司有计划地安排员工到优秀商业银行、基金证券公司、法律及审计等专业机构进行现场学习，持续打造专家型的人才队伍；三是培训导向及效果明显。2017 年财务公司行业在风险内控、资金定价、产业链金融、票据池建设、外汇业务等领域的培训项目明显增多，为财务公司行业适应经营环境的新变化、解决经营发展过程中面临的新问题提供了重要的能力保障和支持。

 案例

案例 8-2　中节能财务公司系统开展人才培训开发

为培养"懂金融、懂产业、懂管理的复合型优秀绿色金融人才"，中节能财务公司于 2016 年 9 月创建绿色金融学院，系统开展人力资源培训开发。公司董事会及领导班子担任学院专家顾问委员会委员、院长、副院长等职务，并成立了教育处、总务处、训导处三大职能处室，具体负责需求调研与课程设计、组织实施、培训效能评估等工作。学院制定了《学院章程》《培训评估管理办法》《学分管理办法》等七项规章制度，保障各项工作有序开展，并搭建完成多媒体教学中心、远程在线教学中心、资源共享中心等硬件基础设施。学院加强顶层设计，结合培养目标与公司"十三五"战略规划，设计了分维度、分层级、分专业的课程地图，并持续评估优化。

2017 年，绿色金融学院积极引导员工参加各类标准化认证以及注册会计师、金融风险管理师（FRM）、注册金融分析师（CFA）考试，帮助员工提升职业竞争力，公司职业资格覆盖率持续提升。通过开展"金融大讲堂"系列培训，拓展公司干部员工在金融创新、客户服务、风险内控、信息化建设、战略管理领域的视野，通过培训成果的有效转化，在组织层面促进公司经营管理水平持续提升。学院充分借助建立远程在线教学中心的优势，与党建教育相融合，与员工基础胜任能力模型相结合，建立了党建、基础素养、文化三大系列 APP 在线课程，持续提升员工的综合素养与政治理论水平。学院将内训师队伍建设作为专业能力管理的重要抓手，打造"职场魔方"系列、客户经理系列的内训师团队，稳步推进对员工"职商"以及客户经理团队的标准化培训开发。学院定期组织员工开展读书及各种形式的学习分享活动，提升员工演讲表达能力，深刻塑造学习型组织文化。2017 年，中节能财务公司再获中国财务公司协会 A 类评级，连续两年蝉联"中国金融机构金牌榜·金龙奖"。

三　优化薪酬结构，激发人才活力

据不完全统计，2017 年，行业内财务公司薪酬水平高于所在企业集团平均水平的仅 63 家，占比 26%；与所在企业集团平均水平持平的有 165 家，占比 68%；低于所在企业集团平均水平的有 15 家，占比 6%。2017 年，行业内财务公司薪酬水平高于本地区其他金融机构水平的仅 1 家；达到或接近本地区其他金融机构水平的有 110 家，占比 45%；低于本地区其他金融机构水平的有 131 家，占比 54%。财务公司行业受功能定位与管理属性影响，在薪酬水平上多跟随所在企业集团，与市场同类金融机构相比，薪酬的外部竞争性不足，尚未建立稳健的薪酬管理机制。

2017 年，行业内众多财务公司开展了岗位梳理、薪酬管理、绩效考核管理的系统性改革，优化调整内部薪酬结构，提高薪酬的激励导向作用，理顺各层各类人才的薪酬关系，完善薪酬福利政策，保障薪酬体系的外部竞争性和内部公平性。通过切实建立员工薪酬与企业经济效益、个人价值创造的联动机制，实现员工收入与企业发展、个人贡献协调统一。

 案例

案例 8-3　神华财务公司 3P 薪酬管理理念

神华财务公司以神华集团关于员工薪酬分配的基本政策和各项管理要求为总体指导，以基于岗位、业绩和能力（3P）的薪酬管理理念为理论指导，建立了"岗位定基础，能力有体现，绩效占主导"的薪酬分配机制，实现吸引、留住和激励各类各级员工的薪酬政策目标。通过将绩效奖金的发放与绩效考核紧密挂钩，建立了以岗位价值为基础、工作业绩为导向的浮动薪酬机制，破解"干多干少一个样，干好干坏一个样"的难题。将之前的较为复杂的工资结构，调整为基于业绩导向的三大模块，进一步提升了薪酬管理的效率。

四　拓宽发展通道，助推人才成长

2017 年，行业内众多财务公司探索建立了人才多通道成长管理机制，在细化明确岗位任职资格和评价标准基础上，充分考虑员工潜在的多元化需要，进行职务职级分层分类管理。部分财务公司深化员工职业生涯规划与管理，将员工职业生涯规划嵌入人力资源管理各个方面，推行员工轮岗制，培养一专多能人才，统筹推进各类人才队伍建设与发展。

 案例

案例 8-4　国电投财务公司大力加强青年人才队伍建设

国电投财务公司把青年人才队伍培养作为公司"三位一体"转型发展的长远大计。公司在青年员工范围内实施"青年员工成长计划"，帮助青年员工快速提高学习能力、专业能力和履职能力，尽早成长为独当一面的骨干人才。实施措施包括绩效引导、轮岗机制、学习培训、导师带徒等几个方面的内容。

在绩效引导方面，进一步加大绩效考核力度，弘扬奋斗文化精神。细化员工绩效考核指标，推动部门对员工的考核从定性评价向定量评价转变，从人工评价向制度评价转变，用业绩说话，向奋斗者看齐，有力地鼓励了公司青年员工干事创业的主动性和积极性。

在轮岗机制方面，通过在技术部门、职能部门之间以及部门内部实施岗位轮换，进一步丰富青年员工的工作经历，促进青年员工深入了解公司业务和运营管理模式。公司累计在 7 个部门开展岗位轮换 20 余人次，占青年员工总人数的 50% 以上。

在学习培训方面，公司特别关注青年员工提出的学习需求，并结合岗位任职资格要求，鼓励员工考取有关资格证书，参加集团公司、财务公司内部以及财务公司协会、上海清算所等社会机构组织的各类培训。同时，公司启动了"创新引领者"全员英语培训工作，打造一只既熟悉金融业务，又适应海外发展的青年员工队伍。

在导师带徒方面，以部门负责人、经理级员工为导师人选，青年员工在本部门或跨部门双向选择导师，建立"一对一"的师徒关系，通过导师的日常辅导和言传身教，传授青年员工业务知识和技能，引导青年员工加强行为规范，快速提升业务能力和综合素质。

案例

案例 8-5　航天科工财务公司开展"三年一聘"管理工作

2017 年，航天科工财务公司组织实施"三年一聘"管理工作，所有人员重新聘用上岗。公司制定出台了《专业技术职务评聘管理办法》，将公司专业技术职务分为 14 个序列，每一序列分为 9 个层级，每一层级任职和晋升标准均从基本条件、业绩考核、业务要求、获奖情况四个纬度进行划分，将学历、职称、任职能力、工作经验、年度考核等作为评价指标，力争做到全面、客观、公平地衡量员工专业技术水平。该制度有效完善了公司"双通道"人才发展机制，对帮助员工确立职业发展目标、鼓励优秀人才脱颖而出、激发员工比学赶超工作热情、完善人才激励约束机制起到了积极推动作用，为"三年一聘"工作开展提供基础制度保障。

公司根据员工工作表现、岗位报名情况以及各岗位任职要求、重要岗位轮岗要求，对现有人力资源结构进行整体优化调整配置，为各部门工作顺利开展提供了人才支持。员工岗位聘用与专业技术职务聘任相结合，鼓励员工提升工作质量、提高业务水平、创新工作思路，对骨干员工的激励作用进一步显现，对深化公司人事改革工作起到了积极的引领和带动作用。

五　创新绩效考核，坚持正确导向

2017 年，行业内财务公司结合功能定位与发展目标，普遍建立了 KPI（关键绩效指标考核）、BSC（平衡积分卡）、MBO（目标管理）以及 360 度绩效反馈等量化考核模式，绩效考核结果与薪酬分配、培训开发、选拔任用的结合进一步紧密。许多中央企业财务公司持续健全完善全员绩效考核管理，创新绩效考核方法，特别是科学设计绩效考核目标，完善绩效考核流程。部分财务公司建立了"干部能上能下、员工能进能出、薪酬能高能低"的人力资源激励约束机制。

案例

案例 8-6　中国电力财务公司 ABC 业绩考核新模式

中国电力财务公司积极适应改革发展新形势，在设置业绩考核指标过程中，改变以前行政命令式的指标下达方式，突出市场化导向，建立了"目标自选、分档激励"的 ABC 业绩考核新模式，更好地发挥绩效管理的导向和激励约束作用。

中国电力财务公司将存款日均余额、贷款日均余额按考核目标值预期计划增幅由高至低设定为 A、B、C 三档，增幅越高，对应的考核奖惩系数越高，分支机构的实际完成值距离自选目标越接近，考核得分越高。分支机构可结合自身实际，做好经营预测，自主选择合适的档位，一旦选定，考核年度内不得变更，本部根据各分支机构选定的档位确定计划值，并根据对应的评价标准进行考评。

"目标自选、分档激励"的 ABC 套餐模式的业绩考核激励约束机制的建立，有力地激发了企业内生动力和可持续发展活力，考核办法创新达到了预期效果。一是克服信息不对称，减少沟通成本。关键业绩考核指标目标值（计划值）确定过程由"上级核定"变为"下级自选"，较好地解决了目标值核定过程中上下信息不对称、博弈成本大等问题，提高了计划分解的科学性，增强了考核激励的针对性和有效性。二是充分调动基层积极性，挖掘公司潜力。关键指标设置 ABC 三个档级供分支机构选择，最低档级也高于 100%，各分支机构必须在原有成绩上实现新业绩，并且根据自身实际情况，选择最有利的档级，获得考核分值，同时也实现了公司利益的最优化。

第三篇　业务篇

　　2017 年，财务公司行业表内资产总额占银行业金融机构资产总额的比例为 2.27%，同比增加 0.22 个百分点。财务公司行业表内资产总额增幅 20.12%，远高于银行业金融机构（8.68%）、商业银行（8.31%）和大型商业银行（7.18%）的增幅。财务公司行业信贷余额 2.52 万亿元，增幅 21.17%，对成员单位的产业融资服务力度不断加大。票据贴现、买方信贷、消费贷款、集团产品融资租赁、延伸产业链金融业务均表现增长态势。有价证券投资平稳增长，投资余额为 3223.40 亿元，增幅 9.86%；基金投资增幅最大，金融机构股权投资规模增加；债券、理财等利息性收入 48.53 亿元，增幅 2.88%。

　　2017 年，财务公司行业负债余额 4.92 万亿元，同比增加 0.83 万亿元，增幅 20.41%，负债余额占银行业金融机构负债总额的比例为 2.11%，同比增加 0.21 个百分点。各项存款是财务公司最重要的负债来源，2017 年各项存款占负债总额的 94.38%，同比增加 0.71 个百分点。

　　2017 年，财务公司行业同业业务继续呈现良好的发展势头。存放同业余额 22553.07 亿元，同比增长 14.62%；同业拆入余额 1097.18 亿元，同比增长 19.70%；拆放同业余额 426.38 亿元，同比增长 3.20%；买入返售余额 1205.21 亿元，同比增长 109.20%；卖出回购余额 449.66 亿元，同比增长 43.40%，为财务公司在所属集团外部配置资金提供了多样化渠道，为财务公司依托自身优势整合金融资源发挥了重要作用。

　　2017 年，财务公司行业中间业务发展成效突出。结算业务发生额 351.55 亿元，同比增长 31.70%；融资性担保业务发生额 752.54 亿元，同比增长 38.74%；非融资性担保业务发生额 521.77 亿元，同比增长 93.43%；票据承兑业务发生额 6934.91 亿元，同比增长 58.87%；委托贷款业务余额 18928.81 亿元，同比增长 7.47%；委托投资业务余额 1104.68 亿元，同比增长 46.64%；保险代理发生额 37.33 亿元，同比下降 38.54%。财务公司行业中间业务收入为 67.07 亿元，同比增长 82.44%，中间业务对财务公司行业的收入贡献度逐年提升。

　　在企业集团国际化战略的驱动下，财务公司从国内金融服务走向国际金融服务。2017 年财务公司行业的外汇交易金额 9935.80 亿元，年末持有外汇即期、外汇衍生品、外币对和外币拆借交易会员资格的财务公司分别为 76 家、14 家、12 家和 53 家，财务公司开展的跨境本外币资金池仍延续上年净流入状态。2017 年末，财务公司行业的外币资金来源主要有吸收外币存款、同业拆入和外币债券，余额占比分别为 58%、21%、13%。在外币资金运用方面，存放同业余额占比 56%，发放外币贷款余额占比 36%。

Part 3　Business

In 2017, the total balance sheet assets of the finance company industry accounted for 2.27% of that of the whole banking financial institutions, an increase of 0.22 percentage points year-on-year. The total balance sheet assets increased by 20.12%, much higher than the increase of the average banking financial institutions (8.68%), commercial banks (8.31%) and large commercial banks (7.18%). Industrial credit balance was 2.52 billion yuan, an increase of 21.17%, and finance companies providing more financing support for corporate groups and the member units. Financial services including discounted bills, buyer's credit, consumer loans, financial leasing of group products, and industrial chain extension all showed signs of growth. Securities investment grew steadily with an investment balance of 322.34 billion yuan, an increase of 9.86%; the increase in fund investment was the largest, and the scale of equity investment in financial institutions increased; interest income of bonds and wealth management products amounted to 4.853 billion yuan, an increase of 2.88%.

In 2017, debt balance of whole industry registered 4.92 trillion yuan, an increase of 0.83 trillion yuan or 20.41% year-on-year, and the balance of liabilities accounted for 2.11% of the total liabilities of banking financial institutions, a year-on-year increase of 0.21 percentage point. Deposits are the most important source of debt for financial companies. In 2017, various deposits accounted for 94.38% of total liabilities, an increase of 0.71 percentage points year-on-year.

In 2017, the finance company industry's interbank business continued to show a good momentum of development. The interbank deposits balance was 2.26 trillion yuan, an increase of 14.62% over the same period last year; the balance of interbank borrowings was about 109.7 billion yuan, up by 19.70% year-on-year; the balance of interbank lending was 42.6 billion yuan, up 3.20% year-on-year; the balance of reverse repurchase was 120.5 billion yuan, up by 109.20% over the same period of last year; the balance of repo was 44.97 billion yuan, an increase of 43.40% year-on-year. The interbank business provided diversified financing methods for corporate groups, and finance companies played the full role of their own advantages and resources in this area.

In 2017, the development of the finance companies' intermediary businesses was outstanding. The settlement business amounted 35.155 billion yuan, an increase of 31.70% year-on-year; the amount of financing guarantees was 75.254 billion yuan, an increase of 38.74% year-on-year; the amount of non-financial guarantee business was 52.177 billion yuan, an increase of 93.43% year-on-year; bill acceptance business amounted to 693.5 billion yuan, an increase of 58.87% year-on-year; entrusted loan business balance was 1.89 trillion yuan, an increase of 7.47% year-on-year; entrusted investment business balance was 110.5 billion yuan, an increase of 46.64% year-on-year; the factoring business amount was 3.73 billion yuan, a year-on-year decrease 38.54%. The industrial intermediary businesses income registered 6.707 billion yuan, an increase of 82.44% year-on-year. The intermediary businesses' contribution to the finance company industry has increased year by year.

Driven by the internationalization strategy of the corporate groups, finance companies extended the financial services to the international market. In 2017, the amount of foreign exchange transactions within the industry was 982.947 billion yuan. At the end of the year, finance companies who acquired the qualification of FX spot exchange, FX derivatives, foreign currency trading, and foreign currency trading membership were 76, 14, 12, 53 respectively. The cross-border domestic and foreign currency funds pooling continued its net inflow. At the end of 2017, the sources of foreign currency funds of the industry were foreign currency deposits, interbank borrowing, and foreign currency bonds, with the balances accounting for 58%, 21%, and 13%, respectively. With regard to the use of foreign currency funds, the interbank deposits accounted for 56%, and the balance of foreign currency loans accounted for 36%.

第九章
资产业务

一 总体情况

财务公司行业资产继续保持平稳增长态势，新成立财务公司资产占比下降。2017年末，财务公司行业表内外资产规模8.69万亿元，同比增加1.19万亿元，增幅15.91%。其中，表内资产规模5.72万亿元，同比增加0.96万亿元，增幅20.12%。2017年新成立的11家财务公司资产为715.39亿元，占全行业新增资产的7.47%，同比下降4.25个百分点。

财务公司行业资产占银行业金融机构比例略有增加，增幅远高于银行业金融机构。2017年末，财务公司行业表内资产总额占银行业金融机构资产总额[①]比例为2.27%，同比增加0.22个百分点。财务公司行业表内资产总额增幅20.12%，远高于银行业金融机构（8.68%）、商业银行（8.31%）和大型商业银行（7.18%）的增幅。

2017年，财务公司行业资金运用情况基本维持2016年规律，在立足集团产业、服务实体经济方面发挥重要作用，资金运用水平整体较2016年明显提升。2017年末，信贷资产占比44%，与2016年占比持平。信贷资产是财务公司行业的核心资产，服务集团产业发展是财务公司行业的重要职能。头寸资金占比39%，比2016年下降2个百分点，低收益、低风险的头寸资金占比下降，说明财务公司行业的资金配置在满足日常支付需求的同时，其资金计划管理水平有较大提升，更多资金用于保障集团产业融资需求及资金增值等，资金运用效率明显提升。投资占比6%，与2016年占比持平，由于资本市场不容乐观、不确定性较大，财务公司行业投资偏好较为稳健（见图9-1）。

---

① 2017年末，银行业金融机构资产总额252.40万亿元。以下如无特殊说明，财务公司行业数据均来自中国财务公司协会，银行业金融机构和商业银行数据均来源于中国银监会网站。

图 9-1　财务公司资产配置结构

二　贷款业务

2017 年末，财务公司行业信贷余额 2.52 万亿元，同比增加 4399.18 亿元，增幅 21.17%，说明财务公司对成员单位的产业融资服务力度不断加大，通过灵活运用贷款、票据贴现、买方信贷、消费信贷、集团产品融资租赁、延伸产业链金融等融资工具，财务公司满足企业集团产业发展资金需求、促进集团产业发展的力度加大。根据调查问卷统计，截至 2017 年末，半数以上的财务公司已经成为企业集团的融资平台，118 家财务公司参与集团融资决策，74 家财务公司对成员单位的融资拥有审批权。财务公司参与集团统一融资管理，以集团整体价值最大化为导向，优化集团内外资金配置，有利于实现集团资金流动性与效益性的均衡，降低集团整体资金成本，提升资金使用价值。

贷款利息收入平稳增长，贷款收益率略有下降。2017 年，财务公司行业贷款利息收入 987.97 亿元，同比增加 142.96 亿元，增幅 16.92%；贷款收益率为 4.48%，同比降低 0.26 个百分点，主要是由于财务公司发挥服务属性，让利成员单位，提供更为优惠的贷款利率。综合来看，2017 年贷款利息收入的平稳增长主要来源于贷款规模的增长，贷款月均规模同比增长 23.24%。

信用贷款余额保持较快增长，占比进一步提升。2017 年末，信用贷款余额 19137.25 亿元，同比增加 4406.35 亿元，增幅 29.91%，占贷款总额的 76.07%，占比较 2016 年增加 5.13 个百分点。担保贷款余额 6023.56 亿元，同比下降 22.48 亿元，降幅

0.37%，占贷款总额的23.93%，占比较2016年下降5.17个百分点（见图9-2）。2017年，财务公司信用贷款发挥了服务成员单位的便利性与有效性作用，向成员单位投放信用贷款的力度进一步加大。

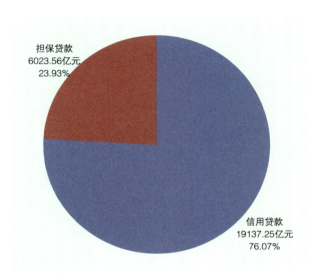

图9-2 财务公司贷款信用结构

贷款投放结构基本不变，上市公司贷款增长较快。2017年末，母公司贷款余额2663.80亿元，同比增加519.71亿元，增幅24.24%，占比10.59%，同比增加0.26个百分点。上市公司贷款余额5723.30亿元，同比增加1847.78亿元，增幅47.68%，占比22.75%，同比增加4.09个百分点，由于外部市场资金成本比2016年略有抬升，财务公司加大对上市公司融资需求的支持力度，导致上市公司贷款增长加快。其他成员单位贷款余额14899.59亿元，同比增加1772.16亿元，增幅13.50%，占比59.23%，同比下降4.00个百分点。其他单位贷款余额1869.90亿元，同比增加253.25亿元，增幅15.67%，占比7.43%，同比下降0.35个百分点（见图9-3）。

短期与中长期贷款均保持较快增长，短期贷款占比过半。2017年末，短期贷款余额1.52万亿元，同比增加2873.81亿元，增幅23.39%，占比60.21%。中长期贷款1.00万亿元，同比增加1525.37亿元，增幅17.96%，占比39.79%（见图9-4）。2017年，受实体经济回暖影响，成员单位融资需求转旺，财务公司有效发挥了金融服务实体经济作用，短期与中长期贷款规模实现了较快增长，同时，与中长期贷款相比，短期贷款具有办理便捷、利率低等优势，成员单位更偏向选择短期贷款满足流动性资金需求，导致短期贷款占比过半。

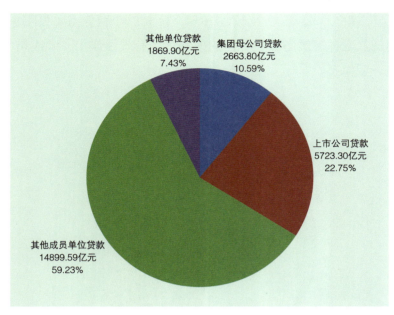

图 9-3　财务公司贷款投放对象结构

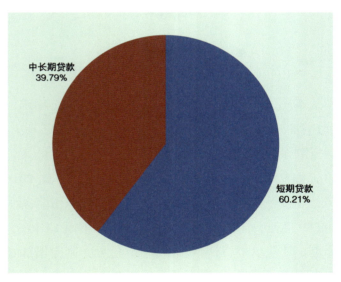

图 9-4　财务公司贷款期限结构

　　银团贷款总额平稳增长，财务公司负担额同比增加。财务公司参与银团贷款，可以帮助成员单位整合利用外部商业银行的低成本资金，进一步降低成员单位的融资成本。2017 年，34 家财务公司开展银团贷款，同比减少了 4 家，共参与银团贷款 332 次，同比增加 22 次。截至 2017 年末，银团贷款金额 3764.99 亿元，同比增加 457.45 亿元，增幅 13.83%。其中，财务公司负担额 492.89 亿元，同比增加 46.37 亿元，增幅 10.38%，说明财务公司利用银团贷款服务集团产业发展的力度加大。

（一）票据贴现

财务公司加大对产业的支持力度，把票据贴现作为调整信贷结构、优化金融服务的重要工具。2017 年，175 家财务公司开展票据贴现，同比增加 5 家。累计发生额 3582.03 亿元，同比增加 434.67 亿元，增幅 13.81%。票据转贴现业务累计发生额 911.31 亿元，同比下降 861.94 亿元，降幅 48.61%。其中，票据转入 249.79 亿元，同比下降 145.49 亿元，降幅 36.81%；票据转出 661.52 亿元，同比下降 716.45 亿元，降幅 51.99%。85 家财务公司开展票据再贴现，累计发生额 552.69 亿元，同比增加 71.52 亿元，增幅 14.86%，通过票据再贴现融入资金逐渐成为财务公司外部融资的重要工具（见图 9-5）。

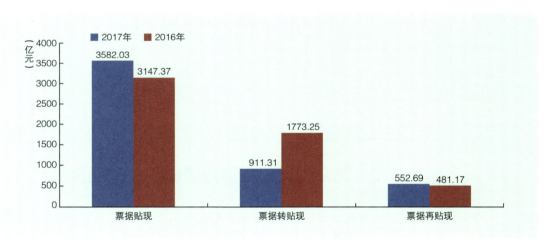

图 9-5 2016～2017 年财务公司票据贴现发生额

 案例

案例 9-1 财务公司之间开展的买（卖）方付息贴现

为畅通资金流转渠道，加强财务公司同业的合作，国信财务公司分别与潞安财务公司、哈尔滨电气财务公司开展合作，分别给予对方一定的同业授信额度，可用于票据互认、票据转贴现等同业业务。江苏省国信集团成员单位上游客户需要资金时，可以持财务公司承兑的商业汇票到以上合作的财务公司办理买（卖）方付息贴现，负责贴现的财务公司再根据自身实际，选择持有至到期回收票款或向国信财务公司申请办理转贴现提前回笼资金。通过财务公司之间的贴现合作，丰富了成员单位的结算方式，缓解了成员单位的资金周转压力，降低了成员单位资金成本，加强了产业链上下游之间的合作，有利于打造"唇齿相依"的产业生态链，提高整条产业链的市场竞争力，为正式开展延伸产业链金融业务打基础、作铺垫。

（二）买方信贷

财务公司通过买方信贷向成员单位下游客户发放贷款，促进成员单位产品的销售，帮助成员单位加快应收款回收，进一步拓展了财务公司的服务范围，有利于更好地发挥金融服务促进实体经济发展的作用。2017 年，28 家财务公司开展买方信贷，年末余额 341.62 亿元，同比增加 19.59 亿元，增幅 6.08%。发生额 2032.96 亿元，同比下降 142.11 亿元，降幅 6.53%。2017 年，受严监管影响，为防范由集团外部产业风险引发的系统性金融风险的发生，财务公司在帮助成员单位产品销售的同时，加大对风险的控制力度，导致买方信贷发生额减少。

 案例

案例 9-2　青啤财务公司买方信贷促进啤酒销售

青啤财务公司积极响应、贯彻落实党中央、国务院关于金融服务实体经济的各项政策和要求，以降低小微企业融资成本、加强同业金融机构合作、提高金融服务品质、丰富金融服务品种等为目标，充分利用掌握经销商相关经营数据、了解客户经营情况的有力优势，与银行合作开发了"银财联贷"买方信贷产品，由青啤财务公司和银行按照一定比例为战略经销商联合放款，在控制风险的前提下，通过加强同业金融机构的合作，做大买方信贷规模、提升信贷业务资产比重、优化信贷产品结构、丰富信贷产品种类，有效支持了小微企业等实体经济发展，促进了青岛啤酒销售，实现了财务公司、同业金融机构、下游经销商三方共赢。

案例

案例 9-3　五粮液财务公司买方信贷促进五粮液酒销售

　　五粮液财务公司按照"服务集团 支撑多元 创造价值 不断超越"的企业宗旨,从主业经销商实际情况出发,开展了买方信贷业务,采取经销商电票业务模式,主要流程为:经销商通过五粮液财务公司开票〔金额 500 万元(含)以上〕,保证金按票面金额的 10%缴存(保证金原则上按活期计息),敞口部分采用所购五粮液酒质押,采用厂商财(银)模式,由财务公司控制货权,保管所购五粮液酒的"提货联"〔经销商需采用书面委托的方式,委托财务公司在五粮液股份公司提取办理买方信贷业务的合同(订单的)"提货联"〕,采用填仓方式(先还款、后提货)进行还款提货(经销商还款后,在次日内,财务公司下达对应"发票提货联"所载内容的发货指令),保证金部分待款项还完后一次提取。期限最长 12 个月,手续费按票面金额的万分之五计收,填仓款按照年化利率 0.42%计息。

　　通过买方信贷业务,五粮液财务公司将金融服务延伸至主业经销商,拓宽了业务服务范围,依托自身的电票系统,大幅提升了对主业经销商的金融服务能力,有效降低了经销商的资金成本,促进了主业做强做大,更好地支持了中小企业的发展。同时,开展电票承兑可收取保证金,提高了资金归集率和息差收益,产生了票面金额的承兑费收入,为五粮液财务公司增加了收入来源。

(三)消费信贷

　　财务公司通过消费信贷向个人发放贷款,促进集团成员单位销售耐用消费品,可以带动即期消费,引导消费总量增长与消费需求结构升级,助力生产与消费形成良性循环。2017 年,15 家财务公司开展消费信贷,年末余额 1250.38 亿元,同比增加 173.59 亿元,增幅 16.12%。发生额 1068.19 亿元,同比增加 43.83 亿元,增幅 4.28%。目前,消费信贷已成为汽车、消费品等行业财务公司支持集团主业发展、发挥金融平台作用、促进集团产品销售的重要工具。

案例

案例 9-4 宇通财务公司消费信贷
促进新能源汽车销售

近年来，新能源客车市场销售增长迅猛，客户融资需求旺盛。2012 年，宇通新能源工厂顺利投产，产能 3 万台，是迄今为止国内规模最大的新能源客车研发制造基地。为支持新能源汽车销售，发挥金融服务平台职能，宇通财务公司在深入分析下游客户类型、融资需求、经营模式、还款能力、补贴政策、关键风险点等因素的基础上，积极推出了"让利贷"消费信贷产品，实施有市场竞争力的价格政策，减少客户融资成本。"让利贷"的特点是融资利率低、2～4 个工作日放款等，在资金充足的前提下，优先受理购买新能源汽车客户，解决客户融资难、融资贵的问题，促进成员单位新能源汽车销售，提高新能源汽车市场竞争力，助力新能源客车产业发展。2017 年，宇通财务公司通过消费信贷产品等多样化融资方案，在整体信贷资金及规模偏紧的背景下，促进新能源客车销售 705 台，促进销售额 3.58 亿元。

（四）集团产品融资租赁

财务公司开展集团产品融资租赁可以帮助成员单位提高产品竞争力、促进产品销售，避免库存积压过多、提升存货周转率。2017 年，5 家财务公司开展了集团产品融资租赁业务，同比减少 3 家，主要集中于汽车、电气设备、机械设备等行业，集团产品融资租赁业务量同比保持快速增长，年末余额 45.05 亿元，同比增加 22.66 亿元，增幅 101.19%。发生额 38.37 亿元，同比增加 17.68 亿元，增幅 85.43%。

 案例

案例 9-5 东方电气财务公司融资租赁促进集团设备销售

东方电气集团所属东方电气股份有限公司中标电站发电机和汽轮机主机设备销售，但该项目采购商存在货款支付不畅的情况。东方电气财务公司积极了解项目执行情况和货款支付不畅的原因，按照"项目开展，风险先行"的金融服务理念，对行业现状、能源政策、

"十三五"能源规划、当地电量供应、火电发电利用小时数、当地电煤分布及价格等进行了大量研究，并进行实地调查，核实电厂的施工进度、投融资计划等内容，在确保信息翔实、丰富、可靠，资金投入、回收顺利可行的基础上，积极推介通过融资租赁业务，解决双方困难，促进了项目的顺利开展，并解决了项目的风险控制问题。从合同签署至今，先后多次发放融资租赁款项共计数亿元，既确保了电站建设的顺利推进，促进了成员单位应收账款的回收，也实现了集团产品的销售，增加了集团的整体收益，实现了三方共赢。

（五）延伸产业链金融

为支持财务公司强化金融服务实体经济功能，在助力企业集团主业发展、有效服务实体经济方面发挥更大作用，2014 年 7 月，银监会决定开展财务公司延伸产业链金融服务首批试点，允许财务公司将服务对象适度扩展到与集团主业密切相关的产业链上下游企业，北汽、上汽、海尔、格力和武钢财务公司成为首批 5 家试点。2016 年 11 月 30 日，银监会下发《关于稳步开展企业集团财务公司延伸产业链金融服务试点工作有关事项的通知》，明确财务公司在符合《企业集团财务公司监管评级与分类监管办法》的前提下，经备案审批后，可以开展包括"一头在外"的票据贴现业务及"一头在外"的应收账款保理业务，进一步扩大了试点范围。

财务公司开展延伸产业链金融服务降低了上下游企业的融资成本，提高了产业链整体竞争优势，能够发挥熟悉客户、服务便捷、价格优惠、易控风险等优势，有利于实现产融双赢。2017 年，共有 42 家财务公司开展延伸产业链金融业务，同比增加 37 家，累计发生额 704.59 亿元，同比增加 280.84 亿元，增幅 66.27%，延伸产业链金融服务将成为财务公司行业拓展服务范围、丰富盈利来源、促进集团产业链发展的重要业务。

 案例

案例 9-6 中兴财务公司延伸产业链金融 满足上游中小供应商融资需求

中兴财务公司依托集团成员单位在产业链上的核心地位，借助其对产业链物流、商品流、信息流的控制，通过资金的封闭运行，面向众多中小供应商开展"一头在外"的票据贴现业务，尤其针对商业银行不愿意受理的 100 万元以下的小额票据，基于产业链提供贴现服务。2017 年，中兴财务公司发生"一头在外"的票据贴现累计 2140 笔，金额 100 万元以下的小额票据数量 1171 笔，占比 54.72%，300 万元以下票据数量合计占比 79.95%，有效解决了产业链上游供应商尤其是中小供应商的融资难、融资贵问题，保持供应链的稳定，提升集团供应链的竞争力，促进集团业务发展，有效服务实体经济。

 案例

案例 9-7　国电投财务公司延伸产业链金融满足上游供应商融资需求

国电投财务公司成为《中国银监会非银行金融机构行政许可事项实施办法》发布以来首批获批延伸产业链金融业务资质的财务公司。为顺利开展延伸产业链金融业务，国电投财务公司对集团主业及产业链客户进行了深入调研分析，学习了银行同业的先进风险管理经验，根据延伸产业链金融服务特点制定了专门的延伸产业链金融服务管理办法，设置了完善的业务审批流程，确保风险管理能够覆盖到延伸产业链金融业务的各个环节。

鉴于产业链上游应收账款的实际债务承受人为集团成员单位，业务风险相对较小，因此国电投财务公司选取上游直接交易对手的票据贴现作为延伸产业链业务试点。基于上游供应商与集团内成员单位之间的贸易关系，以对成员单位和上游供应商的双授信为保障，借助人行电票系统开展上游客户票据贴现业务，为上游供应商提供信贷支持（见图 9-6）。

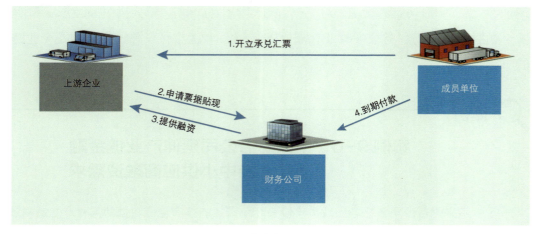

图 9-6　开展上游客户票据贴现业务模式

2017 年，国电投财务公司累计办理延伸产业链金融业务 96 笔，平均收益率高于传统信贷业务收益率。服务范围涵盖集团铝业采购、新能源设备采购、煤炭采购等。服务系统外客户种类包括地方国企、上市公司、民营企业、小微企业等。

通过延伸产业链金融业务，延长了成员单位付款周期，提高上游供应商的资金回款速度，确保产品供应及时顺畅，促进整个产业链紧密合作，也为国电投财务公司运用稀缺资金资源、争取服务价值最大化提供了重要手段。

三　投资业务

（一）有价证券投资

财务公司有价证券投资平稳增长，基金投资增幅最大。2017 年末，财务公司有价证券投资余额为 3223.40 亿元，同比增加 289.26 亿元，增幅 9.86%，占资产总额的 5.64%，同比下降 0.53 个百分点。其中，债券投资 582.96 亿元，同比增加 26.69 亿元，增幅 4.80%；基金投资 823.54 亿元，同比增加 210.96 亿元，增幅 34.44%；股票投资 122.95 亿元，同比下降 6.50 亿元，降幅 5.02%；信托与理财产品投资 1420.30 亿元，同比增加 29.35 亿元，增幅 2.11%。基金投资增幅最大，主要是由于 2017 年股票市场低迷、资本市场不确定性因素增多，年末信托等非标产品受监管限制面临出清压力，财务公司行业加大了对风险较易把控、流动性较好的基金的投资力度。2017 年，财务公司获得债券、理财等利息性收入 48.53 亿元，同比增加 1.36 亿元，增幅 2.88%，主要源于投资规模的增长。

信托与理财产品投资占比下降，基金投资占比增加。2017 年末，财务公司有价证券投资中，信托与理财产品投资占比为 44%，同比下降 4 个百分点，基金投资占比为 26%，同比增加 5 个百分点，债券投资占比为 18%，同比下降 1 个百分点，风险较大的股票投资占比为 4%，占比同比基本持平（见图 9-7）。财务公司行业以加强集团资金集中管理和提高集团资金使用效率为主要目标，受自身风险控制能力、投资专业水平影响，富余资金偏重于配置风险稳健型产品。同时，由于非标产品面临出清压力，信托与理财产品投资占比下降，基金投资占比提升。

101

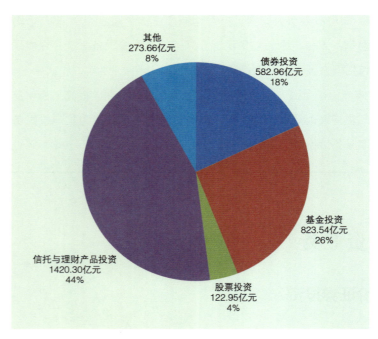

图 9-7　有价证券投资占比情况

（二）金融机构股权投资

1. 金融机构股权投资规模增加，商业银行是股权投资首选领域

开展金融机构股权业务，财务公司可以实现资金增值，丰富金融服务范围，深化产融结合。从投资规模看，截至 2017 年末，共有 41 家财务公司开展了金融机构股权投资，同比增加 1 家。累计投资额为 175.22 亿元，同比增加 7.77 亿元。获得股权投资收益 14.66 亿元，同比减少 14.83 亿元。单家金融机构投资金额最大为 22.34 亿元，投资金融机构股权占比最高为 100%。

从投资对象看，商业银行是财务公司股权投资的首选领域，投资机构数为 18 家，累计投资额 49.91 亿元，机构数与投资额均位居首位，主要是由于商业银行领域盈利较好、收益率较高。保险经纪公司是财务公司股权投资的次选领域，投资机构数为 14 家，机构数位居第二，累计投资额 24.10 亿元（见图 9-8）。

2. 多数财务公司仅投资 1 家金融机构，投资目标明确

从单家财务公司投资数量看，投资金融机构数最多达到 5 家，受监管投资比例及自身资本实力限制，多数财务公司投资金融机构数为 1 家（见图 9-9）。金融机构股

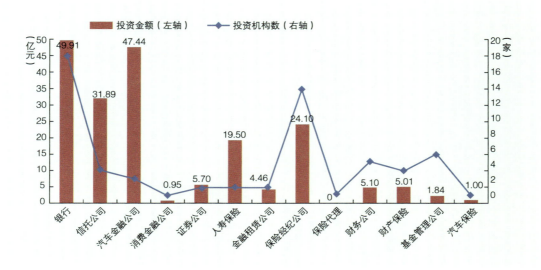

图 9-8　财务公司投资各领域金额及数量

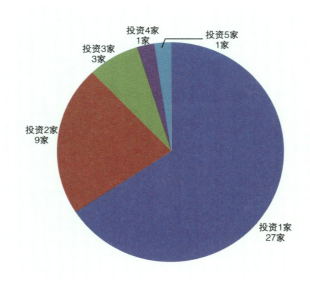

图 9-9　投资金融机构家数

权投资逐渐成为财务公司强化金融服务职能的重要手段，财务公司立足业务范围、涉足其他金融平台有助于延伸集团金融产业链。

从投资目标来看，财务公司金融机构股权投资可以分为两类：第一类是战略性投资，一般持股比例较高，平均持股比例达 40% 以上，以业务多元化与产业协同为目标，例如财务公司全资或控股保险经纪公司、汽车金融公司等领域，丰富金融服务范围，促进产融协同，例如，中船重工、中化、国投财务公司全资设立保险经纪公司，

103

一汽财务公司控股汽车金融公司。第二类是财务性投资，一般持股比例较低，以谋求短期回报与赚取资本利得为目标，例如财务公司参股银行、信托公司、基金管理公司等领域，按年通过分红等方式获利，并通过适时对外转让金融机构股权获得投资收益（见图9-10）。

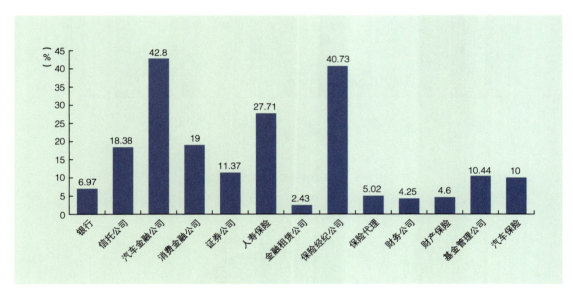

图 9-10　投资金融机构平均持股比例

第十章
负债业务

一　总体情况

财务公司行业负债保持平稳增长态势，占银行业金融机构比例略有增加。2017 年末，财务公司行业负债余额 4.92 万亿元，同比增加 0.83 万亿元，增幅 20.41%，负债余额占银行业金融机构负债总额[①]的比例为 2.11%，同比增加 0.21 个百分点。

各项存款是财务公司最重要的负债来源，占比呈加大趋势。2017 年，各项存款占负债总额的 94.38%，同比增加 0.71 个百分点；同业负债占负债总额的 3.43%，同比增加 0.01 个百分点；财务公司债券占负债总额的 1.05%，同比降低 0.68 个百分点；应付款项占负债总额的 1.04%，同比增加 0.07 个百分点；其他负债占负债总额的 0.11%，同比降低 0.10 个百分点（见表 10-1、图 10-1）。各项存款占比最高，说明企业集团加强资金集中管理和财务公司提升资金归集能力是财务公司行业不断发展壮大的决定性因素。但从另一方面来看，财务公司资金来源较为单一，也需要加强负债端管理，加大主动负债力度，不断拓展资金来源，强化资金实力。

表 10-1　财务公司负债结构

单位：亿元，%

	2017 年		2016 年	
	余额	占比	余额	占比
各项存款	46447.63	94.38	38281.75	93.67
同业负债	1685.69	3.43	1397.95	3.42

[①] 2017 年末，银行业金融机构负债总额 232.87 万亿元。以下如无特殊说明，财务公司行业数据均来自中国财务公司协会，银行业金融机构和商业银行数据均来自中国银监会网站。

续表

	2017 年		2016 年	
	余额	占比	余额	占比
财务公司债券	516.03	1.05	705.87	1.73
应付款项	510.89	1.04	398.24	0.97
其他负债	51.80	0.11	85.81	0.21
负债总额	49212.05	100.00	40869.63	100.00

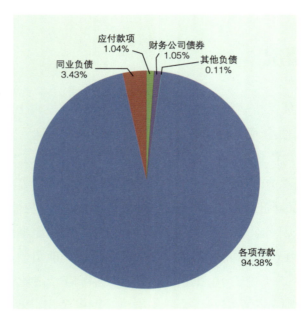

图 10-1　2017 年财务公司负债结构

二　存款业务

（一）存款规模保持较快增长，增速较上年有所提升

2017 年末，各项存款余额 46447.63 亿元，同比增长 8165.88 亿元，增幅 21.33%，同比增加了 2.96 个百分点（见图 10-2）。各项存款余额保持较快增长速度，主要由于：一是集团高度重视资金集中管理，加强对成员单位资金集中度的考核，整治清理应归未归资金，加强对外部融资、直接融资、募集款项等资金的归集。二是钢铁、家电等

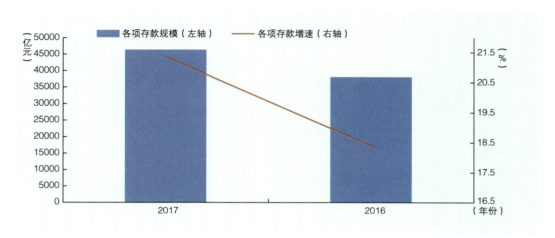

图 10-2　财务公司存款变化情况

部分行业经营形势好转，集团整体货币资金增加、现金流得到改善。三是部分集团加大并购重组力度，成员单位数量增加，可归集资金范围增加。四是集团资金集中管理更加精益高效，信息化系统不断完善，资金归集逐步加强。五是财务公司主动创新存款产品，加大服务力度，让利成员单位，为成员单位提供更具吸引力的存款利率，提升成员单位对财务公司的认可度。

（二）存款规模逐月递增，月末年末翘尾现象普遍

从全年规模变化看，2017 年，各月份存款[①]规模呈现稳定增长态势，全年各月日均存款平均增速 1.44%，12 月份，月日均存款 40359.59 亿元，月末存款 45885.38 亿元，均达到全年最高水平。除 1 月、6 月外，其余月份月末存款均高于当月日均存款（见图 10-3）。

从各月变动情况看，与上月相比，除 6 月、9 月出现负增长外，其他月份存款余额均为正增长，其中 12 月末正增长最高，达到 13.35%。

（三）各行业存款规模普遍增长，结构变化不大

2017 年，除商贸行业存款规模负增长外，其余行业存款规模均呈正增长态势，其中，电力、军工、汽车行业增长额位列前三位，分别增长 1403.66 亿元、943.35 亿元、913.37

[①]　月日均存款和月末存款均为境内口径数据。

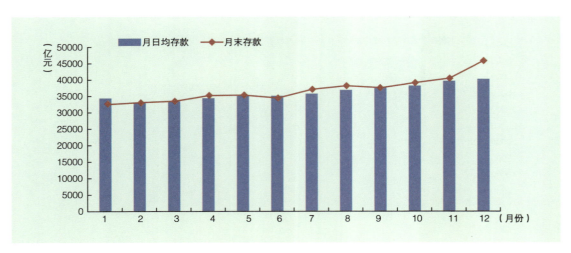

图 10-3　2017 年各月日均与月末存款变动

亿元；酒店旅游、农林牧渔、民生消费增幅位列前三位，增幅分别达到 101.16%、38.64% 和 38.59%，主要是受这些行业形势转暖及资金集中力度加大等因素的影响。

从占比情况看，电力、军工和石油化工行业存款规模位列前三位，合计占比达到 37.25%，较 2016 年 36.71% 增加 0.54 个百分点。电力、汽车、煤炭和民生消费等行业存款规模占比有所提升，但各行业占比变化不大，占比变化均在正负 1 个百分点左右（见表 10-2）。

表 10-2　财务公司各行业存款规模与占比

单位：亿元，%

序号	行业名称	2017 年末		2016 年末	
		余额	占比	余额	占比
1	电力	6020.30	12.96	4616.64	12.06
2	石油化工	5474.55	11.79	4571.66	11.94
3	电子电器	3088.20	6.65	2719.32	7.10
4	煤炭	2685.23	5.78	1996.74	5.22
5	建筑建材	4272.73	9.20	4028.01	10.52
6	钢铁	1538.52	3.31	1177.56	3.08
7	机械制造	2236.48	4.82	2043.37	5.34
8	交通运输	3231.80	6.96	2654.69	6.93
9	军工	5807.38	12.50	4864.03	12.71
10	有色金属	1294.00	2.79	1123.79	2.94

续表

序号	行业名称	2017 年末		2016 年末	
		余额	占比	余额	占比
11	汽车	3731.55	8.03	2818.18	7.36
12	酒店旅游	244.17	0.53	121.39	0.32
13	商贸	709.73	1.53	831.10	2.17
14	投资控股	2185.69	4.71	1941.38	5.07
15	民生消费	1294.34	2.79	933.96	2.44
16	农林牧渔	840.10	1.81	605.98	1.58
17	其他	1792.85	3.86	1233.98	3.22

（四）各项存款保持较快增长，成员单位存款占比近半

2017 年末，集团母公司存款余额 9876.90 亿元，增长 1694.91 亿元，增幅 20.72%；成员单位存款余额 21199.24 亿元，增长 1897.14 亿元，增幅 9.83%；上市公司存款余额 13404.84 亿元，增长 3162.43 亿元，增幅 30.88%，主要是由于企业集团加大了对上市公司资金归集的管理力度；其他单位存款余额 1966.65 亿元，增长 1412.46 亿元，增幅 254.87%（见表 10-3）。

表 10-3　财务公司存款来源增长情况

单位：亿元，%

	2017 年余额	增长额	增幅
集团母公司存款	9876.90	1694.91	20.72
上市公司存款	13404.84	3162.43	30.88
其他成员单位存款	21199.24	1897.14	9.83
其他单位存款	1966.65	1412.46	254.87
各项存款总额	46447.63	8166.95	21.33

2017 年末，集团母公司存款占全行业存款余额的比例为 21.26%，同比下降 0.11 个百分点；成员单位存款占全行业存款余额的比例为 45.64%，尽管同比下降 4.78 个百分点，但仍然占比最高；上市公司存款占全行业存款余额的比例为 28.86%，同比增加

109

2.10 个百分点；其他单位存款占全行业存款余额的比例为 4.23%，同比增加 2.78 个百分点（见表 10-4）。

表 10-4 财务公司存款来源结构

单位：亿元，%

	2017 年		2016 年	
	余额	占比	余额	占比
集团母公司存款	9876.90	21.26	8181.99	21.37
上市公司存款	13404.84	28.86	10242.41	26.76
其他成员单位存款	21199.24	45.64	19302.09	50.42
其他单位存款	1966.65	4.23	554.19	1.45
各项存款总额	46447.63	100.00	38280.69	100.00

（五）部分品种存款大幅增长，通知存款占比提升较大

2017 年末，财务公司活期存款余额 14637.40 亿元，增长 2127.49 亿元，增幅 17.01%；定期存款余额 12724.76 亿元，增长 1048.32 亿元，增幅 8.98%；通知存款余额 6928.68 亿元，增长 2176.56 亿元，增幅 45.80%，主要是由于财务公司满足成员单位提高资金收益的诉求，让利成员单位，提高通知存款利率，引导成员单位将部分活期存款配置为通知存款；协定存款余额 10225.84 亿元，增长 2255.67 亿元，增幅 28.30%，财务公司为稳定成员单位存款，引导成员单位配置协定存款、提高资金收益，导致协定存款大幅增长；保证金存款余额 1323.52 亿元，增长 476.33 亿元，增幅 56.23%，财务公司拓展产业链金融、保函、票据等业务导致保证金存款大幅增长（见表 10-5）。

表 10-5 财务公司各品种存款增长情况

单位：亿元，%

	2017 年余额	增长额	增幅
活期存款	14637.40	2127.49	17.01
定期存款	12724.76	1048.32	8.98
通知存款	6928.68	2176.56	45.80
协定存款	10225.84	2255.67	28.30
保证金存款	1323.52	476.33	56.23

2017 年，由于财务公司行业普遍更加重视服务属性，为帮助成员单位提高短期资金收益、增强资金使用灵活性，多数对通知存款利率上浮较大幅度，导致通知存款占比提升较大，活期存款与定期存款占比出现一定程度下降。2017 年末，活期存款占全行业存款余额的比例为 31.93%，同比下降 1.20 个百分点；定期存款余额占全行业存款余额的比例为 27.76%，同比下降 3.17 个百分点；通知存款占全行业存款余额的比例为 15.11%，同比增加 2.52 个百分点；协定存款余额占全行业存款余额的比例为 22.31%，同比增加 1.20 个百分点；保证金存款余额占全行业存款余额的比例为 2.89%，同比增加 0.65 个百分点（见表 10-6）。

表 10-6　财务公司各品种存款占比情况

单位：亿元，%

	2017 年		2016 年	
	余额	占比	余额	占比
活期存款	14637.40	31.93	12509.91	33.13
定期存款	12724.76	27.76	11676.43	30.93
通知存款	6928.68	15.11	4752.11	12.59
协定存款	10225.84	22.31	7970.17	21.11
保证金存款	1323.52	2.89	847.18	2.24

（六）存款平均成本率同比不变，存款定价呈现差异化与市场化特点

2017 年，财务公司存款平均成本率为 1.51%[①]，与上年保持一致。利率市场化后，财务公司存款定价差异化与市场化趋势明显。根据调查问卷，部分财务公司存款成本率上升，主要原因：一是加大对成员单位的让利力度，对达到集团管理目标的单位提高存款利率上浮比例，提高存款利率。二是稳定成员单位存款，引导成员单位对存款的期限结构进行调整，配置利率相对较高的定期与协定存款品种，导致定期存款与协定存款比例加大。三是满足成员单位希望提高资金收益率的诉求，参照外部商业银行对成员单位的定价水平相应上浮存款利率。

部分财务公司存款成本率基本不变，主要原因：央行未调整基准利率，财务公司

① 计算方法：2017 年度存款利息支出 ÷ [（∑ 2017 年各月日均存款 × 各月天数）÷ 365]。资料来源：财务公司协会。

自身定价政策未做相应调整。

部分财务公司存款成本率下降，主要原因：一是依据外部部分商业银行利率定价窗口指导政策，降低吸收存款利率。二是压降存款成本，采取定价措施，引导成员单位大幅增加活期存款比重，降低定期存款比重。

 案例

案例 10-1　中核建财务公司多措并举显著提升资金归集度

中核建财务公司自成立之初就将资金集中工作看作立足之本，不断探索提升资金归集度的方法。2017 年，中核建财务公司摸索实施三项重要举措，有效解决了集团整体资金类型较复杂、资金归集阻碍大等问题，显著提升了资金归集度，2017 年末集团全口径资金集中度为 70.71%，达到建筑行业领先水平。一是运用实时联动归集模式，有效减少账户备付金。根据集团资金集中管理的要求，对二级单位实行"集团账户"（即一、二级账户联动）模式，二级单位对下属企业实行"限额管理"模式，总体结构为树形归集结构。通过集团账户管理模式，在保障资金灵活使用的前提下，实现了对二级单位的全额归集，既符合建筑行业的资金特性，又提高了资金集中的水平。二是依托集团行政管理手段，出台一系列政策。出台资金集中度考核管理办法，将可归集口径资金集中度纳入企业经营责任考核，规定以各单位的可归集资金集中度为测算依据，旨在帮助各单位系统梳理未归集资金的性质和金额，进一步挖掘资金归集潜力。出台银行账户清理通知，以集团账户清理工作为基础，摸底集团整体账户情况，清理长期不用账户，督促新增账户办理归集手续，促进资金集中度的提升。三是深挖服务潜力，围绕集团主业提升金融服务水平。为提高客户满意度，促进资金集中度的提升，注重提升金融服务水平，开展了现场服务，全面了解每位客户的切实需求，有针对性地形成工作改进并量身定制业务方案，同时引入市场机制，对所有成员单位全面实行协定存款利率，将资金集中度等指标与存款定价挂钩，提高了各单位资金集中的积极性。

第十一章
同业业务

一 总体情况

（一）增长趋势明显，助推同业资源配置能力提升

2017 年财务公司行业同业业务继续以往发展态势，呈现良好的发展势头。截至 2017 年末，财务公司行业存放同业余额 22553.07 亿元，同比增长 14.62%；同业拆入余额 1097.18 亿元，同比增长 19.70%；拆放同业余额 426.38 亿元，同比增长 3.20%；买入返售余额 1205.21 亿元，同比增长 109.20%；卖出回购余额 449.66 亿元，同比增长 43.40%。为财务公司在所属集团外部配置资金、获取收入、拓展资金来源、提高资金使用效率提供了多样化渠道，为财务公司配合头寸管理、补充临时性资金需求、依托自身优势整合金融资源、助力所属集团主业发展发挥了重要作用。

（二）结构适度调整，积极顺应同业市场政策及行情变化

币种结构方面，2017 年财务公司行业存放同业、拆放同业等同业资金运用方向的外币占比显著提升，同业拆入等同业资金来源方向的外币占比明显下降。一是随着我国开放型经济及"一带一路"倡议的持续发展，我国跨国企业集团外币收入占比稳步提升，财务公司外币存款余额快速增长；二是国资委对中央企业提出截至 2017 年末全集团资金集中度达到 70% 的要求，各中央企业集团财务公司为完成目标进一步加强外币资金的集中管理力度；三是美元加息进程持续推进，美元同业市场存款价格和融入成本走高，导致财务公司行业加大对美元等相关外币资金运用、减少外币资金来源，实现降本增效。

期限结构方面，2017 年财务公司行业拆放同业剩余期限结构明显拉长。交易对手结构方面，2017 年财务公司行业拆放同业、卖出回购等同业资金来源方向以境内商业银行为交易对手的余额大幅上升；拆放同业、买入返售等同业资金运用方向以境内商业银行为交易对手的余额显著下降，以境内其他银行业金融机构、境内证券业金融机构为交易对手的余额分别呈现上涨态势。随着我国金融去杠杆进程的不断推进及央行 MPA 考核、跨年资金需求高企等时点因素叠加，2017 年末银行间市场资金面呈现境内商业银行总体偏松、中小机构资金面结构性紧张的特征，境内商业银行资金成本相对较低，部分银行业非银行金融机构及证券业金融机构资金缺口较大，财务公司充分利用市场行情适时调整同业资金融入与配置策略。

行业结构方面，2017 年主要同业业务余额的行业结构特点显著，各行业的同业业务开展情况差异较大。从同业资金来源角度看，同业拆入主要集中于石油化工、电力等行业，卖出回购主要集中于石油化工、交通运输、有色金属等行业；从同业资金运用角度看，存放同业主要集中于军工、建筑建材、石油化工、交通运输、电子电器等行业，拆放同业主要集中于石油化工、电力等行业，买入返售主要集中于石油化工、电子电器、电力、机械制造、钢铁等行业。可以看出，石油化工、电子电器、电力等行业同业业务开展较为活跃，运用同业产品调剂临时性资金余缺的功能发挥较为充分（见图 11-1）。

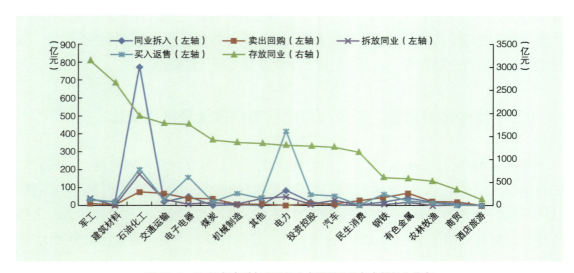

图 11-1　2017 年末财务公司行业主要同业业务余额行业分布

（三）同业往来利息收入显著增长，收入支撑地位加强

2017 年，财务公司行业来源于同业往来的利息收入 616.68 亿元，同比增长 53.38%；占行业总利息收入的比重为 36.36%，较上年末提升 6.13 个百分点。2017 年以来金融监管进一步加强，同业市场利率持续走高，带动同业往来利息收入持续增长，目前已成为财务公司行业收入的重要组成部分和支撑收入增长的重要力量（见图 11-2）。

图 11-2　财务公司行业同业往来利息收入及占比

二　存放同业

（一）年末余额逐年增长，外币占比持续提升

2017 年，财务公司行业存放同业业务余额继续保持近年来逐年增长的态势。截至 2017 年末，财务公司行业存放同业业务余额 22553.07 亿元，较上年末增长 14.62%，财务公司在企业集团资金集中管理、从集团外部创造效益等方面发挥了一定的作用。近年来外币存放同业折合人民币的金额及占比也在持续提升，截至 2017 年末，财务公司行业存放同业外币折合人民币余额 1893.74 亿元，占比为 8.40%，占比较上年末提升 0.84 个百分点（见图 11-3）。

图 11-3　财务公司行业存放同业余额及外币占比

（二）剩余期限结构变化较小，整体布局趋于均衡

2017 年财务公司行业存放同业剩余期限结构较以前年度相比差别较小，剩余期限为次日的存放同业余额占比为 50.62%，与 2016 年基本持平（见图 11-4）。

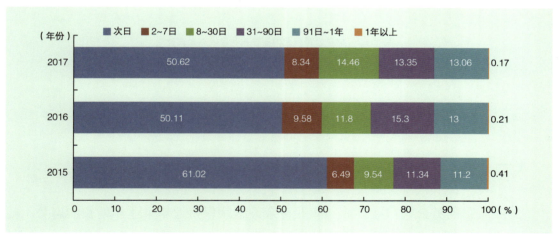

图 11-4　财务公司行业存放同业剩余期限结构

（三）交易对手结构稳定，以境内商业银行为主

2017 年末，财务公司行业存放同业以境内商业银行为交易对手的余额占比达 95.24%，较上年末提升 1.03 个百分点；以境外金融机构为交易对手的存放同业余额占

比为 2.67%，较上年末下降 0.68 个百分点，交易对手结构整体稳定，高度集中于境内商业银行（见表 11-1）。

表 11-1　2016～2017 年财务公司行业存放同业余额交易对手分布

单位：亿元，%

交易对手	2016 年余额	2016 年占比	2017 年余额	2017 年占比
境内商业银行	18537.12	94.21	21480.14	95.24
境外金融机构	658.53	3.35	603.09	2.67
境内其他银行业金融机构	426.95	2.17	412.69	1.83
境内其他金融机构	44.64	0.23	37.73	0.17
境内证券业金融机构	9.81	0.05	19.43	0.09
合计	19677.05	100.00	22553.08	100.00

（四）行业分布较为均匀，外币余额主要集中于石油化工

存放同业余额行业占比方面，2017 年末财务公司行业存放同业余额主要分布于 17 个行业，分布结构整体趋于均匀；其中军工、建筑建材等行业存放同业余额占比超过 10%。外币存放同业余额行业占比方面，2017 年末财务公司行业超过 50% 的外币存放同业余额集中于石油化工行业，集中度较高，主要由石油化工行业规模、经营特征所决定（见表 11-2）。

表 11-2　2016～2017 年财务公司行业存放同业分行业余额、占比及币种结构

单位：亿元，%

行业	2016 年余额	2016 年余额占比	2016 年外币占比	2017 年余额	2017 年余额占比	2017 年外币占比
军工	2741.23	13.93	4.09	3125.00	13.86	6.49
建筑建材	2387.34	12.13	3.84	2654.77	11.77	7.13
石油化工	2196.46	11.16	57.63	1940.53	8.60	52.34
交通运输	1653.32	8.40	7.58	1777.79	7.88	5.66
电子电器	1445.76	7.35	7.82	1755.92	7.79	7.84
煤炭	873.61	4.44	0.03	1417.71	6.29	0.02
机械制造	1232.88	6.27	4.69	1362.59	6.04	5.60
其他	1014.43	5.16	0.01	1343.58	5.96	0.15
电力	1257.89	6.39	2.18	1305.29	5.79	2.58

续表

行业	2016 年余额	2016 年余额占比	2016 年外币占比	2017 年余额	2017 年余额占比	2017 年外币占比
投资控股	1285.61	6.53	1.78	1285.67	5.70	1.78
汽车	865.84	4.40	0.46	1261.18	5.59	0.81
民生消费	804.65	4.09	0.03	1153.41	5.11	0.02
钢铁	411.17	2.09	3.06	594.69	2.64	3.08
有色金属	552.19	2.81	5.14	579.67	2.57	4.64
农林牧渔	401.34	2.04	0.40	525.62	2.33	0.85
商贸	505.95	2.57	1.23	341.05	1.51	0.98
酒店旅游	47.37	0.24	0.04	128.62	0.57	0.03
合计	19677.04	100.00	100.00	22553.07	100.00	100.00

注：外币占比指某行业外币存款余额占财务公司行业总外币存款余额的比重。

三　同业拆借

（一）拆放同业

1. 拆放同业余额呈增长趋势，外币占比逐年提升

2017 年末，财务公司行业本外币拆放同业余额折合人民币为 426.38 亿元，同比增长 3.20%，其中外币折合人民币余额占比由上年末的 1.53% 提升至 2017 年末的 8.72%（见图 11-5）。

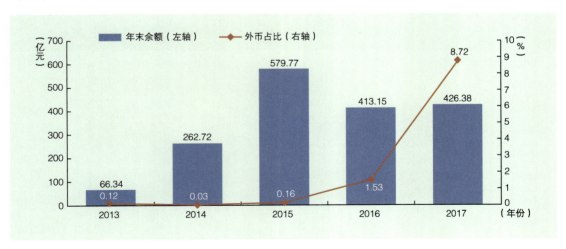

图 11-5　财务公司行业拆放同业余额及外币占比

2. 拆放同业剩余期限结构变化较大，呈现新特点

2017 年末，财务公司行业拆放同业剩余期限与 2016 年相比整体呈现拉长趋势，主要集中于 2 ～ 7 日、91 日～ 1 年，占比分别为 34.37%、32.20%，占比较上年末分别下降 15.36 个百分点、提升 17.31 个百分点，较长期限的拆放同业余额占比显著提升（见图 11-6）。

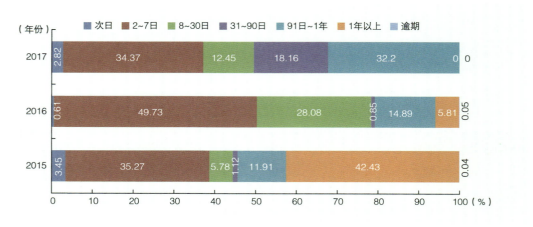

图 11-6　财务公司行业拆放同业余额剩余期限结构

3. 交易对手以境内其他银行业金融机构为主，变化明显

2017 年，财务公司行业拆放同业余额交易对手以境内其他银行业金融机构为主，占比由上年末的 39.62% 大幅增长至 70.07%；2017 年以境内商业银行为交易对手的拆放同业余额占比较上年末的 53.79% 大幅下降至 22.67%，交易对手结构变化明显（见图 11-7）。

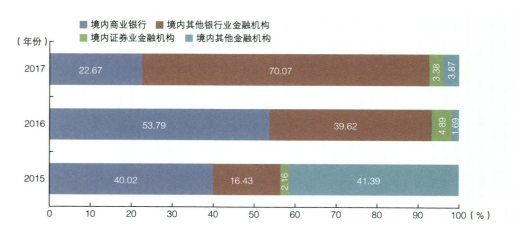

图 11-7　财务公司行业拆放同业余额交易对手结构

119

4. 行业分布较为集中，内部结构变化明显

从增长情况看，2017 年末财务公司拆放同业余额较上年末增长金额较大的行业为石油化工、交通运输、汽车、煤炭等行业。从占比情况看，2017 年末财务公司行业拆放同业余额主要分布于石油化工、电力、军工、交通运输、汽车等行业，其中石油化工、电力两个行业占比合计超过 50%，但两个行业的结构有所变化，2017 年石油化工和电力行业拆放同业余额占比较上年末分别提升 12.65 个百分点、下降 22.28 个百分点（见表 11-3）。

表 11-3　2016～2017 年财务公司行业拆放同业余额行业分布

单位：亿元，%

行业	2016 年余额	2016 年占比	2017 年余额	2017 年占比
石油化工	119.00	28.80	176.74	41.45
电力	138.50	33.52	48.00	11.26
军工	35.00	8.47	39.00	9.15
其他	1.00	0.24	38.00	8.91
交通运输	18.21	4.41	33.40	7.83
汽车	11.50	2.78	28.50	6.68
有色金属	25.00	6.05	16.66	3.91
煤炭	–	–	16.00	3.75
电子电器	5.50	1.33	8.00	1.88
投资控股	–	–	8.00	1.88
机械制造	11.74	2.84	7.72	1.81
钢铁	–	–	3.96	0.93
商贸	6.00	1.45	1.40	0.33
民生消费	6.50	1.57	1.00	0.23
建筑建材	30.00	7.26	–	–
酒店旅游	5.20	1.26	–	–
农林牧渔	–	–	–	–
合计	413.15	100.00	426.38	100.00

注："–"表示数据为 0。

（二）同业拆入

1. 同业拆入余额增长明显，外币占比逐年提升

拆入余额方面，2017 年末财务公司行业本外币同业拆入余额折合人民币 1097.18 亿元，同比增长 19.70%，增幅较大；外币占比方面，2017 年末财务公司行业外币拆入折合人民币余额 729.02 亿元，占比 66.44%，继 2013 年以来一直保持在 60% 以上。财务公司行业充分运用主动负债工具、利用同业市场补充本外币头寸，提高资金管理效率（见图 11-8）。

图 11-8　财务公司行业同业拆入余额及外币占比

2. 同业拆入期限主要集中于 2 ～ 7 日，流动性管理用意明显

2017 年末，财务公司行业同业拆入剩余期限主要集中于 2 ～ 7 日，占比达到 78.63%，行业充分利用同业拆入产品补充临时性营运资金缺口、支持资金头寸管理、保证资金支付结算（见图 11-9）。

3. 交易对手以境外金融机构和境内商业银行为主

2017 年末，财务公司行业同业拆入以境外金融机构为交易对手的余额占比达 62.13%，占比较上年末下降 13.04 个百分点；以境内商业银行和境内其他银行业金融机构为交易对手的同业拆入余额占比分别为 24.24% 和 9.63%，占比较上年末分别提升 9.37 个、1.85 个百分点，交易对手结构顺应同业市场行情特点，变化较大（见图 11-10）。

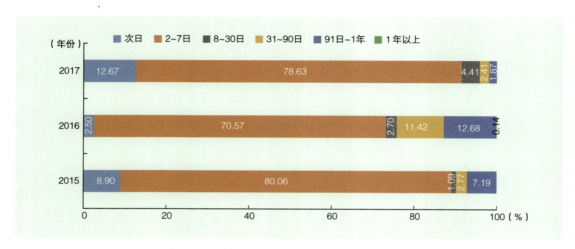

图 11-9 财务公司行业同业拆入余额剩余期限结构

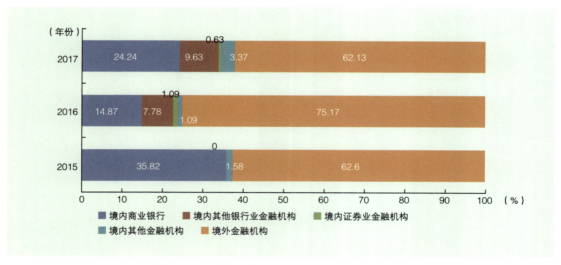

图 11-10 财务公司行业同业拆入余额交易对手结构

4. 行业集中度较高，结构整体趋于稳定

从增长情况看，2017 年末财务公司行业同业拆入余额较上年末增长金额较大的行业为石油化工、有色金属、建筑建材等行业。从占比情况看，2017 年末财务公司行业同业拆入余额主要分布于石油化工，占比超过 70%，与上年末占比情况变化较小，行业结构整体趋于稳定（见表 11-4）。

表 11-4　2016～2017 年财务公司行业同业拆入余额分布

单位：亿元，%

行业	2016 年余额	2016 年占比	2017 年余额	2017 年占比
石油化工	712.10	77.69	778.71	70.97
电力	66.00	7.20	84.00	7.66
电子电器	39.90	4.35	50.86	4.64
有色金属	–	–	41.40	3.77
军工	25.90	2.83	30.00	2.73
建筑建材	–	–	20.00	1.82
投资控股	14.00	1.53	19.65	1.79
钢铁	18.12	1.98	19.21	1.75
交通运输	10.10	1.10	17.86	1.63
农林牧渔	11.47	1.25	17.20	1.57
商贸	12.00	1.31	7.96	0.73
民生消费	–	–	5.00	0.46
机械制造	3.49	0.38	3.33	0.30
汽车	–	–	2.00	0.18
煤炭	3.50	0.38	–	–
酒店旅游	–	–	–	–
其他	–	–	–	–
合计	916.59	100.00	1097.18	100.00

注："–"表示数据为 0。

四　买入返售与卖出回购

（一）买入返售

1. 年末余额大幅增长，剩余期限分布较为集中

2017 年末，财务公司行业买入返售资产余额为 1205.21 亿元，同比大幅增长 109.20%。随着财务公司行业参与同业市场的程度持续深化，2017 年部分财务公司有效适应行情变化、充分利用同业产品，加大银行间市场买入返售交易，拓宽资金配置渠道，提高资金收益（见图 11-11）。

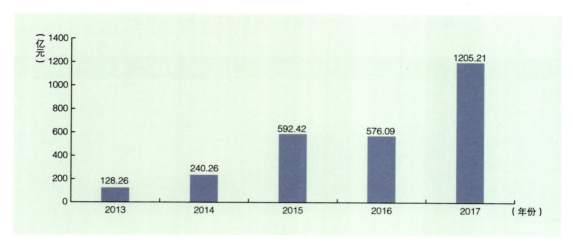

图 11-11　财务公司行业买入返售资产年末余额

2017 年财务公司行业买入返售资产剩余期限主要集中于 2 ～ 7 日、8 ～ 30 日，占比合计为 89.06%，呈现较高的集中度，展现出支持同业机构补充流动资金的特点，与买入返售产品主要用途及银行间市场整体特征相符（见图 11-12）。

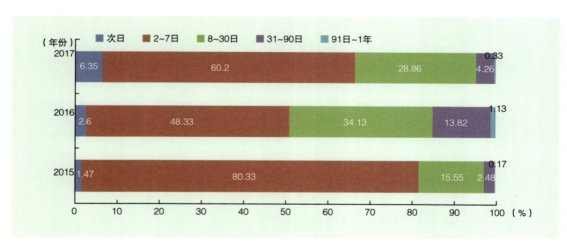

图 11-12　财务公司行业买入返售资产余额剩余期限结构

2. 主要交易对手结构变化明显，质押品全部为债券

交易对手结构方面。2017 年末财务公司行业买入返售业务交易对手以境内商业银行、境内证券业金融机构、境内其他金融机构为主，余额占比合计超过 90%。其中，以境内商业银行和境内其他金融机构为交易对手的买入返售业务余额占比分别为 28.00%、20.54%，占比较上年末分别下降 7.66 个、11.20 个百分点；以境内证券业金

融机构为交易对手的业务余额占比达 45.64%，占比较上年末大幅提升 21.18 个百分点，结构变化显著（见图 11-13）。

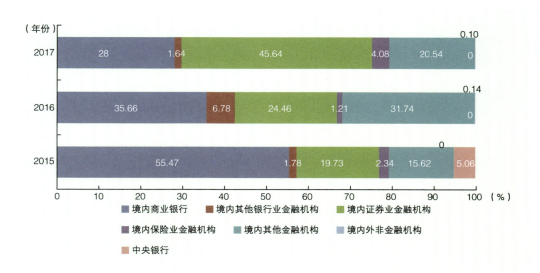

图 11-13　财务公司行业买入返售余额交易对手结构

　　质押品结构方面，2017 年末财务公司行业买入返售质押品全部为债券，目前财务公司行业仅在银行间和交易所市场开展债券逆回购业务，设有财务公司开展以股票或其他资产为质押品的买入返售业务。债券逆回购业务已成为财务公司行业配置资金、实现更高收益的重要途径。

3. 多数行业规模大幅增长，行业分布变化较大

　　从增长情况看，2017 年末财务公司买入返售交易余额与上年末相比，除机械制造、交通运输两个行业余额降低外，其余行业买入返售交易余额均呈增长态势，其中电力、石油化工、煤炭、钢铁、有色金属、汽车、民生消费等行业买入返售余额增幅超过 100%，相关行业财务公司大力开展债券质押式逆回购交易，丰富资金运用途径、提高资金使用效率。从占比情况看，2017 年末财务公司行业买入返售交易余额主要集中于电力、石油化工、电子电器等行业，三个行业买入返售交易余额占比合计超过 60%（见表 11-5）。

表 11-5　2016～2017 年财务公司行业买入返售资产余额行业分布

单位：亿元，%

行业	2016 年余额	2016 年占比	2017 年余额	2017 年占比
电力	176.91	30.71	420.29	34.87
石油化工	5.84	1.01	204.75	16.99
电子电器	154.76	26.86	157.39	13.06
机械制造	117.75	20.44	68.04	5.65
钢铁	9.28	1.61	63.30	5.25
投资控股	30.04	5.21	58.36	4.84
汽车	7.24	1.26	51.73	4.29
其他	–	–	38.17	3.17
军工	24.80	4.30	32.34	2.68
交通运输	30.92	5.37	29.66	2.46
有色金属	2.00	0.35	23.33	1.94
建筑建材	10.00	1.74	19.00	1.58
煤炭	4.05	0.70	18.07	1.50
农林牧渔	–	–	14.48	1.20
民生消费	0.80	0.14	3.20	0.27
酒店旅游	1.70	0.30	2.20	0.18
商贸	–	–	0.90	0.07
合计	576.09	100.00	1205.21	100.00

注："–"表示数据为 0。

（二）卖出回购

1. 卖出回购资产余额大幅增长，期限结构均衡

2017 年末，财务公司行业卖出回购资产余额为 449.66 亿元，同比增长 43.40%，伴随国家"优化金融资源配置，用好增量、盘活存量"指导意见的逐步落实，我国财务公司行业在金融市场主动负债的能力逐渐增强，支持实体经济发展的职能得以继续完善（见图 11-14）。

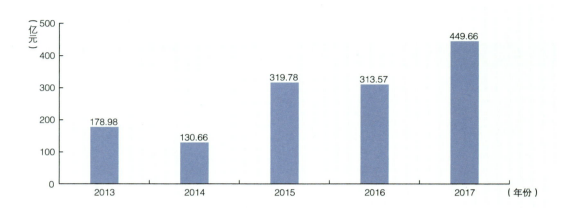

图 11-14　财务公司行业卖出回购资产年末余额

2017 年，财务公司行业卖出回购资产剩余期限分布较为均衡，主要集中于 2 日～1 年，占比合计为 88.95%，与 2016 年相比基本持平（见图 11-15）。

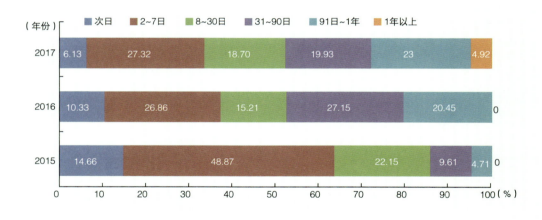

图 11-15　财务公司行业卖出回购资产余额剩余期限结构

2. 交易对手以央行和境内商业银行为主，质押品日趋多样化

交易对手方面，2017 年末财务公司行业卖出回购资产主要以中央银行和境内商业银行为交易对手，两项余额占比合计为 77.25%，占比较上年末下降 4.76 个百分点。其中 2017 年以中央银行为交易对手的卖出回购余额占比为 42.82%，较上年末下降 11.56 个百分点；以境内商业银行为交易对手的卖出回购余额占比为 34.43%，较上年末提升 6.80 个百分点（见表 11-6）。

127

表 11-6　2016～2017 年财务公司行业卖出回购资产余额交易对手分布

单位：亿元，%

交易对手	2016 年余额	2016 年占比	2017 年余额	2017 年占比
中央银行	170.53	54.38	192.55	42.82
境内商业银行	86.64	27.63	154.82	34.43
境内证券业金融机构	24.50	7.81	47.56	10.58
境内其他金融机构	10.00	3.19	33.90	7.54
境内保险业金融机构	1.00	0.32	13.41	2.98
境内其他银行业金融机构	19.00	6.06	7.42	1.65
境外金融机构	-	-	-	-
境内外非金融机构	1.91	0.61	-	-
合计	313.57	100.00	449.66	100.00

注："-"表示数据为 0。

　　质押品方面，2017 年末财务公司行业卖出回购资产质押品以债券和票据为主，最显著的特点是质押品较以前年度新增贷款。其中，2017 年债券质押余额为 151.59 亿元，占比 33.71%；票据质押余额为 227.72 亿元，占比 50.64%；贷款质押余额为 30 亿元[①]，占比 6.67%。财务公司行业在践行国家供给侧改革、盘活存量提高资产使用效率、增强自身主动融资能力以更好服务实体经济发展等方面取得了较大进步（见图 11-16）。

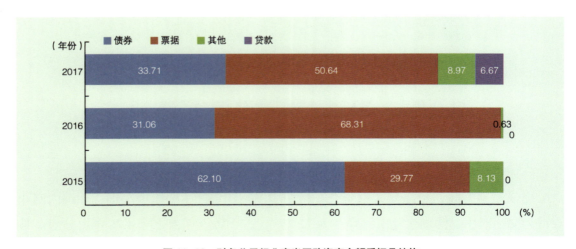

图 11-16　财务公司行业卖出回购资产余额质押品结构

---

　　①　其为 2017 年度大同煤矿集团财务有限责任公司开展的 30 亿元信贷资产卖出回购业务。

3. 各行业余额涨跌互现，分布趋于均衡

从增长情况看，2017 年末财务公司行业卖出回购资产余额较上年末增长金额较大的为石油化工、有色金属、交通运输、煤炭等行业；较上年末下降金额较大的为电力行业。从占比情况看，2017 年末财务公司行业卖出回购资产余额主要分布于石油化工、有色金属、交通运输、钢铁、电子电器、煤炭六个行业，六个行业卖出回购资产余额占比合计为 73.62%，相关行业财务公司在盘活存量资产、提高资产使用效率等方面做出的积极尝试，为所属集团提高整体资金周转效率发挥了重要作用（见表 11-7）。

表 11-7　2016～2017 年财务公司行业卖出回购资产余额行业分布

单位：亿元，%

行业	2016 年余额	2016 年占比	2017 年余额	2017 年占比
石油化工	45.66	14.56	74.91	16.66
有色金属	38.92	12.41	68.10	15.15
交通运输	10.84	3.46	67.01	14.90
钢铁	61.82	19.72	44.80	9.96
电子电器	28.36	9.04	39.32	8.74
煤炭	11.49	3.66	36.90	8.21
民生消费	19.85	6.33	26.38	5.87
农林牧渔	3.34	1.06	22.18	4.93
商贸	7.80	2.49	20.73	4.61
军工	16.10	5.13	10.18	2.26
汽车	6.94	2.21	9.15	2.03
投资控股	10.07	3.21	8.53	1.90
机械制造	9.04	2.88	7.82	1.74
其他	4.58	1.46	7.19	1.60
建筑建材	0.55	0.18	4.93	1.10
电力	37.58	11.99	1.52	0.34
酒店旅游	0.61	0.19	-	-
合计	313.57	100.00	449.66	100.00

注："-"表示数据为 0。

五 其他同业业务

（一）信贷资产转让业务

2017 年，财务公司行业信贷资产转让（含票据）发生额 1101.77 亿元，同比增长 19.18%。其中信贷资产转入发生额 471.77 亿元，同比增长 214.06%；信贷资产转出发生额 630.00 亿元，同比降低 18.63%（见图 11-17）。

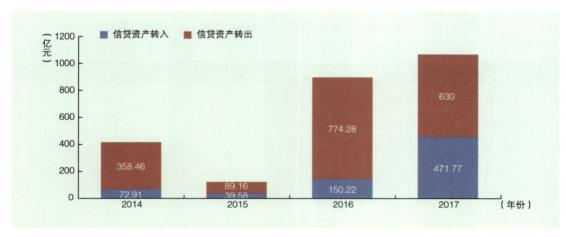

图 11-17 财务公司行业信贷资产转让发生额

（二）票据转贴现业务

2017 年财务公司行业票据转贴现业务发生额 911.31 亿元，较上年同期下降 48.61%，发生额自 2015 年以来呈持续下降趋势。2016 年下半年我国金融去杠杆持续深化，银行间及票据市场资金面日益紧张，票据贴现与转贴现市场价格持续攀升，导致金融机构以票据转贴现方式实现融资及资金配置的规模大幅下降。转贴现方向以转出为主，2017 年末转出发生额占票据转贴现发生额的比重为 72.59%（见图 11-18）。

物理载体方面，2017 年末财务公司行业票据转贴现中电票转贴现发生额占比 97.52%，占比较上年提升 18.03 个百分点；纸票转贴现占比 2.48%，占比较上年下降 18.03 个百分点。中国人民银行加大对电子银行承兑汇票的推广力度，电票相较于纸票传递高效安全、保存成本低、贴现无须贸易背景审核等优势明显，票据一级及二级市场以电票取代纸票的趋势明显、成效显著（见图 11-19）。

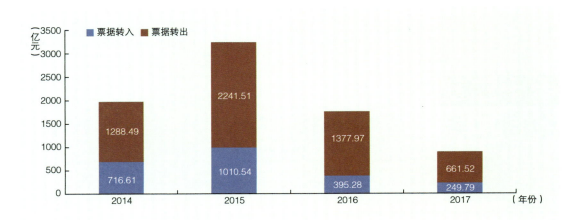

图 11-18　财务公司行业票据转入与转出发生额变化

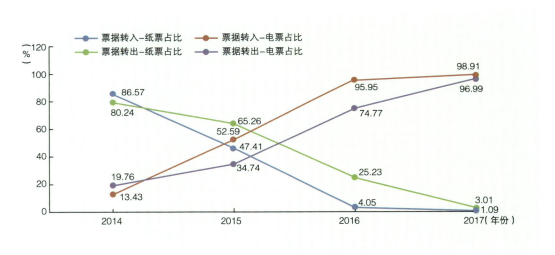

图 11-19　财务公司行业票据转贴现电票与纸票占比变化

第十二章
中间业务

一 总体情况

（一）业务规模持续提升，支持实业产融结合、以融促产

2017 年伴随国家宏观经济形势与政策的调整及企业集团各方面金融需求的显现，财务公司行业中间业务发展成效突出。2017 年度财务公司行业结算业务发生额 351.55 万亿元，同比增长 31.70%；融资性担保业务发生额 752.54 亿元，同比增长 38.74%；非融资性担保业务发生额 521.77 亿元，同比增长 93.43%；票据承兑业务发生额 6934.91 亿元，同比增长 58.87%；委托贷款业务余额 18928.81 亿元，同比增长 7.47%；委托投资业务余额 1104.68 亿元，同比增长 46.64%；保险代理发生额 37.33 亿元，同比下降 38.54%。

随着我国金融市场的逐渐深化、实体经济发展日趋多元化与国际化，产融结合、以融促产已成为许多跨国企业集团实现业务转型、创新发展的重要模式。财务公司作为企业集团内部银行，其承担的为集团主业发展提供各项金融服务的基本职能发挥越来越重要的作用。

（二）业务范围逐渐拓展，金融咨询纵深发展

随着国际司库管理与财资管理理念在我国各领域逐渐深化，财务公司作为依托产业、服务实体经济的金融机构，与其他金融机构相比，具有非常明显的产融特征。在实体经济转型发展新时代，在产融结合深化发展新时期，财务公司国际司库金融服务职能已日益凸显，为财务公司中间业务的快速发展带来新的机遇。2017 年财务公司行

业在开展基础中间业务的同时，充分利用财务公司金融资源及专业能力，积极探索拓展金融咨询服务，对于企业集团融资支持、司库建设、外汇风险管理、信息决策支撑等的作用日益突出，金融咨询服务深度不断拓展、发展效果持续提升。

（三）中间业务收入大幅增长，收入贡献显著提升

中间业务收入方面，2017 年度财务公司行业来自中间业务的收入为 67.07 亿元，同比增长 82.45%；占年度总收入的比重为 5.8%，比重较上年提升 1.83 个百分点，中间业务对财务公司行业的收入贡献度逐年提升（见图 12-1）。

图 12-1　财务公司行业中间业务收入及占比变化

收入结构方面，2017 年财务公司行业中间业务收入主要来源于结算业务、委托贷款业务及其他业务，收入占比分别为 50.74%、16.21%、21.75%。其中，与上年同期相比，委托贷款及其他业务收入占比大幅降低，结算业务收入大幅增长。在财务公司行业继续加强资金与结算集中管理、经常项下外汇资金集中收付汇与代理收款等新业务探索创新的大背景下，财务公司结算业务对中间业务收入的贡献度得以进一步提升（见图 12-2）。

133

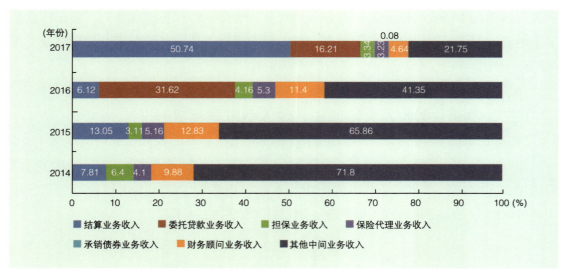

图 12-2 财务公司行业中间业务收入结构

二 结算业务

（一）结算金额逐年增长，结算管理作用日益提升

2017 年度财务公司行业结算金额总计 351.55 万亿元，较上年同期增长 31.70%，财务公司持续加强集团资金集中管理力度，资金集中带动结算集中，结算金额大幅增长，结算管理作用显著（见图 12-3）。

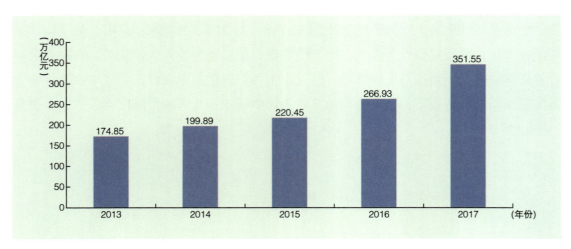

图 12-3 财务公司行业结算金额变化

（二）多数行业金额同比大增，分布结构基本稳定

从增长情况看，除酒店旅游和商贸外，其余所有行业 2017 年末财务公司结算金额均呈增长态势，其中石油化工、电力、交通运输、军工等行业结算金额较上年末增长金额合计超过 50 万亿元。从占比情况看，2017 年末财务公司行业结算金额主要分布于石油化工和电力行业，两个行业结算金额占比合计为 41.44%。其中石油化工、军工、民生消费、农林牧渔等行业占比增幅较大，与部分财务公司开展对接集团财务共享中心、大幅提高资金结算量密不可分（见表 12-1）。

表 12-1　2016～2017 年财务公司行业年度结算金额行业分布

单位：万亿元，%

行业	2016 年金额	2016 年占比	2017 年金额	2017 年占比
石油化工	61.76	23.10	88.92	25.31
电力	46.84	17.52	56.67	16.13
交通运输	20.78	7.77	27.94	7.95
军工	16.63	6.22	25.48	7.25
汽车	20.65	7.72	24.40	6.95
建筑建材	17.49	6.54	18.26	5.20
钢铁	15.21	5.69	17.04	4.85
电子电器	12.31	4.61	16.04	4.57
投资控股	12.17	4.55	14.91	4.25
煤炭	10.02	3.75	14.33	4.00
有色金属	9.49	3.55	11.58	3.30
机械制造	8.95	3.35	9.90	2.82
其他	3.64	1.36	9.50	2.70
农林牧渔	3.20	1.20	7.32	2.08
商贸	5.13	1.92	4.98	1.42
民生消费	2.16	0.81	3.50	1.00
酒店旅游	0.96	0.36	0.76	0.22
合计	267.39	100.00	351.55	100.00

三 担保类业务

（一）承诺余额大幅下降，行业结构保持稳定

2017 年末财务公司行业承诺余额 4762.76 亿元，较上年末下降 15.98%，主要是"不可无条件撤销的贷款承诺"大幅下降所致，随着银监会对金融同业监管日趋严格及中国人民银行 MPA 考核中对资本充足率提出更高要求，部分财务公司为提高资本充足率，逐渐减少了对风险加权资本的占用权重较大的"不可无条件撤销的贷款承诺"金额（见图 12-4）。

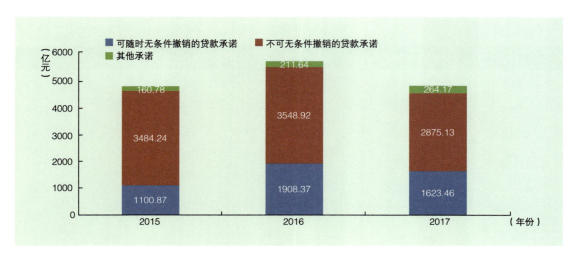

图 12-4 财务公司行业承诺金额结构

从各行业情况看，2017 年末财务公司行业承诺余额较上年末增长金额较大的为汽车、建筑建材行业，增长金额合计超过 280 亿元。其中汽车行业受益于新能源汽车大力推广、我国汽车市场销量进一步增长以及汽车领域财务公司产业链金融的大力发展引致的承诺业务需求大幅增长；建筑建材行业受益于我国"一带一路"倡议推进、基础设施建设投资等成效显著，建筑建材相关企业对财务公司承诺业务大幅增长。

从占比情况看，2017 年末财务公司行业承诺余额主要分布于 16 个行业，行业分布较为稳定，其中电力、石油化工行业承诺余额占比较高，均保持在 30% 左右（见表 12-2）。

表 12-2 2016～2017 年财务公司行业承诺余额行业分布

单位：亿元，%

行业	2016 年余额	2016 年占比	2017 年余额	2017 年占比
电力	1844.16	32.53	1496.32	31.42
石油化工	1794.08	31.65	1391.04	29.21
汽车	239.20	4.22	394.11	8.27
军工	495.78	8.75	362.05	7.60
建筑建材	168.02	2.96	294.96	6.19
电子电器	218.39	3.85	222.64	4.67
交通运输	163.48	2.88	183.55	3.85
投资控股	176.22	3.11	112.19	2.36
煤炭	77.53	1.37	93.98	1.97
其他	319.78	5.64	74.21	1.56
钢铁	47.34	0.84	56.93	1.20
机械制造	46.07	0.81	51.30	1.08
农林牧渔	17.75	0.31	11.64	0.24
酒店旅游	14.48	0.26	10.53	0.22
商贸	19.51	0.34	7.07	0.15
民生消费	0.29	0.01	0.24	0.01
有色金属	26.87	0.47	–	–
合计	5668.93	100.00	4762.76	100.00

注："–"表示数据为 0。

（二）担保业务结构变化明显，行业特征突出

业务结构方面，2017 年财务公司行业担保业务发生额 1274.31 亿元，较上年同期增长 56.90%；其中融资性担保业务发生额 752.54 亿元，较上年同期增长 38.73%；非融资性担保业务发生额 521.77 亿元，较上年同期增长 93.43%。2017 年融资性担保发生额占总担保发生额的比例由上年的 66.79% 下降至 59.05%，非融资性担保发生额占比由上年的 33.21% 增长至 40.95%，变化的主要原因是随着我国"一带一路"倡议稳

137

步推进、基础设施领域大力发展，我国建筑业企业新签合同额快速增长，由此引致的非融资性工程保函需求大幅提高（见图 12-5）。

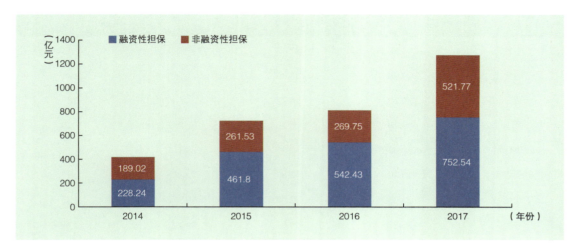

图 12-5　财务公司行业担保业务结构

行业结构方面，2017 年财务公司行业担保业务主要集中于建筑建材、机械制造、商贸领域，占比合计为 53.71%。其中融资性担保主要分布于机械制造和商贸行业，占比合计为 50.21%；非融资性担保主要集中于建筑建材行业，占比为 47.91%。非融资性保函是保障建筑建材行业新签项目顺利执行的金融基础，在项目运营过程中一般需开立投标保函、预付款保函、履约保函、质量保函等各类非融资性保函，工程项目订单量的逐步增长带动非融资性保函量大幅增长（见表 12-3）。

表 12-3　2017 年财务公司行业担保业务发生额行业分布

单位：亿元，%

行业	担保总计	总额占比	融资性担保	融资性担保占比	非融资性担保	非融资性担保占比
建筑建材	263.47	20.68	13.48	1.79	249.99	47.91
商贸	257.84	20.23	256.90	34.14	0.94	0.18
机械制造	163.14	12.80	120.92	16.07	42.21	8.09
投资控股	115.86	9.09	96.98	12.89	18.89	3.62
电子电器	115.46	9.06	76.82	10.21	38.64	7.41
煤炭	74.86	5.87	55.64	7.39	19.22	3.68
交通运输	46.36	3.64	16.26	2.16	30.10	5.77

续表

行业	担保总计	总额占比	融资性担保	融资性担保占比	非融资性担保	非融资性担保占比
农林牧渔	40.71	3.19	35.86	4.76	4.85	0.93
钢铁	39.04	3.06	34.05	4.52	5.00	0.96
电力	37.85	2.97	–	–	37.85	7.25
有色金属	28.10	2.21	16.50	2.19	11.60	2.22
石油化工	27.45	2.15	8.45	1.12	19.01	3.64
其他	19.43	1.52	12.20	1.62	7.23	1.39
民生消费	16.70	1.31	4.45	0.59	12.25	2.35
汽车	15.61	1.22	–	–	15.61	2.99
军工	11.72	0.92	3.33	0.44	8.39	1.61
酒店旅游	0.72	0.06	0.72	0.10	–	–
合计	1274.32	100.00	752.54	100.00	521.77	100.00

注:"–"表示数据为 0。

 案例

案例 12-1 厦门海翼财务公司创新开立关税保函

厦门海翼财务公司创新担保模式,开出福建省自贸区首份关税保函,创新担保主体,降低通关成本,提高通关效率。

2016 年 5 月,厦门海翼集团有限公司成员企业厦门海翼财务公司根据集团旗下成员企业的需求主动与厦门海关探讨企业集团财务公司担保模式的可行性,厦门海关本着"税收保障、贸易便利、服务企业"的原则,经过一年半的不懈努力,该模式于 2017 年 12 月得到海关总署的认可,突破了海关传统的凭银行保函办理海关税收担保的局限,进一步丰富了担保主体。

厦门海翼财务公司在接到正式通知后,立即与成员企业厦门厦工国际贸易有限公司联系,在 2 个工作日内为其出具了"财务公司汇总征税总担保保函",叠加了汇总征税的政策红利,在担保额度内按月汇总缴税,享受先放行货物再缴纳税款的通关便利,可以进一步缓解企业现金压力,盘活企业资金。

该笔保函系福建省自贸区首笔关税保函,标志着厦门海关在促进中小企业发展,提高贸易便利化，降低通关成本，提高通关效率，创新担保模式方面做出了重大的突破。厦门厦工国际贸易有限公司负责人表示，"厦门海翼财务公司保函的开具使得办理手续更为简便，通关速度大幅提升，担保成本更能减少 3/4 以上，真正体现了财务公司作为金融平台服务企业的作用，达到了产融结合的最佳效果"。

（三）票据承兑规模及电票占比持续提升，行业特点显著

2017 年财务公司行业票据承兑发生额 6934.91 亿元，较上年同期增长 58.87%；其中电票承兑业务发生额 6630.29 亿元，较上年同期增长 65.47%，电票承兑业务占比 95.61%；纸票承兑业务发生额 304.62 亿元，较上年同期下降 14.97%，纸票承兑业务占比 4.39%。

随着我国电票推广力度持续深化，中国人民银行 2016 年 224 号文件发布，规定自 2017 年 1 月 1 日起，单张出票金额在 300 万元以上的商业汇票应全部通过电票办理，财务公司行业加大了对电子银行承兑汇票的推广力度，财务公司所属集团上游产业链企业对财务公司电子银行承兑汇票的接受度大幅提升，推动财务公司行业票据承兑尤其是电票承兑金额大幅增长（见图 12-6）。

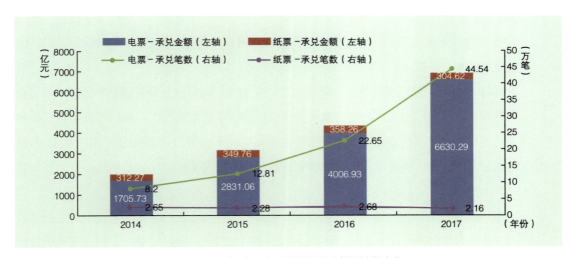

图 12-6　财务公司行业票据承兑金额及笔数变化

票据承兑分行业增长情况看，2017 年财务公司行业票据承兑业务发生额同比增幅较大的为石油化工、煤炭、建筑建材、钢铁、交通运输、有色金属、农林牧渔等行

业，发生额同比增幅超过 60%，其中钢铁行业增长超过 1000 亿元，主要原因是相关行业受益于国家供给侧改革及"一带一路"倡议实施，行业经济效益显现，支付结算需求大幅增长。票据承兑分行业占比情况看，2017 年财务公司行业票据承兑业务发生额主要分布于钢铁、电子电器、汽车等行业，三个行业票据承兑发生额占比合计为50.21%，该类行业财务公司借助"一头在外"供应链金融，财务公司承兑汇票推广效果显著（见表 12-4）。

表 12-4　2016～2017 年财务公司行业票据承兑发生额行业分布

单位：亿元，%

行业	2016 年金额	2016 年占比	2017 年金额	2017 年占比
钢铁	339.68	7.78	1344.84	19.39
电子电器	1091.96	25.02	1273.63	18.37
汽车	555.384	12.72	863.53	12.45
军工	675.574	15.48	698.41	10.07
电力	492.56	11.28	529.27	7.63
石油化工	198.31	4.54	399.56	5.76
有色金属	213.49	4.89	341.68	4.93
机械制造	242.3	5.55	333.59	4.81
建筑建材	143.24	3.28	302.66	4.36
交通运输	38.61	0.88	255.68	3.69
煤炭	133.95	3.07	214.35	3.09
商贸	116.2	2.66	193.87	2.80
民生消费	38.63	0.88	73.64	1.06
农林牧渔	27.25	0.62	55.92	0.81
投资控股	44.14	1.01	49.52	0.71
其他	9.3	0.21	4.77	0.07
酒店旅游	4.61	0.11	–	–
合计	4365.19	100	6934.91	100

注："–"表示数据为 0。

四 委托类业务

（一）委托贷款余额小幅增长，主要为非现金管理项下委托贷款

截至 2017 年末，财务公司行业委托贷款业务余额 18928.81 亿元，较上年同期增长 7.47%（见图 12-7）。其中非现金管理项下委托贷款余额 17977.90 亿元，占比达 94.98%；现金管理项下委托贷款余额 950.90 亿元，占比为 5.02%。非现金管理项下对境内委托贷款余额为 17816.90 亿元，占非现金管理项下委托贷款的比重为 99.10%；对境外委托贷款余额为 161.00 亿元，占非现金管理项下委托贷款的比重为 0.90%（见图 12-8）。

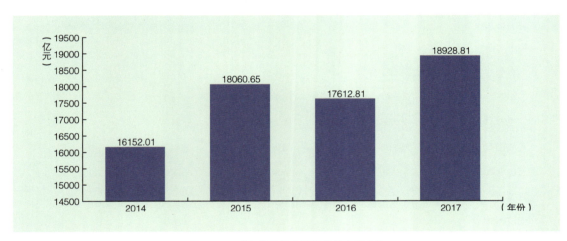

图 12-7 财务公司行业委托贷款余额变化

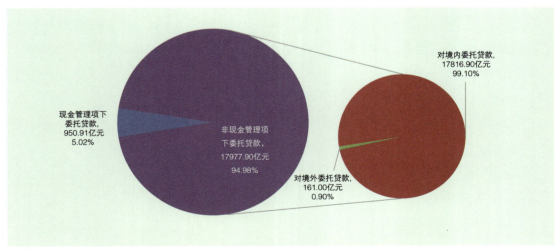

图 12-8 2017 年财务公司行业委托贷款余额结构

（二）委托投资余额大幅增长，丰富所属集团资金配置渠道

2017 年末财务公司行业委托投资余额 1104.68 亿元，较上年末增长 46.64%，增幅较大，近年来越来越多的财务公司积极申请并开展有价证券投资业务，丰富资金配置渠道，并具有了一定的专业投资能力，带动财务公司行业充分参与整个集团的资金配置，委托投资规模大幅增长，进一步丰富所属集团公司资金配置渠道（见图 12-9）。

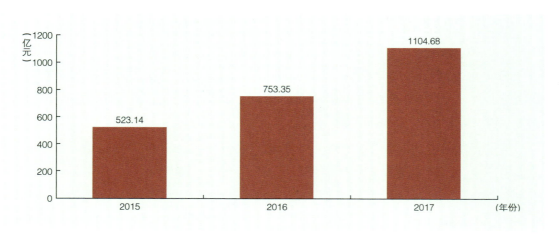

图 12-9 财务公司行业委托投资业务余额变化

（三）保险代理业务规模波幅较大，收入逐年提高

2017 年财务公司行业保险代理业务发生额 37.33 亿元，较上年同期下降 38.54%；保险代理手续费收入 2.17 亿元，较上年同期增长 11.30%。财务公司行业保险代理业务规模波幅较大，尚处于发展初期。据统计，2017 年共有 44 家财务公司开展保险代理业务，占总家数的比例为 17.81%，比如中交财务公司 2017 年保险代理规模达到 22.58亿元，进一步助推集团公司保险集中管理，促进降本增效。

五 投行类业务

（一）债券承销

承销规模方面，2017 年财务公司行业债券承销规模为 9.70 亿元，较上年有所下

降。全行业有6家财务公司在债券承销方面获得了收入，债券承销收入为551.19万元。

承销资质方面，截至2017年底，财务公司行业已有147家财务公司获得银监会批准可开展承销成员单位债券业务，占财务公司行业总家数的比例为59.51%。2017年，此类业务发生额为2.2亿元。南方电网财务公司、中油财务公司、中石化财务公司、国电财务公司、国电投财务公司等财务公司获得银行间市场交易商协会批准可开展非金融企业债务融资工具承销业务。2017年，其中4家开展此类业务，发生额为7.5亿元。

（二）金融咨询

2017年财务公司行业继续强化财资管理功能，进一步丰富金融咨询服务职能，涉及融资顾问、司库建设、外汇风险管理等领域，为相关企业集团深化产融结合、强化决策支撑、助推实业发展做出了积极努力。

一是强化融资顾问服务，多维度支持集团融资安排。2017年财务公司充分发挥熟悉集团产业、精晓金融专业的产融双重优势，多维度、多角度出发有效支持集团公司拓宽融资途径，设计融资方案，优化融资结构。比如，中核建财务公司承担核建集团公司总部外部融资管理工作，2017年先后协助集团公司完成30亿元超短期融资券和18亿元永续中票的发行工作。作为金隅集团的融资平台，2017年北京金隅财务公司协助集团公司完成54亿元保险信托贷款、30亿元资产证券化融资，进一步拓宽集团融资渠道。中化工程财务公司积极对接集团直接债务融资需求，境内融资方面，2017年协助中国化学继续维护跟踪60亿元境内中期票据发行，为集团公司出具发行35亿元可交换公司债券的偏股型融资方案并经集团会议审议通过正式启动；境外融资方面，2017年负责维护中国化学标普、穆迪、惠誉国际信用评级并获得圆满评级结果，为集团公司进行境外债券融资做好充分准备。

二是布局集团国际司库建设，更好实现内外联动。2017年财务公司充分发挥国内司库平台功能，借鉴跨国企业集团国际司库管理先进做法，积极协助集团公司建设国际司库平台，提升境外财资管理效果。尝试解决跨国企业集团境外资金安全性、可视性，外汇管制国家资金受限，境外资金余缺调剂，境外收入合法留存海外等资金管理问题，满足集团公司境外投融资一体化、外汇风险管理及境外金融咨询需求。同时充分利用国际司库与境内财务公司两个平台及国家相关政策，实现境内外市场资金、资源联动互通。

案例

案例 12-2 中化工程财务公司探索集团 国际司库构建之路

中化工程财务公司经过两年多的努力，2017 年成功为其母公司中国化学在香港建立国际司库，进一步完善集团境外资金、融资、外汇风险、金融咨询管理等服务职能。

1. 注册地与设立方式抉择

在国际司库注册地的选择上，中化工程财务公司对中国香港、新加坡、中国自贸区都进行详细调研对比，最终选择香港。选择注册地需要同时考虑所在地外部环境因素和公司内部因素，各因素情况如图 12-10 所示。

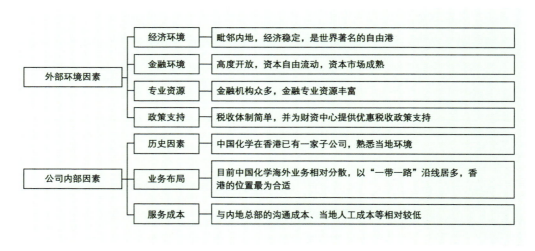

图 12-10 中国化学国际司库注册地选择因素总结

在香港设立国际司库，有两种模式可以选择：一是直接利用中国化学在香港以工程承包为主业的子公司，另外赋予其国际司库职能；二是新设公司，专门从事国际司库业务，建立完全独立的法人实体。综合考虑中国化学国际司库未来发展规划及管理路径，结合香港对当地司库税收优惠中财资管理业务收入占比超过 75% 的政策要求，以及作为境外发债平台的内部管理要求，最终确定以新设公司的方式构建国际司库。

2. 职能定位与内外联动

根据中国化学整合海外金融资源的迫切需要，国际司库承担了境外资金管理平台、境外融资平台、境外金融风险管理平台、境外金融咨询服务平台四大重要职能，并与中国化学境内财务公司联动，利用中化工程财务公司已经获批的跨境双向人民币与外汇资金池业务资质，充分利用境内外资本市场的低成本资金，灵活调剂境内外资金余缺，提高境内外资金的使用和管理效率，真正实现中国化学全球资金联动"一体化"管理和全球金融资源的充分整合。

| 国际司库 | 境外资金管理平台 | 境外咨询服务平台 | 境外融资平台 | 境外外汇风险管理平台 |

跨境双向人民币、外汇资金池

| 财务公司 | 境内资金管理平台 | 境内咨询服务平台 | 咨询顾问：协助境内融资和外汇风险管理 |

图 12-11　中国化学全球金融服务平台的"两位一体"

国际司库的构建是中国化学在国际化发展过程中迈出的重要一步，它将在境外资金管理、境外融资、外汇风险管理、境外咨询服务等方面为中国化学业务的国际化提供全面、多样化的金融支持，并与中化工程财务公司实现联动，承担全球化财资管理职能，为中国化学"走出去"保驾护航！

三是发挥专业优势，助力集团外汇风险管理。在我国人民币汇率双向波动特征日趋明显、企业面临的外汇风险敞口与日俱增的背景下，以往粗放型及单纯的自然对冲方式已不能完全满足企业外汇风险管理需求。2017 年财务公司充分运用外汇市场专业优势，有效研判外汇市场行情，利用金融衍生品优化集团公司外汇风险管理取得显著成效。比如中广核财务公司 2017 年为中广核马来西亚埃德拉公司马六甲燃气联合循环发电项目提供套期保值外汇交易服务，同时兼顾国资委和集团公司管理规定、马央行和能源委的属地化要求，以及外汇交易与苏库克融资相互制约等复杂情况，选定择期平价远期及欧元、美元分离的交易机制，协助项目公司完成远期交易相关准备工作，协助项目成功通过马能源委电价审批，为项目苏库克融资奠定了基础，利用套期保值会计为集团会计报表规避利润波动风险。

第十三章
国际业务[①]

一　总体情况

在企业集团国际化战略的驱动下，财务公司从国内金融服务走向国际金融服务是开拓国际业务的必然趋势。2017 年财务公司国际业务和服务不仅面向境内成员单位，更有财务公司结合本外币跨境资金池、外汇交易和自贸区的创新金融业务，向集团境外机构提供金融服务，包括本外币存贷款、即期结售汇以及外汇衍生品业务和财务顾问服务等[②]。领先的财务公司更是协同合作银行等金融机构，打造服务集团海外业务的国际金融生态圈。

2017 年是中国跨境资本从净流出走向基本平衡的转折之年，外汇储备实现三年以来首次年度增长，监管部门放松"窗口指导"和适度放松跨境资本流动管理，外汇管理回归中性。部分财务公司抓住窗口期，申请新的国际业务资质、拓展客户服务范围等。2017 年财务公司行业的外汇交易金额是 9829.47 亿元。截至 2017 年末，持有外汇即期、外汇衍生品、外币对和外币拆借交易会员资格的财务公司，分别为 76 家、14 家、12 家和 53 家，分别较上年末增加 5 家、1 家、2 家和 8 家。截至 2017 年末，83 家财务公司作为主办企业获得开展跨国公司外汇资金集中运营管理的资质，有 85 家财务公司作为主办企业获得开展跨境人民币资金集中运营业务的资质，分别较上年末增加 9 家、7 家。2017 年度财务公司开展的跨境本外币资金池仍延续上年的净流入状态。2017 年，我国在辽宁等 7 省市新设自贸区，至此自贸区已达 11 个。目前至少有 35 家财务公司的注册地址在自贸区管辖范围内，这些财务公司具有拓宽融资渠道和拓

[①]　本章未注明来源的数据和信息，均取自中国财协报表、调查问卷及案例。
[②]　参见《中国企业集团财务公司行业发展报告（2017）》第 128 页，图 11-1 财务公司已开展的主要国际业务类型。

展国际金融服务功能的地缘优势。

截至 2017 年末，财务公司行业的外币资金来源主要是吸收外币存款，余额占比约为 58%；同业拆入和应付债券紧随其后，余额占比分别为 21%、13%。在外币资金运用方面，存放同业余额占比 56%，发放外币贷款余额占比 36%（见图 13-1）。

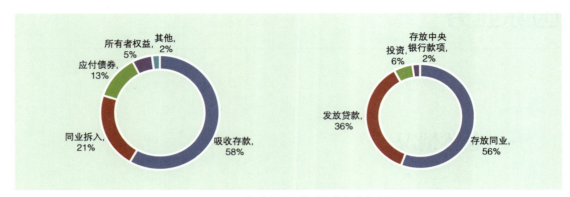

图 13-1　2017 年财务公司外币资产负债占比情况

近三年，财务公司外汇存款年末余额呈现小幅稳定增长趋势，但外汇贷款年末余额逐年递减，使得外币存放同业年末余额呈现逐年上升的趋势（见图 13-2）。可见：（1）财务公司对于外币资金的运用渠道较少，在发放外汇贷款后，财务公司将大部分闲置外币资金用于存放同业。（2）在人民币汇率双向波动成为新常态后，部分持有外币债务的企业对汇率风险管理还未形成常态；或者在一定市场环境下，套期保值后的外币负债的利率，相对于人民币负债的利率并无明显的成本优势。这些因素都可能导

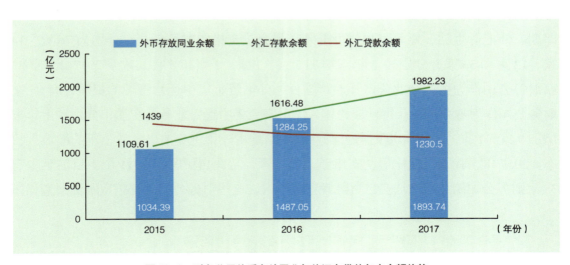

图 13-2　财务公司外币存放同业与外汇存贷款年末余额趋势

致外汇贷款需求逐渐转化为人民币贷款需求。

近四年，外币业务①创造的净利润呈现一定的上升趋势（见图13-3），最近两年外币业务净利润占全部净利润的比例基本稳定在6%左右，可见外币业务为财务公司创造价值的能力已彰显。

图13-3　财务公司行业外币净利润以及本外币净利润占比趋势

二　外汇交易

（一）基本情况

根据中国外汇交易中心网站列示的外汇交易会员资格信息，截至2017年末，财务公司行业持有七类外汇交易会员资格（见表13-1），可以开展即期结售汇业务、外汇衍生产品业务、外币对业务和外币拆借业务。

---

①　限于数据来源有限，仅统计以外币计价的业务所创造的利润，不包括跨境人民币业务。

表 13-1　2017 年末财务公司外汇交易会员汇总

单位：家

序号	人民币外汇会员名称	机构数量	比上年增加
1	人民币外汇即期会员	76	5
2	人民币外汇远期会员	14	1
3	人民币外汇掉期会员	14	1
4	人民币外汇货币掉期会员	5	0
5	人民币外汇期权会员	2	0
6	外币对会员	12	2
7	外币拆借会员	53	8

资料来源：根据中国外汇交易中心网站（http://www.chinamoney.com.cn/）外汇市场会员资料统计整理。

即期结售汇业务是财务公司行业开展最为广泛的外汇交易业务，其次是外币拆借业务。持有这七类全部外汇交易会员资格的财务公司是美的财务公司、TCL 财务公司。2017 年财务公司行业的外汇交易金额是 9935.80[①] 亿元，约 4.20 万笔。

（二）即期结售汇业务

2017 年末，有 76 家财务公司持有外汇即期会员资格，较上年末增加 5 家，分别是新凤祥财务公司、招金财务公司、中航油财务公司、中铁建财务公司和同煤财务公司。2017 年财务公司行业开展即期结汇业务的金额 951.28 亿元，笔数 8667 笔；开展即期售汇业务的金额 8059.82 亿元，笔数 32072 笔。2017 年度财务公司行业开展即期结汇业务的金额略有增加，即期售汇业务的金额大幅上升，结售汇逆差超 7000 亿元，其中中石化财务公司、中油财务公司、中化财务公司、中海油财务公司、东航财务公司共计 5 家财务公司的结售汇逆差为 6700 多亿元。本年度出现结售汇逆差的原因：一方面是由于 2017 年外汇管理趋于中性，财务公司能够较好地满足成员单位的购汇需求；另一方面部分集团加大了对大宗商品的进口力度，且商品价格同比增幅较大。这 5 家财务公司的即期结售汇交易金额占比达到 78.98%。即期结售汇交易笔数排名前 5 位的财务公司分别为：上汽财务公司、中化财务公司、东航财务公司、五矿财务公司和中油财务公司。

---

① 指即期结售汇业务、人民币外汇衍生品业务和外币对业务。

（三）人民币外汇衍生产品业务

外汇衍生产品业务包括人民币外汇远期结售汇、掉期、期权业务和外币对远期、掉期、期权业务。2017 年 14 家财务公司持有外汇衍生品交易资格（见表 13-2），较上年末增加 1 家，是西门子财务公司。2017 年财务公司办理人民币外汇衍生品业务[①]的金额累计 645.21 亿元、258 笔。

表 13-2 持有衍生品交易资格的财务公司名单

序号	财务公司名称
1	TCL 财务公司
2	美的财务公司
3	中广核财务公司
4	海尔财务公司
5	中船财务公司
6	东航财务公司
7	上汽财务公司
8	中海油财务公司
9	上海电气财务公司
10	宝钢财务公司
11	申能财务公司
12	中油财务公司
13	中海财务公司
14	西门子财务公司

资料来源：根据中国外汇交易中心网站（http://www.chinamoney.com.cn/）外汇市场会员资料统计整理。

1. 远期结售汇业务

2017 年财务公司代客远期结售汇金额 565.44 亿元、215 笔。其中，代客远期结汇 352.25 亿元、92 笔；代客远期售汇 213.20 亿元、123 笔。2017 年远期结汇高于远期售

[①] 人民币外汇衍生品业务的统计口径包括：远期结售汇、外汇掉期业务和外汇货币掉期业务、外汇期权业务，不包括外币对远期、外币对掉期和外币对期权业务，外币对业务的交易数据详见"（四）外币对业务"。

汇金额 139.05 亿元，市场主体对人民币汇率预期趋向稳定。远期结售汇交易金额排名前 5 位的财务公司分别为：中油财务公司、松下财务公司、中船财务公司、海尔财务公司、中广核财务公司；远期结售汇交易笔数排名前 5 位的财务公司分别为：海尔财务公司、中油财务公司、中船财务公司、上海电气财务公司、上汽财务公司。

2. 外汇掉期业务和外汇货币掉期业务

2017 年财务公司代客外汇掉期业务 72.98 亿元、32 笔和外汇货币掉期业务 6.79 亿元、11 笔，两者共计 79.77 亿元、43 笔。开展外汇掉期业务的财务公司有海尔财务公司、中船财务公司、中油财务公司和上海电气财务公司；开展外汇货币掉期业务的财务公司是海尔财务公司。

3. 外汇期权业务

2017 年财务公司未开展实质性的外汇期权业务。

（四）外币对业务

外币对业务包括外币对即期、外币对远期、外币对掉期和外币对期权业务。2017 年 12 家财务公司持有外币对会员资格，较上年末增加 2 家，分别为太钢财务公司和万向财务公司。2017 年财务公司开展外币对业务的交易金额[①]达 279.49 亿元、1023 笔。其中：外币对即期业务 259.32 亿元、914 笔；外币对远期业务 19.76 亿元、102 笔；外币对掉期业务 0.38 亿元、6 笔；外币对期权业务 0.04 亿元、1 笔。外币对交易金额排名前 5 位的财务公司分别为：中油财务公司、海尔财务公司、中船财务公司、西门子财务公司、东航财务公司；外币对交易笔数排名前 5 位的财务公司分别为：西门子财务公司、中油财务公司、海尔财务公司、中船财务公司、东航财务公司。

（五）外币拆借业务

2017 年 53 家财务公司持有外币拆借交易资格，较上年末增加 8 家。16 家财务公司办理了外币拆借业务（见表 13-3），既有拆入又有拆出的财务公司有中油财务公司、中信财务公司和太钢财务公司，其他财务公司表现为单一方向。7 家财务公司办理外

---

① 统计口径包括财务公司境内公司和境外子公司。

币拆放同业金额为 71.94 亿元，年末余额 37.16 亿元，拆出金额排名前 5 位的财务公司分别为中集财务公司、中油财务公司、中铝财务公司、美的财务公司、复星财务公司。12 家财务公司办理外币同业拆入金额 2104.31 亿元，年末余额 729.02 亿元，拆入金额排名前 5 位的财务公司分别为中油财务公司、海尔财务公司、中信财务公司、天津物产财务公司、海信财务公司。财务公司外币同业拆入资金余额中有 93.51% 是来源于境外金融机构，可见财务公司拓展资金来源的渠道已"走出去"。2017 年财务公司行业的净拆入资金达 2032.37 亿元，整体表现为外币资金需求型。

表 13-3　2017 年开展外币拆借业务的财务公司名单

序号	公司名称	拆借方向
1	中油财务公司	拆出、拆入
2	海尔财务公司	拆入
3	中信财务公司	拆出、拆入
4	中集财务公司	拆出
5	中铝财务公司	拆出
6	天津物产财务公司	拆入
7	海信财务公司	拆入
8	海航财务公司	拆入
9	中石化财务公司	拆入
10	美的财务公司	拆出
11	太钢财务公司	拆出、拆入
12	武钢财务公司	拆入
13	复星财务公司	拆出
14	神华财务公司	拆入
15	上海电气财务公司	拆入
16	紫金矿业财务公司	拆入

案例

案例 13-1　中船财务公司外汇衍生品业务创新实践 ①

中船财务公司（以下简称"公司"）于 2014 年 7 月获得包括远期结售汇、人民币外汇掉期和远期外汇买卖在内的普通类衍生产品交易业务资质。三年来，公司利用现有资质，积极进行外汇组合产品实践，开发了外汇宝、掉期理财通等创新产品，满足成员单位外汇业务多样化需求。

一　外汇宝组合产品

外汇宝组合产品包括即期外汇买卖、远期外汇买卖及非美元币种存款，适用于有美元资金、期待获取较高收益的客户。

该产品由客户发起，公司接受客户申请并在银行间市场做相应平盘。该产品主要原理是利用美元和非美元币种之间掉期点和利息差异，获取高于同期限美元存款的收益。从目前市场情况看，短期限该产品组合价格优势较为明显，可操作币种包括欧元、日元等。

案例一：某客户 1000 万美元资金于未来一个月闲置，存银行一个月定期约为 1.6%，欧元一个月定期存款正常为零，一个月欧元兑美元掉期点为升水 0.0019，欧元兑美元即期汇率 1.17，欧元兑美元远期汇率 1.1719。

客户做外汇宝产品组合操作如下：做一笔即期外汇买卖，将美元转化成欧元，即期价格 1.17，同时做一笔卖出欧元买入美元的远期外汇买卖，锁定价格 1.1719，欧元存款无收益，因此该组合产品整体收益为年化 1.94%，高于一个月美元定期存款收益。

这个组合产品也可以进一步和欧元贷款组合，接上面的案例，如此时公司其他客户恰好有欧元贷款方面的需求，公司通过撮合，将欧元以较为优惠的贷款利率（如 0.6%，远优于银行直接欧元贷款利率）贷给需求客户，同时也给组合产品客户提高欧元存款（如由 0提高到 0.4%），从而达到三方共赢的结果。

二　掉期理财通

掉期理财通是指公司为客户提供美元兑人民币掉期系列组合产品，包括人民币外汇掉期业务、掉期与人民币理财组合、掉期与人民币理财及美元贷款组合。

一是灵活使用人民币外汇掉期业务。通过人民币外汇掉期可以调节不同期限的资金错配，也蕴含着融资的功能。

案例二：某客户于 ×× 年 5 月收到一笔 2000 万美元的出口款，根据资金安排，该客户

---

① 　文章摘选自中船财务公司李朝坤《中船财务外汇衍生品业务创新》，《中国财务公司》2017 年第 5 期。中船
财务公司王志军对此文亦有贡献。

需要将美元结汇用于日常生产经营，但在 6 个月后（即 ×× 年 11 月）又需要 2000 万美元用于购买设备，如果选择即期结汇、6 个月后再即期购汇，客户要承担未来美元升值的风险。

公司向该客户推介了近端结汇、远端购汇的人民币外汇掉期业务，该掉期业务首先解决了不同时间用款需求，同时锁定了汇率风险，即在为客户保留了美元多头敞口的情况下，实现了一笔人民币融资。该融资成本分为两部分：（1）6 个月的掉期成本（例如掉期点为 600 点，即期结汇汇率是 6.5，则成本为 1.85%）；（2）美元 6 个月定期存款收益形成了沉落成本（例如 2%）。两项成本相加低于当时市场人民币的贷款利率。

二是掉期与人民币理财组合。

案例三：接着上一个案例，如上述客户人民币资金充裕，不必用作支付，该客户可将近端结汇的资金搭配委托投资，实现更高收益。

当时市场 6 个月委托投资收益 4.5%，该客户委托投资扣除掉期成本（例如 1.85%），能比单纯的美元定期存款获取更高的收益。

三是掉期与人民币理财、美元贷款组合。

案例四：某客户 ×× 年 10 月有出口收汇 2000 万美元，同时在几天内或者同一时间有付款需求，可以通过人民币外汇掉期与人民币理财、美元贷款组合实现无风险收益，美元贷款与掉期的期限须保持一致，掉期远端购汇资金用于偿还美元贷款。首先，客户开展美元对人民币掉期（例如掉期成本 1.85%），对外付汇的美元可以向财务公司贷款的形式获得（例如贷款利率为 2.2%），近端结汇的资金做人民币委托投资（例如人民币委托投资收益 4.5%）。因此，客户获得的综合收益率为 0.45%。

上述案例是公司在开展外汇衍生产品创新过程中实际发生的，主要是基于掉期产品结合其他外汇业务在当前市场环境下开展的。事实上，远期产品、人民币外汇期权等其他衍生产品在不同的业务场景、不同的市场环境也都有广泛的创新应用，随着企业组合化、个性化需求越来越多，外汇衍生品业务的发展空间也越来越大。

三　外汇资金池

（一）基本情况

截至 2017 年末，83 家财务公司作为主办企业获得开展跨国公司外汇资金集中运营管理（或简称"跨境外汇资金池"）的资质，较上年末增加 9 家。财务公司获得跨境外汇资金池的主办企业资质后，可以服务于资金池名单中的境内和境外成员单位，开展国际结算与贸易融资业务、外汇存贷款业务、外债和对外放款业务。

（二）国际结算与国际贸易融资业务

1. 国际结算业务

2017 年 35 家财务公司通过国内外汇资金主账户（简称"国内主"）办理国际结算业务 692.25 亿元、23795 笔，其中：付汇 447.03 亿元、16441 笔；收汇 245.22 亿元、7354 笔。

 专栏

专栏 13-1　某财务公司国际结算业务的办理流程

某财务公司获得跨境外汇资金池的主办企业资质，且从国家外管局取得的备案通知书列明可以开展经常项下集中收付汇业务。在财务公司完成于银监会的备案后，即可开展国际结算业务——协助成员单位实现"跨境"交易款项的收付。

该财务公司将跨境外汇资金池、即期结售汇业务两项资质结合，在办理购付汇业务时，委托合作银行代审单，办理代客售汇后，主要以电汇方式代理境内成员单位将外币资金支付给境外收款人，满足成员单位进口贸易、服务贸易付汇的需求。该财务公司有效利用银行的"展业三原则"，经与合作银行协商，成员单位可以提交电子单证[①]或纸质单证，在单证真实、合法、完整的情况下，财务公司提供收单＋售汇＋付汇一站式的国际结算服务。

首先，成员单位可以通过柜台和网银两种办理渠道，提交境外汇款申请。在柜台办理时，成员单位向财务公司结算服务部提交以下纸质单证:《财务公司境外汇款申请书》、《购汇业务审单确认函》、纸质单证原件等。进行网银办理时，成员单位在财务公司的网银端提交境外汇款申请，同时将加盖印章的单证扫描件上传，作为贸易真实性、合规性的支持文件。

其次，财务公司对成员单位业务交易的真实性和一致性进行初步审核，确保单证的基本要素齐备后，将加盖财务公司印章的单证、银行版本的境外汇款申请书等资料（纸质或电子方式）传递至银行，由银行代审单（如财务公司具备自行审单条件，可减少相应环节，提高办理效率）。财务公司收到银行审单确认函后，采用购汇付汇方式，财务公

---

① 电子单证是指合同、发票、报关单、运输单据等有效凭证和商业单据，其形式包括系统自动生成的电子单证、纸质单证电子扫描件。

司在场内购汇并扣减成员单位在财务公司的人民币存款；采用现汇付汇方式，财务公司扣减成员单位在财务公司的外汇存款。

最后，财务公司向合作银行发出支付指令，完成对境外的付汇。

2. 国际贸易融资业务

截至 2017 年末，财务公司以外币计价的贸易融资余额 9.60 亿元，主要有中集财务公司、中信财务公司。

（三）外汇存款业务

2017 年 99 家财务公司开展了外汇存款业务，较上年末增加 10 家。外汇存款年末余额 1982.23 亿元，占全部存款年末余额的 4.39%。

财务公司通过国际外汇资金主账户（或简称"国际主"）跨境流入 571.80 亿元，年末国际主账户的余额是 59.44 亿元，即境外成员单位的外汇存款占全部外汇存款的比例为 3%。

近三年外汇存款呈逐年递增趋势，外汇存款业务占比逐年上升，2017 年占比为 4.39%（见图 13-4）。可见，外汇存款业务正逐渐为财务公司资金集中度的提升做出贡献。

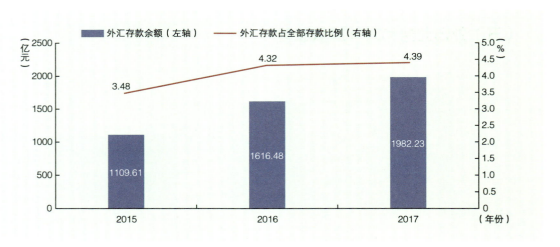

图 13-4　财务公司吸收外汇存款余额和占比

（四）外汇贷款业务

2017 年 67 家财务公司开展了外汇贷款业务，较上年末增加 2 家。外汇贷款[①]年末余额 1230.50 亿元，占全部贷款年末余额的 5.24%。

近三年外汇贷款呈逐年递减趋势，外汇贷款占全部贷款的比例也在不断降低（见图 13-5）。可见，部分外汇贷款有逐渐被人民币贷款替代的趋势。

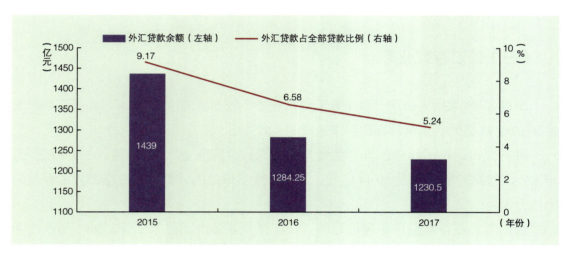

图 13-5　财务公司外汇贷款年末余额

（五）外债业务和对外放款业务

2017 年，18 家财务公司经通道办理借入外债业务 189.61 亿元；14 家财务公司经通道办理对外放款业务 48.52 亿元，财务公司行业的跨境外汇资金池为净流入 141.08 亿元。经通道借入外债金额排名前 5 位的财务公司分别为：TCL 财务公司、东航财务公司、北控财务公司、华菱财务公司、中广核财务公司。经通道对外放款金额排名前 5 位的财务公司分别为：中船财务公司、中海财务公司、鞍钢财务公司、武钢财务公司、TCL 财务公司。

---

① 外汇贷款仅指外币自营贷款。

专栏

专栏 13-2　某财务公司外债和对外放款 注意事项和业务流程

某财务公司在跨境外汇资金池开展的过程中，将办理外债和对外放款的注意事项总结如下。

办理外债和对外放款业务的贷款主体可以为成员单位，也可以为财务公司。贷款主体为成员单位时，有两种贷款方式，一是境内成员单位与境外成员单位签署两方借款协议，二是境内、境外成员单位与财务公司签署三方委托贷款协议。贷款主体为财务公司时，财务公司发放自营外汇贷款的资金来源和使用者分别处于境内与境外，例如资金来源于国际主账户归集境外成员单位的资金，借款人为境内成员单位，或相反。在这种情况下，财务公司须在国际主账户和国内主账户之间进行资金头寸调拨后，办理对借款企业的资金划转。

以贷款主体为成员单位的方式为例，简要概述该财务公司办理外债和对外放款的业务流程如下。

1. 外债业务流程

（1）境内成员单位与境外成员单位签署借款协议，或境内、境外成员单位与财务公司签署三方委托贷款协议。

（2）财务公司在国家外管局办理外债签约的登记，取得相应的业务登记凭证。

（3）境内借款成员单位在财务公司开立"外债专用账户"，以便对外债资金进行专户管理。

（4）境内成员单位与境外成员单位在财务公司办理外债资金划款手续，资金必须从国际主账户划转至国内主账户。

（5）境内成员单位须遵守外债登记管理办法等外汇管理规定，使用外债专用账户的资金偿还境内外外汇贷款、经常项目等。

2. 对外放款业务流程

（1）境内成员单位与境外成员单位签署借款协议，或境内、境外成员单位与财务公司签署三方委托贷款协议。

（2）财务公司在国家外管局办理对外放款签约的登记，取得相应的业务登记凭证。

（3）境内放款成员单位在财务公司开立"外币境外放款专用账户"，以便对资金进行专户管理。

（4）境内成员单位与境外成员单位在财务公司办理对外放款资金划款手续，资金必须从国内主账户划转至国际主账户。

（5）境外成员单位从国际主账户提取和使用资金。

四 跨境人民币资金集中运营

（一）基本情况

跨境人民币资金集中运营业务，包括跨境双向人民币资金池业务和经常项下跨境人民币集中收付业务（简称"跨境人民币结算业务"）。截至 2017 年末，83 家财务公司作为主办企业获得开展跨境人民币资金集中运营业务的资质，较上年末增加 7 家。

（二）跨境双向人民币资金池业务

财务公司须在合作银行开立人民币专用存款账户，在委托贷款框架下开展跨境双向人民币资金业务。2017 年 29 家财务公司办理跨境双向人民币资金池业务（见表 13-4），其中：27 家财务公司的人民币专用存款账户流入本金 374.30 亿元，22 家财务公司的人民币专用存款账户流出本金 310.48 亿元，跨境双向人民币资金池的净流入金额是 63.82 亿元。人民币专用存款账户年末余额 10.72 亿元。跨境双向人民币资金流入、流出金额排名前 5 位的财务公司分别是：中化财务公司、万向财务公司、东航财务公司、TCL 财务公司、中广核财务公司。

表 13-4　2017 年开展跨境双向人民币资金池业务的财务公司名单

序号	公司
1	中化财务公司
2	万向财务公司
3	东航财务公司
4	TCL 财务公司
5	中广核财务公司

续表

序号	公司
6	天津渤海财务公司
7	大唐电信财务公司
8	华菱财务公司
9	长虹财务公司
10	西部矿业财务公司
11	联通财务公司
12	国航财务公司
13	海尔财务公司
14	中核建财务公司
15	国电投财务公司
16	中集财务公司
17	红豆财务公司
18	港中旅财务公司
19	重汽财务公司
20	新奥财务公司
21	国投财务公司
22	广晟财务公司
23	中航工业财务公司
24	沙钢财务公司
25	紫金矿业财务公司
26	重庆力帆财务公司
27	中航油财务公司
28	中粮财务公司
29	上海电气财务公司

（三）跨境人民币结算业务

跨境人民币结算业务，即经常项下跨境人民币集中收付业务。2017年我国重启人民币国际化进程，有8家财务公司开展跨境人民币结算业务（见表13-5），2017年经常项下跨境人民币结算账户的流出本金为 162.94 亿元。跨境人民币结算金额排名前 5 位的财务公司分别为日立财务公司、中石化财务公司、东航财务公司、招商局财务公司、五矿财务公司。

表 13-5　2017 年开展跨境人民币结算业务的财务公司名单

序号	公司
1	日立财务公司
2	中石化财务公司
3	东航财务公司
4	招商局财务公司
5	五矿财务公司
6	中航油财务公司
7	中粮财务公司
8	港中旅财务公司

五　其他

（一）自贸区业务

2017 年 3 月，国务院新闻办公室举行新闻发布会，正式宣布在辽宁、浙江、河南、湖北、重庆、四川、陕西 7 省市设立"自由贸易试验区"（简称"自贸区"），加上于 2013 年成立的上海自贸区，以及 2015 年成立的广东、天津、福建自贸试验区，中国的"自贸试验区"总数达到了 11 个。

经不完全统计[①]，截至 2017 年末有 35 家财务公司的注册地址在上述 11 个自贸区，其中，上海 6 家，广东、天津、福建自贸试验区有 13 家，其余地区 16 家。各集团利用自贸区的优惠政策，创新商业模式、搭建资本平台，财务公司作为服务集团的金融机构，应抢抓自贸区优惠、先试先行的金融政策，为区内、境内区外、境外成员单位提供本外币资金归集、跨境本外币结算、贷款、担保等业务和服务。

财务公司一般会选择更有政策优势的自贸区版跨境本外币资金池。2017 年 7 月，

---

① 根据各财务公司注册地进行统计。

上海外高桥财务公司与上海自贸试验区的合作银行共同完成了成员单位的外汇账户的建池和资金归集工作。8 月，外高桥财务公司通过资金池完成首笔对外放款业务，并于年内实现跨境外汇双向资金池的各项业务全流程贯通①。

（二）外汇投资业务

2017 年年末财务公司开展外汇投资业务的余额为 192.23 亿元，主要有中油财务公司、东方电气财务公司和中化财务公司。目前外币投资范围有外币债券和股票等。近三年外汇投资业务呈逐年递增趋势，外汇投资占全部投资的比例从 2014 年的 1.84% 上升至 5.85%，与外汇存款业务保持同向增长（见图 13-6）。

图 13-6　外汇投资年末余额和占比趋势

（三）财务顾问服务

财务公司积极服务集团"走出去"投融资活动，利用自身优势，为境内外成员单位提供外汇管理政策、外汇市场及外汇风险管理等资讯服务、集团境外融资顾问服务。

---

① 摘选自 2017 年上海外高桥集团财务有限公司提交的案例，《上海外高桥集团财务有限公司成功打造自贸区首个财务公司平台跨境双向外汇资金通道》。

🔍 **案例**

案例 13-2　中车财务公司跨境融资顾问服务 [①]

2017 年，我国在宏观"去杠杆"政策指引下，货币政策中性偏紧，境内融资成本上扬。中车财务公司为全力支持所在集团全球性战略布局，提供跨境融资顾问服务。

2017 年中车财务公司与集团合作成立境内外融资联动互动专项工作小组。工作小组协助中国中车股份有限公司（以下简称"中国中车"），与境内外金融机构精诚合作，利用全口径跨境融资宏观审慎管理等外管政策改革契机，完成境外美元贷款、境内交叉货币掉期共计约 58 亿元的融资项目，打通了国际债务融资跨境流通渠道，并节省年化财务费用约 3300 万元。

该融资方案是境外贷款配套境内交叉货币掉期的金融工具，规避境外美元贷款的汇率和利率的波动风险，等效转化为固定利率的人民币贷款。在交易中，企业最终获得人民币资金，等同于实现境内人民币融资（见图 13-7）。某全球知名银行这样评价中车：很佩服中车的决策水平和执行力，在我们了解的成功案例中，中车时机把握最好、单项规模最大、同期成本最低、完成时间最短，在行业内具有一定的示范效应。

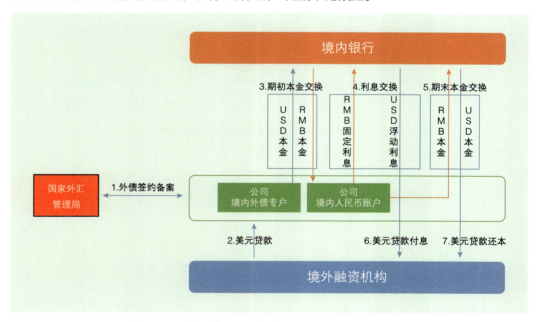

图 13-7　中车财务公司设计的交叉货币跨境融资交易结构

---

① 文章摘选自中车财务公司提供的案例《跨境低成本融资，助力集团产业发展》。

专栏

专栏13-3　部分财务公司开展国际业务的典型做法 ①

　　财务公司国际业务和服务品种是伴随着所在集团海外业务的发展和国际业务需求不断增多而逐步发展起来的。每家财务公司所在集团特点不同，国际业务各有侧重，但搭建境内外、本外币一体化的资金集中管理体系，发挥集团司库管理职能的目标是一致的。

　　本文将行业内领跑国际业务的几家财务公司的实践进行总结和提炼，勾画国际业务全貌，为正在探索的同业提供参考与启示。

　　一　前置条件

　　（一）业务资质条件

　　财务公司要具备一至两项外汇交易资质，例如即期结售汇业务资质、外币拆借业务资质，为开展跨境本外币资金集中业务，还须申请跨国公司外汇资金集中运营管理、跨境人民币资金集中运营业务资格。如果财务公司的注册地址在自贸区，更可利用先试先行的金融优惠政策，拓展融资渠道。

　　（二）人才与系统条件

　　1.专业部门设置

　　国际业务因其专业性较强，有必要实行专业团队管理和专业化经营。截至2017年末，已有32家财务公司成立了专门的国际/外汇业务部，比上年新增5家。

　　例如：2016年初，国电投财务公司（原国电财务公司）成立国际业务部，配备专业化的国际服务团队，为集团境外项目提供专业化金融服务。利用自身的从业经验和行业优势，协助成员单位降低融资成本，锁定外汇风险，提高境外项目回报率；同时，根据成员单位需求，协调各方资源，探索各种渠道，努力满足成员单位各种国际化业务需求，全方位参与集团公司境外项目实践。

　　2.外汇信息系统和硬件设备

　　财务公司申请和开展外汇业务，一方面须根据监管要求，配备相应的电子信息系统和硬件，例如申请即期结售汇业务、跨境外汇资金池业务，要求具备办理业务所必需的

---

① 文章摘选自2017年财务公司协会征文优秀论文：（1）《财务公司外汇资金集中管理体系的搭建和创新》，中油财务公司，黄丽萍、陈蕾；（2）《企业集团财务公司集约化外汇业务经营管理体系创建与实施》，中石化财务公司；（3）《打造跨境"双池"平台，助力集团资金境内外本外币一体化管理》，东航财务公司，樊乐乐。
　文章摘选自以下财务公司提供的案例：（1）《埃塞俄比亚水电项目财务顾问服务》，国电投财务公司；（2）《推进外汇资金池建设，打通境内外资金渠道》，中国电子财务公司；（3）《创新国际结算代理产品助力成员单位业务发展》，中化财务公司；（4）《外汇资金集中管理助力集团海外业务发展》，山东重工财务公司；（5）《为集团搭建全方位的外汇管理体系，取得积极成效》，TCL集团财务公司。

软硬件设备、建立内部管理电子系统等；另一方面专业的外汇信息系统可以提高外汇业务办理的准确性和及时性。截至 2017 年末，有 126 家财务公司配备相应的外汇信息系统、外汇交易系统。

例如：中国电子财务公司为更好地满足成员单位收付汇业务需求，与银行联合开发首家财务公司线上收付汇系统。财务公司结算平台录入汇款信息后，通过系统接口直接将指令发送至银行，由银行完成对外付汇。该系统于 2017 年 6 月运行后，集中收付汇业务由线下手工操作改为线上系统处理，大大缩短了业务流转时间，审单、购汇、付汇处理时间由以前的一天缩短到半小时以内，同时减少了业务差错。

二　业务模式

（一）账户信息集中

财务公司可以经集团授权或协助集团对成员企业开立、关闭外汇账户，实施集中统一审批管理。财务公司建立账户信息监控系统，该系统与银行系统、SWIFT 系统互联互通，作为账户信息的集中渠道。

截至 2018 年末，有 11 家财务公司加入环球同业银行金融电讯协会（SWIFT）（见表13-6），建立跨行、跨境的全球资金管理平台。在外汇管制国家或不具备列入集中渠道的账户，可通过成员单位手工录入方式，定期将账户信息纳入账户信息监控系统。这样财务公司、集团公司总部、各级监管部门均可以通过账户信息监控系统对成员企业分布在全球的本外币账户实施信息监控。

表 13-6　加入 SWIFT 的财务公司名录

年度	公司名称	家数
截至 2017 年末	招商局财务公司、海航财务公司、中铁财务公司、海尔财务公司、中海财务公司、鞍钢财务公司、国航财务公司、中广核财务公司（通过中广核香港华盛）、中海油财务公司（通过集团资金部）	9
截至 2018 年末	中国化学财务公司、中化工程财务公司	2
合计		11

资料来源：环球银行金融电讯协会。

1. 外汇资金集中和跨境人民币资金集中

目前，除个案特批外，财务公司建立境内外汇资金池和跨境本外汇资金池，实现外汇资金集中和跨境人民币资金集中管理。主要在国家外管局和中国人民银行相关监管政策下，一是依据国家外汇管理局于 2009 年颁布的《境内企业内部成员外汇资金集中运营管理规定》、2015 年修订颁布的《跨国公司外汇资金集中运营管理规定》；二是中国人民银行于 2014 年颁布的《中国人民银行关于跨国企业集团开展跨境人民币资金集中运营业务有关事宜的通知》、2015 年颁布的《中国人民银行关于进一步便利跨国企业集团开展跨境双向人民币资金池业务的通知》。

例如：中油财务公司将个案特批与标准模式无缝对接、深度融合。通过中油财务公司总部和境外香港子公司两个平台，借助跨境人民币和跨境外汇两个资金池，中石油集团建立起了境内外、本外币一体化的全球资金管理体系，有效整合了集团整体外汇资源，实现了整体资金效益的最大化。中油财务公司在北京、香港、新加坡和迪拜设立了四个外汇资金池，对全球外汇资金实施集中管理、统一配置，实现了集团公司全球资金的集中、安全和高效运作，外汇资金集中度达 90%。

2. 国际结算集中

以结算带动存款，以服务创造效益。国际结算集中是财务公司熟悉成员单位的生产经营活动和交易习惯，培养客户忠诚度与贡献度的中间业务的最佳时间。

例如：中化财务公司国际业务部研发了代理开立信用证、涉外保函、汇款业务等国际结算代理业务，将长期积累的国际结算专业优势转化为创新产品。由中化财务公司代理其成员单位在合作银行开展进口信用证、涉外保函、汇款等业务。业务的申请方为成员单位，对外办理业务的主体为银行，财务公司作为代理方，帮助成员单位设计结算方案，控制结算环节风险。该项业务实现了：（1）建立国际结算统一服务平台，实现了成员单位授信标准统一、业务流程统一、服务水平统一。提高工作效率，优化客户体验。（2）增强成员单位对财务公司依赖度、增加对财务公司业务黏性。以代理业务为抓手，助力相关结售汇、贸易融资业务开展，并增加财务公司中间业务收入。（3）为成员单位把控国际业务结算环节风险。财务公司站在成员单位角度，协助其审核合同条款、拟定信用证条款、审核业务单证、提供专业咨询服务，在业务提交银行前把控结算风险点。（4）解决成员单位授信难题，满足成员单位业务扩展需求。尤其对新成立的成员单位和业务量突增成员单位作用明显。

中石化财务公司将结售汇业务和集中付汇业务相结合，为成员单位办理国际结算业务，即中石化财务公司为成员单位办理结售汇并入市平盘，同时办理外汇收付环节主要手续，银行只发挥资金收付通道作用。其建立了双重合规性审核体系，即由财务公司首先进行审单并履行主要审核责任，其后银行付款时再进行一道审核。

山东重工财务公司获得跨国公司外汇资金集中管理业务后，针对集中办理境内成员单位经常项下电汇付款业务，与工行创新性地提出了"国内主账户＋虚拟账户"的业务模式。该业务模式是财务公司开立的国内主账户设为一级总账户，在一级总账户下开立

167

若干个二级虚拟分账户，二级虚拟分账户以成员单位命名。国内主账户集中办理电汇付款，付款人显示为成员单位名称，付款账号为成员单位虚拟账号，财务公司对业务进行真实性、合法性、合规性审查，工行则完成国际收支申报。山东重工财务公司是全国第一家采用该业务模式集中付汇的财务公司。

（二）外汇筹融资集中

1.发放外汇贷款

对成员单位发放外汇贷款是财务公司支持集团"走出去"的最主要的金融业务。例如：中油财务公司致力于加强对集团海外业务发展的信贷支持，紧紧围绕集团公司海外项目需求，为成员企业提供手续简便、期限灵活、条件优惠的境内外外汇贷款，年提供贷款近百亿美元，几乎参与了集团公司所有的大型海外收购建设项目，为集团公司海外建设布局提供了资金保障。

2.境外融资

首先，财务公司作为集团跨境本外币资金池的主办企业，与监管部门充分沟通后，可以利用相关政策，从境外融入低成本资金支持集团主业。其次，自贸区内的财务公司可以利用区内先试先行的优惠政策，打通境外融资渠道。例如：上海电气财务公司利用上海自贸区分账核算单元资格，实现了财务公司境外融资后发放给境内集团企业使用。最后，境外子公司直接在境外进行发债融资。例如：中油财务公司香港子公司于2011年首次登陆国际债券市场，先后成功发行境外美元债券和人民币债券；2012年首次进入国际货币市场，成为首例在美发行商业票据的中国企业；2013年，在香港联交所成功设立欧洲中期票据计划，为集团建立了长、短期俱备的境外融资渠道。

（三）外汇交易集中和汇率风险管理集中

"走出去"的成员单位对于外汇资金及外汇衍生品等需求旺盛。财务公司开展即期结售汇业务，降低了集团的整体购汇成本是毋庸置疑的。财务公司在开展各项外汇交易业务的过程中，能够储备人才，提升汇率风险管控能力。

例如：中油财务公司按照集团公司统一外汇交易的要求，利用境内、外两个平台满足集团公司和成员企业海外业务发展中的外汇交易和避险需求。为集团公司海外收购建设项目、原油贸易等提供外汇交易服务，设计和制定套期保值和风险管理方案，节约大量交易成本。另外，有的财务公司没有外汇衍生品交易会员资格，但可通过与银行集中询价等方式，为成员单位提供衍生品询价、预约办理服务，打造集团统一的外汇汇率风险管理和服务平台。2017年松下财务公司为成员单位预约办理远期结售汇和外币对远期交易的金额达140多亿元、超过1300笔。

TCL财务公司具备行业内最为齐全的外汇交易资质，为集团搭建全方位的外汇风险管理体系，并取得积极成效。TCL 集团强调风险中性理念，坚持制度建设，搭建由上至下、上下联动的外汇管理体系（见图 13-8）。2015 年起 TCL 财务公司牵头立项"TCL 集团外汇系统项目"。外汇系统整合了各产业本外币财务报表数据、资产负债敞口数据、汇兑损益数据、外汇衍生品对冲签约数据、衍生品估值数据、衍生品交割数据等。目前财务公司可以直接从系统提取各成员企业数据，及时了解成员企业最新外汇风险敞口情况及管理效果。TCL 财务公司牵头主导集团整体管理，每年末由财务公司的外汇风险专员统一拟定并向成员企业下发下一年度的《年度汇率风险管理方案上报通知》。成员企业以一线销售部门的销售业绩预测及销售计划、采购部门成本预测及采购计划为基础，经过数据统计分析后计算出各月及全年经过自然对冲后的外汇敞口，再结合敞口方向制定衍生品套保方案。财务公司负责尽职调查，提供产业汇率风险管理效果评估结果。近年来汇率虽频繁波动，TCL 集团在财务公司及成员企业组建的汇率风险管理团队，实施上述全面有序的汇率风险管理，有效规避了大量汇兑损失，TCL 集团的全球化经营成果得到有力保障。

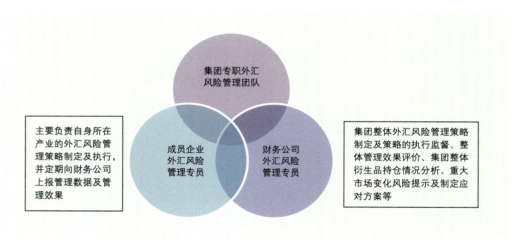

图 13-8　TCL 财务公司外汇管理体系

第四篇　风险篇

2017 年，财务公司行业更加重视风险管理和内部控制工作，不断完善风险管理组织架构，优化风险管理的制度和方法，风险管理水平不断提高，实现了集团资金平稳运行。行业总体风险水平继续降低，远低于商业银行，不良贷款率维持在 0.06%，低于商业银行平均水平 1.68 个百分点；行业平均资本充足率 20.92%，高于商业银行平均水平 7.27 个百分点；投资比例、自有固定资产比例、拆入资金比例略有下降，资产负债结构更加合理；行业流动性比例 62.68%，远高于商业银行 50.03% 的平均水平；行业担保比例 31.19%，较上年降低 9.68 个百分点。

2017 年，信用风险管理措施不断完善，信用风险管理的政策和流程进一步健全，财务公司行业不良资产率为 0.03%，拨备覆盖率为 3937.85%，资产质量保持较好水平。传统主营业务信用风险管理体系尚有漏洞，新兴业务的信用风险评估机制缺失，应针对不同业务类型采取相应的解决措施。2017 年，财务公司行业建立了较为完善的市场风险管理组织和政策，初步建立了市场风险管理量化指标体系。2017 年末，全行业利率风险敏感度为 −5.44%，全年均保持在 −5% 左右。行业利率风险上升，息差收窄，盈利空间缩小。应建立完善的存贷款定价机制，严格止盈止损管理，提升市场风险管理信息化水平。

2017 年，财务公司行业通过内控建设、使用信息科技、建立考核与激励机制，加强操作风险管理。行业内控管理及操作违规事件远低于商业银行。内控体系尚待完善，信息系统存在漏洞。应培育全员参与的风险管理文化，进一步提升内部控制体系精准化程度，更新完善灾备体系。

2017 年，财务公司行业建立了较为完善的流动性风险管理机制和监测方法，行业流动性风险总体可控，各季末流动性比例均值达到 63.26%，始终明显高于监管下限 25%。资产负债管理机制有待健全，流动性压力测试经验不足。应建立健全资产负债管理机制，定期开展流动性压力测试。

2017 年，部分财务公司建立了信息科技管理制度，制定了与业务战略规划相匹配的信息科技战略规划，建立了异地灾备系统，实施了信息系统登记保护制度，构建了一体化的运维安全体系，提升了系统安全运行保障能力。存在信息科技规划不合理、信息科技组织架构不完备、信息科技管理制度不全面、信息系统业务处理能力不足、外包管理及开发测试不规范等问题。应健全科技风险体系和风险应对策略，推进信息科技制度体系和信息科技基础设施建设。

Part 4　Risks

In 2017, finance companies paid more attention to the area of risk management and internal control, which includes optimizing the structure of risk management organization, improving the system and method of risk management, and realizing smooth running of the group funds. The overall risk level of the industry continued to decline, lower than that of commercial banks, and the non-performing loan ratio was maintained at 0.06%, below the average level of commercial banks by 1.68 percentage points. The average capital adequacy ratio of the industry was 20.92%, which was 7.27 percentage points higher than that of commercial banks. The proportion of investment, fixed assets and loans from other banks and other financial institutions were slightly reduced, and the structure of the assets and liabilities was more reasonable. The industry's liquidity ratio was 62.68%, far above the average of 50.03% of commercial bank; the industrial guarantee ratio was 31.19%, decreased by 9.68 percentage compared with last year.

In 2017, the credit risk management measures were continuously improved, and the policies and procedures of credit risk management experienced a wider improvement. To be specific, finance companies has a non-performing asset rate of 0.03%, and the provisioning coverage rate was 3937.85%, and the quality of the asset was still maintained the high level compared with year 2017. There are still some defects exists in the traditional business credit risk management system. The credit risk assessment mechanism of emerging business is still missing, and corresponding solutions should be taken for different business types. In 2017, finance companies has established a relatively perfect market risk management organization and policies, and initiated the quantitative index system of market risk management. At the end of year 2017, the sensitivity of interest risk for the whole industry is -5.44%,and remained around -5% for the whole year. Moreover, the interest risk for the industry has increased, and the interest margin has comparably decreased, which compressed the profit for the industry. Thus, the industry should establish a mechanism for the pricing of deposit and loan, reinforce the full-stop management, and improve the informationization level of market risk management.

In 2017, finance companies reinforce operating risk management through internal control construction, use of information technology, establishment of assessment and incentive mechanism. The internal control management and operation violations are far lower than commercial Banks. The internal control system and information system are still to be perfected. Thus, finance companies should cultivate the risk management culture of the whole staff, further improve the accuracy of the internal control system, and update the disaster preparedness system.

In 2017,finance companies has built comparably liquidity risk management mechanism and monitoring method, the liquidity risk in the industry is generally controllable, and the average liquidity ratio at the end of each quarter is 63.26%, which is always significantly higher than the lower limit of 25%.The asset-liability management mechanism needs to be improved, and the liquidity stress test experience is insufficient. Thus, finance companies should establish and improve asset-liability management mechanism, and conduct liquidity stress test regularly.

In 2017,some finance companies established the information technology management system, built up the strategic information technology planning which is matched with company's business strategy planning, established the remote disaster preparedness system, implemented the registration and protection of information system, established the integrated operation and maintenance security system, improved the security operation guarantee ability of the system.

But still existed some issues like: Unreasonable information technology planning, information science and technology organization structure incomplete, information science and technology management system is not comprehensive, business processing ability insufficiency, the outsourcing management information system and the problems such as nonstandard development testing. Thus, the industry should improve the science and technology risk system and the risk response strategy, and advance the information technology system and information technology infrastructure.

第十四章
风险管理概况

2017 年，从 7 月全国第五次金融工作会议，到党的十九大，再到 12 月中央经济工作会议，基本定调未来五年金融业的发展方向，确立了稳中求进工作总基调是治国理政的重要原则。为保持稳步发展，严防金融风险，一行三会等监管机构相继出台多项金融监管政策，国务院金融稳定发展委员会成立，标志着对金融统筹监管和监管协调进行了顶层设计，各方监管也开始竞争性紧缩，发布一系列严厉政策。金融行业将在稳健中性的货币政策和"严监管"的环境下紧紧围绕服务实体经济、防控金融风险、深化金融改革三项任务继续提升服务效率和水平，为实体经济发展营造健康有序的金融环境。"防风险""严监管"成为金融行业 2017 年的关键词，这就给财务公司行业的风险管控提出更高的要求，促使财务公司行业不断提高自身的风险管理水平。

一　行业风险管理现状

总体来看，2017 年财务公司行业更加重视风险管理和内部控制工作，风险管理水平不断提高，各项基础性工作持续完善。各财务公司不断完善风险管理组织架构，强化风险管理职能，优化风险管理的制度和方法，风险监控指标持续向好，行业总体风险水平继续降低，有效地防范了各类风险，实现了集团资金平稳运行，提高资金使用效率，保障了财务公司始终依法、合规、稳健发展。

截至 2017 年末，财务公司行业风险管理监控指标良好，抵御风险能力显著增强，行业总体风险水平远低于商业银行，全行业共 217 家财务公司无不良资产，占全行业财务公司的 87.85%，不良贷款率继续维持在 0.06%，低于商业银行平均水平 1.68 个百分点；全行业平均资本充足率 20.92%，较上年稍微下降 0.33 个百分点，高于商业银行平均水平 7.27 个百分点，资本充足情况良好；投资比例、自有固定资产比例、拆入资金比例略有下降，资产负债结构更加合理；全行业流动性比例 62.68%，虽然较上年下降 9.19 个百分点，但仍远高于商业银行 50.03% 的平均水平，财务公司在年末时点流动性相对宽裕；全行业担保比例 31.19%，较上年降低 9.68 个百分点；主要监控指标较上年整体趋于稳定（见表 14-1）。

表 14-1　财务公司主要监控指标对比

单位：%

监控指标	监管标准	2017 年末	2016 年末
不良贷款率	≤ 5	0.06	0.06
不良资产率	≤ 4	0.03	0.03
贷款损失准备充足率	≥ 100	1224.16	1141.21
资本充足率	≥ 10.5	20.92	21.25
投资比例	≤ 70	37.17	40.63
自有固定资产比例	≤ 20	0.58	0.73
拆入资金比例	≤ 100	10.37	17.56
担保比例	≤ 100	31.19	40.87
流动性比例	≥ 25%	62.68	71.87

二　全面风险管理体系建设

2016 年银监会印发《银行业金融机构全面风险管理指引》，成为我国银行业全面风险管理的统领性、综合性规则。目前，财务公司行业按照指引要求，全面风险管理体系建设取得了一定成果，逐步健全风险管理治理架构和要素，完善全面风险管理体系，持续提高风险管理水平。

（一）组织架构体系

根据银监会要求，财务公司应当建立组织架构健全、职责边界清晰的风险治理架构，明确董事会、监事会、高级管理层、业务部门、风险管理部门和内审部门在风险管理中的职责分工，建立多层次、相互衔接、有效制衡的运行机制。

1. 法人治理结构

2017 年，财务公司行业公司治理总体情况良好，普遍已建立包含股东会、董事会、监事会、执行机构（经营管理层）在内的完善的法人治理结构并实施有效的内部控制。在内部治理机制中，股东会拥有所有权，董事会拥有实际控制权，监事会拥有监督权；监事会列席董事会，从不同角度审查、监督董事会的各项决策活动和经营活动，形成了各负其责、协调运转、有效制衡的法人治理结构。董事会按照公司章程和相关监管要求规定履行风险管理职责。监事会负责对全面风险管理体系建设及董事会、管理层履行风险管理职责进行监督，评估并维护内部控制及风险管理有效性，对损害公司价值的风险政策和管理策略予以纠正。

国有企业财务公司行业深入贯彻习近平总书记关于国有企业两个"一以贯之"的指示，充分发挥党组织领导核心和政治核心作用，保证党和国家方针政策、重大部署在公司经营中贯彻执行，进一步明确和落实了党组织在公司法人治理结构中的法定地位。截至 2017 年末，国有企业财务公司已将党组织的职责权限、机构设置、运行机制等写入公司章程，使党组织在公司治理中的法定地位更加具体、清晰、明确，做到组织落实、干部到位、职责明确、监督严格。明确了党组织在决策、执行、监督各环节的权责和工作方式，使党组织发挥作用实现组织化、制度化、具体化。国有企业财务公司普遍已制定《党委议事规则》等相关制度，把党委会集体研究作为董事会、总经理办公会等决策事项前置程序。

2. 风险管理职能部门

财务公司由各专业委员会、风险管理岗共同组成"第二道防线"，制定风险管理战略及相关管理制度，做好风险管理的组织协调。董事会下设风险控制（或管理）等专业委员会，负责对风险管理事项进行审议，定期对整体风险状况进行评估，明确各自的风险管理职责。大部分财务公司在经营层设立信贷（或贷款）审查委员会，管理层承担经营层面风险管理的领导责任，由公司指定一名高管负责公司风险管理工作，主管风险工作的副总不得同时分管前台业务。所有财务公司均已设立风险管理部门，对风险管理工作的有效性负直接责任，风险管理部门有权参与公司战略规划、业务拓展等重大决策，并有权直接向董事会报告。按照监管要求，财务公司还在近两年陆续设立了反洗钱专岗和若干名反洗钱兼职岗位。

3. 业务管理部门

各业务部门为"第一道防线"，作为事前和事中风险识别部门，对本部门职责领域相关风险管理工作的有效性负直接责任，在日常业务中负有及时识别、上报与初步管理风险的职责，是事前控制风险的关键，接受风险管理部门和稽核部门的督导。

4. 内部审计部门

审计、检查等稽核部门履行风险管理监督职责，对风险管理的实施效果进行独立、客观、公正的监督、检查、评价和报告，形成风险管理的"第三道防线"。董事会下设审计委员会，对公司风险管理职能的履行情况进行监督评价，促进董事会改进全面风险管理工作。

（二）规章制度体系

财务公司基本建立了较为完善的制度体系及风险管理报告制度，不断强化内控制度体系建设。它以风险管理基本制度为核心，以风险管理具体制度、内部控制制度为重点，以其他管理制度为补充，在全面风险管理体系中扮演"司法"的角色，保证全面风险管理体系的正常运行。财务公司普遍坚持"制度先行、不断完善"的原则，为公司各项经营活动制定了明确的目标、搭建科学合理的流程，使内控建设覆盖财务公司的全部业务经营管理领域。

1. 风险管理基本制度

财务公司已全部建立如《风险管理办法》等风险管理基本制度。作为风险管理规章制度体系的根本性制度，它为财务公司风险管理的总体目标、原则奠定基调，搭建全面风险管理的总体框架，明确财务公司风险管理组织体系和权责的基本划分，对风险管理类型和相应的风险管理政策手段做出具体规定，根据岗位设置和业务流程，建立风险管理整体运行机制，在满足监管要求的同时，加强财务公司全面风险管理，保证财务公司的经营目标和经营战略得以实现。

2. 风险管理具体制度

财务公司根据自身风险分类，制定相应的具体风险管理制度。按照信用风险、市场风险、操作风险、流动性风险、合规风险、战略风险几大类，形成了针对每类风险的具体管理办法，保障各类风险管理工作有序开展。随着经营业务的创新发展，近年来部分财务公司也涉及声誉风险、信息科技风险等类型，相继建立管理制度，实现风险管理全覆盖。除此之外，财务公司还按照监管要求，建立了《突发事件应急预案》等其他风险管理制度，进一步规范风险管理工作，确保公司对各类风险进行准确识别、审慎评估、动态监控、及时应对及全程管理。

3. 内部控制制度

针对内部控制，财务公司均已制定内部控制管理（操作）手册等，作为内部控制体系运行及评估检查的依据。内部控制手册覆盖财务公司各个部门和公司经营业务中的高风险环节。每个内控流程均规定了流程范围、业务目标、执行岗位、相关法律法规、业务步骤风险点、控制点及流程图等内容，促使财务公司内部分工合理、职责明确、报告关系清晰，为内部控制的良好执行提供必要的前提条件。

 案例

案例 14-1 南方电网财务公司建立全方位 风险管理制度体系

南方电网财务公司的《风险管理办法》是风险管理的根本制度，内容主要包括公司风险管理的工作目标、组织架构、工作职责、工作程序、监督及问责等。

在风险管理具体制度上，南方电网财务公司构建了由信用风险、市场风险、操作风险、流动性风险、法律风险、合规风险、战略风险、声誉风险、廉洁风险及信息科技风险10个风险管理办法组成的"1+10"全面风险管理制度框架，保障各类风险管理工作有效开展。此外，南方电网财务公司风险管理的具体制度还包括《案件防控工作管理办法》等17个制度，构建了"1+8"突发事件应急预案体系。风险管理的具体制度进一步规范了各类风险管理工作，有效保障公司日常工作的安全、稳定、持续运行。

对于内部控制制度，南方电网财务公司制定了《内部控制体系建设管理办法》及《内部控制评价管理办法》，规范公司内部控制管理工作。南方电网财务公司全面梳理业务及管理制度，明确业务流程中的269个风险点及498项控制活动，建立了以战略为统领，以风险管理为导向，以流程梳理为基础，以关键控制活动为重点的内部控制管理体系，并形成了《内部控制管理手册》和《内部控制评价手册》。

（三）监督评价体系

按照指引要求，财务公司应当将全面风险管理纳入内部审计范畴，合理确定各项业务活动和管理活动的风险控制点，采取适当的控制措施，执行标准统一的业务流程和管理流程。财务公司持续强化日常监督管理，以稽核部门作为第三道防线，发挥审计职能，坚持业务运营合规和风控有效性并重的督查思路，多采取事后监督、专项检查和内督内审的方式开展监督检查，促进风险管理的持续和完善。

截至 2017 年末，所有财务公司均已设置独立的内部稽核岗位，大部分财务公司还设立了专门的内部稽核部门，从风险识别、计量、监测和控制等方面对风险管理进行审核和监督，确保监督评价功能的有效性，稽核部门（或岗位）具有独立性，财务公司均已按照相关监管要求，将内部稽核部门（或岗位）与被审计部门的直接分管领导相隔离，在部门设置中注意避免岗位职责交叉重叠的情况，严格遵照岗位操作规范，明确岗位权责，保证内部控制流程落实到位，充分发挥内部控制的纠错和风险防范作用。

 案例

案例 14-2 广发财务公司积极开展各项内部审计工作

广发财务公司采用非现场稽核与现场稽核相结合的方式，开展日常稽核监督工作。每两至三周定期登录"业务管理系统"查看成员单位资金归集情况、资金支付结算业务情况等，抽取大额的或异常的交易检查业务发生的真实性、准确性和合法、合规性；每月收集财务部提供的会计报表、银监 1104 监管报表，每季收集资产风险分类认定表，检查各业务部门对于重大、异常风险的监控和监测是否合理、是否符合监管法规及是否符合公司制度规定，并有效控制公司的经营风险。

广发财务公司定期开展专项稽核审计工作，覆盖公司经营中的高风险环节。专项稽核审计工作包括结算业务、信贷业务、资金业务、财务核算和资金支付管理、重要空白凭证、有价单证及业务用章管理、反洗钱相关实施等内容。

（四）风险管理文化

良好的风险管理文化理念是全面风险管理工作开展的重要支撑，要实现全面风险管理，财务公司内部形成统一的风险价值观念和风险行为准则必不可少。银监会要求财务公司应当推行稳健的风险文化，形成与自身相适应的风险管理理念、价值准则、职业操守，建立培训、传达和监督机制，推动全体员工理解和执行。近年来，财务公司逐步加强对风险管理文化的培植，积极倡导和强化全员风险意识，树立全方位风险管理理念，财务公司将风险管理纳入绩效考核指标的组成部分，部分财务公司将风险管理与员工薪酬挂钩，提高员工风险管理意识。由于行业特性，财务公司普遍以集团公司整体为出发点，将风险管理提升到战略高度，从公司顶层到底层逐级强化风险管理意识，每位员工执行日常岗位工作时注意风险把控，确保风险管理目标与业务发展目标统一，风险管理过程覆盖公司所有业务的每个环节。

 案例

案例14-3　东方电气财务公司建立"主动合规"的风险管理文化

东方电气财务公司致力于营造"主动合规"的文化氛围。不断强调制度的权威性和管理的规范性，凡事有章可循，凡事有据可查，凡事有人负责，凡事有人监督。

在合规风险管理中，合规培训是使工作合规的重要途径，通过内部的合规培训和宣传，培育员工的合规意识。从组织架构、制度体系、合规风险识别及管理流程、合规监督及问责、合规文化建设及培训等多个方面对公司重点业务和管理流程进行了优化完善，将公司的各项业务活动和管理活动纳入合规管理体系的有效管控之下，把"合规创造价值、合规成就专业、合规人人有责"的理念，变成制度纳入业务流程，变成理念印在员工心中。

第十五章
信用风险管理

一　总体情况

　　相对于商业银行，财务公司经营范围的内部性决定了信用风险主要来自集团整体经营风险及财务风险的传导，信贷业务行业集中度更高，信用风险集中，风险分散能力较弱。但是财务公司客户恶意欺诈或逃废债务导致的违约风险情况较少，行业总体信用风险水平较低。2017 年度，财务公司不良资产率为 0.03%，拨备覆盖率为 3937.85%，资产质量保持较好水平，拨备较为充足。随着风险管理工作的逐步完善，财务公司行业总体信贷资产质量呈现逐级改善趋势（见图 15-1）。需要注意的是，部分财务公司所属集团公司的行业由于受经济周期下行压力影响，出现周期性波动甚至出现经营困难的情况，行业风险可能传导产生相应的信用风险；财务公司在开展产业

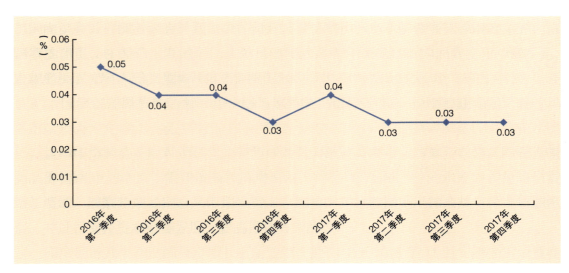

图 15-1　财务公司不良资产率变动趋势

链金融等新兴业务过程中，客户群逐渐由集团内部成员单位扩大至上下游系统外部企业，也可能导致信用风险的进一步加大。

随着监管力度的进一步加大，信贷业务作为财务公司最重要的资产业务，2017年共发生6起信用风险违规事件，受到银监局处罚。主要原因包括违规发放贷款、贷款"三查"不严、贷款资金违规用作保证金及各类无法细分的贷款业务违规行为（见图15-2）。

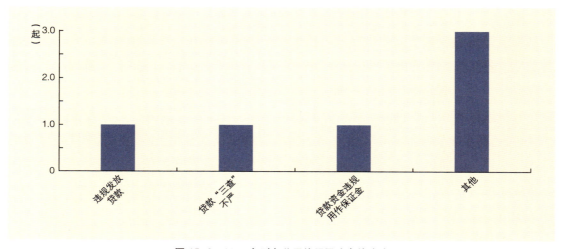

图 15-2 2017 年财务公司信用风险事件统计

二 管理方法

整体而言，随着全行业的不断发展成熟，财务公司信用风险管理工作得到持续重视和加强，信用风险管理措施不断完善，信用风险管理的政策和流程进一步健全。按照监管要求，财务公司普遍建立了贷前调查（事前）、贷中审查（事中）和贷后检查（事后）的信用风险管理流程，每个环节由不同组织进行管理，并通过信用风险内控制度和内审细则，对信贷业务贷前调查、贷时审议、贷后管理和专项审计进行了明确的制度规定。财务公司采用的信用风险的计量方法有权重法和标准法等，客户信用等级评定基本以定量与定性相结合为主，主要的信用风险防范和规避措施如下。

（一）制定信用风险总体管理政策

财务公司根据每年的宏观经济形势，结合集团公司战略导向、公司风险偏好，制定统一的信用风险政策。根据成员单位实际生产经营状况、区域政策、信用环境等，遵循发展、收益、风险相协调的原则，制定差异化的信贷政策。通过制定多维度信贷政策，公司管理层明确公司总体信贷政策、掌握整体信用风险状况，有利于前台部门有的放矢开展业务，中台部门执行统一审批标准，后台部门明确风险监测重点。

财务公司已普遍建立符合自身特色的用户信用评级和统一授信管理体系，通过更科学化的程序来加强贷前调查、贷中审查、贷后检查的信用风险过程化管理。贷前深入调查成员单位实际生产经营、资金运用和贷款用途等情况，通过定性与定量结合的指标计算方式进行客户信用等级评定；贷时保持业务条线与风险管理条线的相互独立性，审查贷前调查情况是否属实、贷款投向、投量的合理性、归还的可能性、合同内容的合法合规性等内容；贷后继续跟踪客户贷款，当发现贷款使用不当或客户经营情况发生变化时，应通过提前收回贷款、及时续接贷款等形式，减少信用风险。

 案例

案例 15-1　中冶财务公司信贷业务流程风险管理

中冶财务公司持续强化授信管理，将授信管理与信贷业务管理进行分离，由专岗负责授信工作，并由贷款审查委员会对每一笔信贷业务进行评审把关。为了更加全面和深入地了解贷款主体的经营状况，准确进行贷款决策，经董事会批准，公司在负责贷款审批的贷款审查委员会中吸纳了来自集团投资部、资金部、计划财务部的委员，各位成员独立发表专业评审意见，提供有关贷款子公司及项目情况，有助于提高财务公司信贷审查及决策质量，降低信用风险。中冶财务公司按照监管要求进行集中授信管理，控制授信集中度，根据组合风险管理的需要拟定业务种类分配限额，以分散和降低公司的信用集中度风险。公司从市场准入、集中度控制、授信限额、行业投向、地域环境、关联交易控制等方面把控公司的信用风险，并通过信用评级、风险度计量、差异化贷后管理、风险预警、提示报告等手段和方法管理信用风险；公司在贷后过程管理中增加了对重点贷款的动态监测和预警机制，严格控制新增贷款风险，重点关注贷款大户的信用风险。

（二）实施科学有效的限额管理

为同时满足利润增长、资产负债匹配、流动性达标等多项要求，财务公司对信用风险限额管理的研究力度日益加强，主要着力于对业务类型、期限结构等多维度组合限额进行评价和分析，建立限额管理和监控机制，确定超限额的处理方案，制定限额的动态调整机制，保证组合限额在利润最大化的同时，充分发挥信用风险管控作用。

财务公司目前已普遍建立各类信用风险管理模型，实现不同程度的风险限额量化管理。通过风险计量工具进行组合的风险计量，将公司的风险管理政策转换成具体的限额量化指标。通过评级模型测算和专家评估等方式，科学衡量客户的信用状况和还款能力，合理确定信用额度和信贷条件。截至2017年末，将近三分之一的财务公司还尝试开展了信用风险压力测试，通过测试不同客户在压力情景下的表现，可以对其承受信用风险的"底线"做出一定预判，归纳得出更准确的"准入指标"，在贷中主要应用于为客户设计更加合理的信贷授信方案（包括金额、期限、定价及担保方式等），同时优化自身的资产负债结构，贷后主要作为风险预警参考，及时制定信用风险缓释措施。在进行限额监测时，及时检查信贷经营活动是否执行限额管理规定、是否存在突破限额的情况，针对超过限额或接近限额的组合进行风险规避可行性分析。

（三）建立合理的信用风险处置预案

为提高公司对突发信用风险事件的应对和处置能力，财务公司已普遍制定信用风险处置预案，最大限度预防信用风险的发生并减少其可能造成的损失。在明确各层级职责的前提条件下，尽快提供风险监测报告，要求各部门从不同角度加强信用风险监测、识别，做好风险事件报告工作。根据每个部门掌握的信息及时、深入进行分析研判，确定信用风险事件的严重程度，对风险事件的重要层级进行划分，通过定性结果的判定准确把握处置的有利时机。针对不同的信用风险事件，设置不同的处置路径，制定科学合理的处置方案，按制度规定推进处置工作。当形势或环境发生较大变化时，及时做出适当调整。在信用风险事件平息或处置工作结束后，财务公司对整体过程和结果进行总体评估，为后续开展优化调整工作奠定基础。

三　问题和措施

（一）存在的问题

1. 传统主营业务信用风险管理体系尚有漏洞

由于财务公司的固有属性，客户的行业集中度较高，导致信用风险管理的灵活程度不够，更要求财务公司传统主营业务信用风险管理全面完备。目前财务公司的信用风险管理体系尚有漏洞，例如信贷业务的贷前授信风险审查结果时有失灵，在未完全摸清集团所处行业的风险底数、未甄别出实体企业转型情况下重点客户和重点领域的潜在风险、未全盘掌握成员单位真实的经营状况和现金流量时对成员单位进行不准确的授信评级；在授信管理时，未将集团外同一实际控制人的客户纳入统一授信管理，放大了信用风险敞口；贷后资产风险分类制度存在明显缺陷或分类结果严重失实、贷后管理严重缺失、未定期进行贷后检查等情况，使资产负债期限结构错配问题加剧，对不符合调额增减的用户进行调额，导致客户授信超过其自身承受能力等信用风险。

2. 新兴业务的信用风险评估机制缺失

截至 2017 年底，全行业共有 42 家财务公司开展"一头在外"产业链金融业务，"一头在外"的产业链金融业务作为行业的一类创新业务，使财务公司业务主体得以延伸，风险表现形式也更加市场化和多元化。由于客户群体扩大至集团外企业，小微客户报表的真实性较难核实，一旦产业链上的公司发生经营困难、严重亏损、恶意逃避信贷债务等情况，将造成贷款逾期不能归还的信用风险，目前针对产业链金融，财务公司大多依照与传统业务信用风险管理类似的流程，通过风险识别、评价、控制等环节，评估客户的信用等级。然而实际上由于产业链金融融资模式、内涵、对象较传统信贷业务发生了明显变化，重塑信用风险评估管理模型的需求随着业务量的增大也将不断增强。

（二）解决措施

1. 信贷业务

尽快推进统一授信、统一管理，加强授信风险审查，扎实做好贷款"三查"工作，不走形式敷衍了事，做实贷后管理，在对集团行业整体风险做出准确判断的基础上，健全信用风险预警机制，严格落实信贷及类信贷资产的分类标准和操作流程，真实、准确和动态地反映资产风险状况。

2. 票据业务

认真履行票据业务尽职调查，严格审核票据承兑业务的贸易背景，对已办理票据承兑、贴现的发票、单据等凭证，应采取必要手段备注，防止虚假交易及合同、发票重复使用；开展票据贴现、转贴现业务时应严格按照交易对手准入清单和同业授信额度操作；加强对票据业务操作人员的培训，严格按照流程操作，不参与各类票据中介和资金掮客活动，控制票据流转过程中的相关风险。

3. 同业业务

加强对交易对手主体资格、业务资质、经办人身份真实性的审核，定期评估同业交易对手的信用风险，关注同业交易对手等金融机构定期披露的财务会计报告、风险管理状况、公司治理、年度重大事项等信息内容，了解和关注其发展经营状况及风险情况，要对存量的同业业务进行排查，对架构复杂的同业业务确定整改路径，对风险高的业务应及时制订退出计划，避免风险扩大。

4. 固定收益类投资业务

要按照监管要求对非标资产做实穿透管理，对底层资产进行投前尽职调查、投后跟踪管理，准确掌握基础资产性质及风险状况等相关信息，以准确计量风险，足额计提资本和拨备。

5. 产业链金融业务

把握集团外企业存在的风险，重点确保产业链客户贸易背景的真实性、与核心企业合作的连续性，科学评估其合同履约能力、还款意愿和付息能力等，审慎选择集团外的产业链相关企业，关注产业链上下游企业的系统性风险，适当规避高风险行业和高危产业链；同时研究针对产业链金融信用风险的量化分析技术，可参照商业银行的先进经验，根据各财务公司所处行业、主营业务的特点选择合适、成熟的模型工具，在数据的收集，变量的选取，公式的构造，模型的建立、校准和测试的过程中不断进行调整，保证模型的科学性、有效性。

第十六章
市场风险管理

一 总体情况

市场风险是指市场价格变动使银行表内外业务发生损失的风险，一般包括利率风险、汇率、股票价格和商品价格四类。结合财务公司业务特性来看，其面临的市场风险主要表现为利率风险、股价风险、汇率风险等。

对于利率风险，集团政策和行政命令往往决定了贷款利率水平，财务公司自主定价权受限，利率变动时，财务公司往往会承受较大的利率风险。而随着利率市场化的推进，市场的限制和资本的约束会使财务公司面临更严峻的利率风险。

对于股价风险，部分财务公司获准开展证券投资业务，但业务规模普遍不大，资源配置和管理手段与专业机构相比差距较大，且是集团外资金运用唯一的渠道，证券投资风险成为重要的市场风险。

对于汇率风险，部分财务公司获准开展外汇业务，但受自身经营需求及内部风险管理水平限制，仍以开展即期结售汇业务为主。为防范汇率风险，多数财务公司每日业务全部对应清算，不留资金敞口，确保无汇率风险。

截至 2017 年末，全行业利率风险敏感度为 −5.44%，全年均保持在 −5% 左右，假设利率上升 200 个基点，行业利率风险上升，息差收窄、盈利空间缩小的问题将更加突出。目前获批开展投资业务的财务公司共有 128 家，从投资结构看，投资国债、央行票据、货币市场基金、金融债等低风险品种的余额占比为 26.05%，占比同比增长 27.20 个百分点，行业整体投资风险可控。在人民币外汇市场业务中，全行业即期结售汇交易金额占外汇交易业务总额的 90.69%，多数财务公司结售汇业务模式不会产生外汇风险敞口，行业总体市场风险较低。

二 管理方法

（一）建立了较为完善的市场风险管理组织和制定了相应政策

目前，多数财务公司已建立了基本的市场风险管理组织结构，明确了董事会、高级管理层、风险管理部门、内部审计部门以及其他业务与管理部门在实施市场风险管理中的职责，构建了信贷、投资、外汇业务流程、分级授权体系，建立了业务前、中、后台的部门或岗位职责分离机制。财务公司普遍设立了业务审批专业委员会，如贷款审查委员会、投资决策委员会等，负责市场风险的管理政策、方案、措施的执行及控制风险。业务审批专业委员会负责审议业务方案、风险限额等。部分财务公司每年能够根据宏观经济形势、监管政策动向及对未来市场走势的判断，制定全年的市场风险管理政策，明确业务品种、规模上限、止盈止损等风险管理要求，建立定期的市场风险报告机制及交易账户和银行账户划分的政策和程序等。

 案例

案例 16-1　兵工财务公司市场风险管理程序介绍

兵工财务公司是业内投资业务开展较为成功的一家，建立了较为完善的市场风险管理程序和投资授权体系：董事会每年确定投资的总规模、投资品种；经营层的决策由投资决策委员会制定；投资部被授予单日单笔金额上限的投资权限，由主管副总审批后即可生效。基本实现了投资风险控制与投资效率的统一。

（二）初步建立了市场风险管理量化指标体系

在市场风险管理方法工具方面，多数财务公司已采用了缺口分析、外汇敞口分析和事后检验等工具；部分财务公司采用了久期分析、敏感性分析和压力测试等工具；仅有少数几家财务公司引入了风险价值和市场风险资本分配工具。总体来说，财务公司的市场风险管理工具仍以简单计量、单一资产风险监测、事后控制为主，但部分业务开展时间较长、规模较大的财务公司已初步探索建立了市场风险管理量化指标体系。尤其是针对近几年配置需求较大的各类资产管理产品，由于具有发行方式半公开或不公开、交易结构复杂、信息披露不透明、流动性低等特点，需要对发行人、基础资产进行综合风险评估，对市场风险管理量化工具提出更高要求。

 案例

案例16-2　航天科技财务公司非标产品风险评价 模型介绍

航天科技财务公司积极调研各类金融机构，借鉴国内主流信用评级机构的评级体系，建立了定性、定量指标相结合的非标产品风险评价体系。

该评价体系包括合规性、发行人、产品和增信措施四大模块，共8项评价项目和20项评价指标，并对各项评价指标设定不同权重，通过打分卡的形式对产品风险状况进行评价。发行人和产品模块加总得分为基础评价得分，增信措施模块得分为支持评价得分，两者之和为该产品的总体风险评价得分。将总体风险评价得分按照区间进行划分，形成三等九级的风险评级等级体系。

非标产品风险评价体系的建立，进一步提高了财务公司投资决策效率及充分揭示投资风险的能力，有利于推进财务公司风险管理体系的发展和完善，更有效地管理和控制投资风险。

三　问题和措施

（一）存在的问题

1. 存贷款定价机制有待进一步完善

目前大多数财务公司尚未建立完善的存贷款定价机制，存款利率的确定大多采用跟随定价战略，贷款利率仍以利率加点模式为主，即根据中国人民银行公布的贷款基准利率进行有限的上下浮动。这种粗放型定价模式存在固有缺陷：一是基准利率是中国人民银行公布的行政管控利率，并不能反映真实的资金成本和借贷意愿；二是存贷款利率上下浮动范围缺乏有效的量化标准，容易导致定价偏差，无法体现客户真实的风险水平；三是在利率市场化条件下，财务公司存贷利差空间进一步缩小，单一的盈

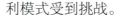

利模式受到挑战。

2. 股票价格风险上升

股票价格风险越来越受重视。近年来，证券市场投资产品品种日益丰富，市场化程度越来越高，股票价格变动对整个证券投资市场的影响越来越大；随着财务公司证券投资业务规模的不断扩大，投资范围越来越广，股票价格波动对财务公司的影响也日益突出，又由于传统财务公司受人员、经验以及业务范围的制约，对股票价格波动采取的对冲手段有限，股票价格风险越来越成为财务公司市场风险管理中的难点和短板，需要财务公司风险管理人员提高重视。

3. 市场风险管理信息化程度不高

目前财务公司市场风险管理技术仍以流程控制、限额管理和投资品种限制为主，信息化程度不高。由于受业务数据、信息系统和人员等相关因素制约，更为复杂、覆盖面更广、更注重前瞻性的市场风险管理技术开发也受限。仅有部分财务公司建立市场风险管理信息系统，而能够通过系统实现业务流程、止盈止损的刚性控制，自动预警、生成风险报告的则更少。仍需进一步探索信息系统自动控制和量化计量。

（二）解决措施

1. 建立完善的存贷款定价机制

在利率市场化条件下，财务公司应探索建立符合所属集团成员单位经营特点的自主定价模型。一是建立内部资金转移定价机制是利率市场化发展的趋势，不仅可充分发挥考核的激励作用，实现资金来源与运用的合理配置，而且可引导财务公司优化资产负债的结构。二是建立存款差别定价机制，根据成员单位对财务公司的综合贡献度等确定不同的减点幅度，对于外部客户需根据市场竞争及市场利率情况确定其存款适用利率。三是优化内部评级体系，完善贷款定价风险补偿机制。财务公司应以资金融入成本为基础，对日常运营中各项风险因素进行定量分析，将量化测算结果融入定价体系。同时根据客户信用评级模型，确定不同信用等级对应的信用风险，由此确定不同信用风险所对应的风险溢价。综合考虑以上两方面因素后精确计算风险成本。

2. 严格止盈止损管理

为了更加有效地控制股票类投资业务的市场风险，保障财务公司证券资产安全，针对股票类投资应制定止盈止损策略，包括组合和个股两方面。投资组合的止盈止损策略应根据财务公司风险承受能力和资产配置要求设定，作为年度投资政策的组成部分。个股的止盈止损策略应根据每只股票基本面、所处行业、市值规模以及投资时机等因素，单独设立止盈止损线。当投资浮动盈亏触发止盈止损线后，投资部门须严格执行止盈止损策略。

3. 提升市场风险管理信息化水平

财务公司应加大信息化投入力度，通过对外采购或自建市场风险管理系统，固化业务审批流程、设置风控阈值实现自动监测预警。通过市场风险管理系统控制使规则集所规定的风险项得以固化，切实发挥控制作用。所有业务指令发出后，均由系统根据事先设置的风险规则进行自动验证：符合规则的才能进入下一步的审批或交易环节；不符合规则的将退回到业务指令的发起人；符合规则但触发预警线的，将给出风险提示。利用市场风险管理系统，风险管理部门、稽核审计部门和各级领导可实现对业务的实时监控，风险透明度将大大提升。

第十七章
操作风险管理

一　总体情况

财务公司为成员单位提供的产品严格限定在监管部门核定的业务范围内，业务种类相对单一，复杂度不高，客户相对固定，相对于商业银行，所面临的操作风险水平较低。但随着公司规模的日益扩大，产品愈加复杂，同时随着信息科技的应用逐步增多，操作风险事故发生的可能性也在逐年增加。目前财务公司行业主要的操作风险可分为四类：一是流程制度、内部控制的缺失导致的监督不严；二是员工行为越权或错误导致的操作失误；三是信息系统漏洞；四是政治、经济等外部环境造成诈骗、贪污等。

截至 2017 年底，财务公司采取多项有效措施，全行业共发生 3 起内控管理及操作违规事件，远低于商业银行，操作风险得到有效控制。财务公司对操作风险的管理基于自身行业特点，主要以持续强化风险控制制度和流程建设为手段，加大业务操作培训和轮岗制度实施力度，不断完善信息系统功能及提升其稳定性，扩大信息系统业务覆盖面，充分发挥信息系统刚性约束效能，加强和完善信息科技风险评估流程，强化业务连续性管理，建立灾备中心，不断提高操作风险的防范能力。但是，与相对成熟的商业银行等金融机构相比，财务公司在人员的金融专业素质、合规操作意识、操作风险管理经验以及操作风险的信息系统防控能力等方面仍存在差距，在对操作风险的监测和预警方面还存在不足。

二　管理方法

（一）完善内控建设，加大内部监管力度

财务公司已普遍制定防范操作风险的规章制度，各项业务均设有操作细则、岗位责任制度和岗位管理措施，并定期对操作规程进行修订更新，进一步明确公司业务的事前、事中、事后各岗位职权范围。内控审计部门是管理操作风险的重要部门，制约并监督业务的运行情况，保证全体员工按照岗位职责开展工作，按照统一的业务流程办理业务，实行分权管理。其他各业务部门要防范和检测各自业务条线的操作风险。监管部门定期组织开展覆盖公司所有业务和重点操作环节的操作风险防控检查。在检查过程中把握好重要岗位、重要业务、重要环节、重要时段的风险关，密切关注操作风险多发地带，例如客户网银注册管理、重要空白凭证管理、印章管理等重要业务风险点的事中把关控制操作；密切关注业务经办的职责分离、人离章锁等制度执行情况，落实风险处置、整改和问责，保证各岗位员工按照规程完成业务操作。

 案例

案例 17-1　某集团财务公司存放同业案件

银监会于 2017 年下半年通报，在 2016 年初，为追求高收益，某财务公司经某知名 P2P 公司人员介绍，拟与某国有大型银行异地省分行营业部开展存放同业业务。赴异地办理业务期间，某财务公司员工违反相关规定，将全套开户资料脱手交予自称该分行营业部主任的人员（后证实系假冒），由其代为办理开户手续，致使财务公司印章被伪造，并被其用伪造的印章办理了开户手续；同时由于某财务公司员工未在银行柜面亲自办理定期存款手续，而是在营业大厅交由该冒名人员办理，导致某财务公司收到伪造的银行定期存单。实际该冒名人员用伪造的财务公司印章办理的是活期存款，最终导致某财务公司 20 亿元存放同业款项被该冒名人员伪造手续划走 2 亿元。

此案件反映该财务公司未制定证照管理方面的专门制度，未严格把控携带证照外出时至少两人同行、证照原件不脱手等关键风险点；经办人员在办理开户和存款业务中，未严格执行"固定收益部投资经理／助理银行柜面办理银行开户业务"岗位职责规定，从而造成此次操作风险的发生，导致公司蒙受巨大损失。

案例

案例 17-2　青啤财务公司开户核查亮点

青啤财务公司对同业账户开户操作执行以下规范要求。

第一，开立账户，由业务申请部门填写《银行账户申请表》并通过部门负责人、风险管理部长、财务总监审核，总经理批准后办理。

第二，财务总监、风险管理部长、计划财务部长及其他人员需到准备开户银行进行现场调查，对交易对手主体资格、业务资质、经办人员身份真实性进行审核，并出具调查报告。现场调查人员需携带《开户核查函》至开户银行上级行（分行级），在开户银行负责人授权书（如有）、任命文件复印件上加盖公章；并在上级行（在分行及以上银行开户时由该分行确认）办公场所亲见复印件和回执用印流程（盖章环节需拍照或者进行视频录制）。

第三，在公司所在城市办理开户由出纳和风险管理部至少两名人员、异地开户由财务总监或计划财务部长和风险管理部至少两名人员共同到指定开户银行营业场所现场通过银行柜面办理并拍摄双人照片作为开户材料存档。

第四，严禁携带公章、证照原件、财务印鉴等外出办理开户业务。

第五，按照开户银行要求提供的开户证明文件原件、复印件等开户资料，必须标注"仅用于办理 ×× 使用"字样。

（二）信息科技技术提高业务操作的安全有效性

财务公司准确把握各项业务计算机系统的风险控制。对计算机系统的立项、设计、开发、调试、运行、维修等全部过程实行严格管理，确保在与第三方的合作过程中不留下任何操作隐患。在业务经营管理中使各项操作规程在计算机系统中形成硬约束条件，通过系统有效实施操作风险管理和控制，减少人为操作的风险。随着财务公司信息系统建设力度的加大，部分财务公司已着手建立数据仓库，以大量数据为基础，包括公司过往损失数据、财务指标数据及行业相关数据，通过系统进行收集、筛选、整理，将其与操作风险相关数据进行比对分析，为后续操作风险量化管理提供科学准确的依据；同时优化升级信息系统，不断完善灾备中心，并及时评估意外事件导

193

致业务中断的可能性及影响，构建维持业务连续运营的文档，并在异地建立应用层级的灾难备份，确保基本服务能够在规定的时间内恢复。

 案例

案例17-3　申能财务公司建立业务连续性综合管理体系

业务连续性管理（以下简称 BCM）是指公司为有效应对重要业务运营中断事件，建设应急响应、恢复机制和管理能力框架，保障重要业务持续运营的一整套管理过程，包括策略、组织架构、方法、标准和程序。

申能财务公司结合申能集团系统的资金流、物流和信息流特点，通过建立 BCM 体系，保证公司这一综合金融服务平台在任何时候及任何状况下连续运行。项目以"一个体系、两种能力、三项要求"为目标。其中，体系指 BCM 是科技加管理的综合体系，包括组织架构、策略方法、标准程序、系统支持、后勤保障、企业文化等；能力指业务风险管理及关键业务持续运营和灾难恢复能力；要求指公司实现自我保护与持续发展，落实监管要求，体现社会责任。

申能财务公司建立了业务连续性管理应急中心，构建了应用级的灾备系统，实现了公司本部与应急中心间关键业务的及时切换运行。同时，公司根据业务实际情况建立三级组织架构，完善 BCM 专用联络树图与紧急联络卡，分步实施，稳步推进，通过组织演练，实现动态管理一体化，2016～2017 年，公司累计组织业务专项演练 2 次，全面演练 2 次，岗位涵盖前中后台，累计参加超过 100 人次，员工覆盖率超过 95%。

（三）树立操作风险防控意识，建立考核与激励机制

财务公司逐步重视对相关岗位操作人员的职业道德及合规合法理念的教育培训工作，强调树立员工风险防控意识，提高员工对公司的忠诚度。对于特定岗位，严格执行操作人员准入制度，规定操作人员上岗前必须经过培训，取得相关合格证书后方可上岗工作。结合操作风险案例，针对操作风险的风险点及新业务，有侧重地定期开展培训工作，及时宣贯银监会等监管机构最新政策措施，使操作人员做到对各项政策、规章制度了如指掌。公司建立合理的员工考核与激励约束机制，将公司内部控制综合评价结果与相关管理人员、操作人员的切身利益挂钩，包括业绩考评、

奖励性费用和绩效工资、评优资格推荐和干部提拔任免等。同时建立有效的操作风险责任追究机制，为有效遏制操作风险，加大操作风险责任追究力度，对行为失范的员工及时进行教育疏导和诫勉谈话，对操作风险事故中情节严重人员采取严格的惩处措施。

三 问题和措施

（一）存在的问题

1. 内控体系不够完善

部分原因是员工对自身岗位职责、规章制度及操作流程不熟导致操作失误，然而内控流程也未能准确抓取相关风险点，例如公司出现了在未通过双人鉴证等方式确认交易对手身份的情况下，签订相关业务合同、在交易对手处开立账户、划付资金，或是重要空白凭证、票据、印章未在营业结束时存放于指定保险柜中，交接、存放、取用未在规定场所、监控下完成等情况；在员工故意进行违规操作时，内控体系未能及时识别相关操作风险，导致公司产生巨大损失，例如员工抱有侥幸心理，在未通过上门核实等方式确认其意愿及信息真伪的情况下，即为客户办理开户、网银、变更、挂失等业务；为加快业务办理速度，在未获得业务授权凭证前，违规为客户办理资金划付业务；纸质票据真伪审核不严，未执行查询查复等操作；极端情况下，员工可能出现未经公司同意，擅自修改合同、申请表等并与客户签署合同的不法行为。

2. 信息系统漏洞导致操作风险

财务公司在业务不断创新拓展的同时，信息系统无法满足现有业务的操作，导致线上审批或线上审批控制流程不完整；由于信息系统开发专业性要求高、工作量比较大，大部分财务公司都会采用外包的方式开发信息系统，但由于公司开发人员流动性大，导致新功能上线后，运营维护人力资源不足，甚至因为信息系统外包人员管理不善，致使公司重要信息泄露；虽然目前财务公司已普遍制定信息系统应急预案来保证业务的连续性，但是信息系统应急演练的执行情况不一，有些演练流于形式，导致财务公司在实际发生紧急情况时无法及时熟练地应对。

195

（二）解决措施

1. 培育全员参与的风险管理文化

财务公司要加强风险管理文化的宣贯，增强全员风险防控意识和能力。同时加强对全员理想信念和职业道德的培养及规章制度和操作流程的培训，将"风险防控、人人有责"的全员风险防控理念和"遵章守法、规范操作"的要求内化为员工的职业态度和工作习惯，避免员工主观违背职业道德和操作规程，做出违法违规行为以及由于对业务规范不熟悉、缺乏金融素养和风险管理知识、信息系统操作不熟练被动发生违规事件所造成的操作风险。员工培训方式内容要多样化、深入化。

2. 进一步提升内部控制体系精准化程度

财务公司应围绕内部控制环境、风险识别与评估、内部控制措施、信息交流与反馈、监督评价与纠正等要素，抓住各项业务和管理的主要风险点，建立完善有效的风险防控制度、流程、措施，实现风险管理的横到边、纵到底，从机制上保证内部控制的有效性；强化电子化业务的规范操作和监督管理，不断提升业务操作的规范性、安全性、准确性；建立操作风险事件调查与处置机制，明确处理操作风险事件相关的部门职责、报告流程、调查与分析、责任认定与处置等相关事项。

3. 更新完善灾备体系，落实应急演练

通过信息化建设掌握操作风险防控技术，持续提升信息系统的业务性能和安全性能，建立恢复和保障业务连续性的应急处理机制，保证信息系统的业务连续性，同时加大对新兴电子渠道风险的管理力度，定期按照经营管理现状及预演结果对业务连续性计划和应对预案进行优化，在物理安全、网络安全、数据安全及终端安全等方面建立保障措施；完善外包管理体系，强化对信息系统外包服务商的管理，定期进行服务考核，降低外包风险。

第十八章
流动性风险管理

一 总体情况

对于财务公司而言，流动性风险产生的主要原因是资产负债结构的先天不匹配、集团公司的资金管理政策以及国家货币政策的影响。受财务公司经营范围和业务特点影响，因声誉风险引发挤兑等流动性危机的概率一般很小。财务公司面临的流动风险主要有：资金来源（如存款）和资金使用（如贷款）同质性程度较高导致的流动性风险；正常范围的"借短贷长"引致的持有期缺口以及利率变化、外部市场因素等导致的资产负债结构变化。

由于财务公司资金来源受限，其流动性风险情况与集团公司行业特点、产业发展所处周期、资金积累状况密切相关，流动性比例高的公司可达到100%以上，低的却长期在监管限值附近徘徊，差异巨大，与银行机构相对平衡的状态迥异。在现阶段，资金短缺型、业务扩张型集团财务公司的流动性风险特别突出。

截至2017年末，财务公司行业流动性风险总体可控。各季末流动性比例均值达到63.26%，处于较高水平，始终明显高于监管下限25%（见图18-1）。

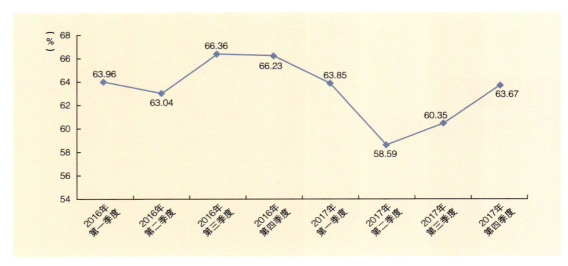

图 18-1　财务公司流动性比例变动趋势

二　管理方法

（一）建立了较为完善的流动性风险管理机制

在流动性风险管理机制方面，相当一部分财务公司明确了流动性风险管理的整体政策和事前、事中、事后的具体行动方案。一是根据监管要求和内部流动性风险管理政策，财务公司普遍设定了流动性风险限额，并建立了预警机制；二是在事中控制时，绝大多数财务公司定期收集分析成员单位的资金收付计划和融资计划，合理匹配资产负债结构，将非现场监管报表 G22 流动性监测表数据作为流动性风险管理的主要依据；三是在事后控制方面，大多数财务公司制定了流动性应急计划或预案，主要包括规定各部门沟通及传递信息的程序，各自的分工和应采取的措施，明确备用资金的来源和使用备用资金的情形，明确资产负债处置的权限及措施等内容。

　案例

案例 18-1　中冶财务公司流动性风险管理机制介绍

在制度建设方面，中冶财务公司制定了《流动性管理办法》，对流动性管理的组织体系、管理目标、管理内容及风险处置等进行了详细的规定；制定了《流动性应急预案》以规范流动性预警监测以及应急处置流程。

在职责分工方面，风险控制委员会是流动性风险管理和控制的最高决策机构，负责制定流动性管理政策，并将该政策与整体资产负债管理目标及业务发展计划相配合；计划财务部是流动性管理的组织部门，负责根据各业务部门上报的预算数据牵头流动性指标的计算，监控日常各项流动性数据，依据公司流动性状况提出具体的短期资金调度建议；结算业务部负责集团子公司大额资金收支管理和核心负债成员单位管理，根据需要提供子公司重大资金收支明细和预算，以匡算流动性和未来大额资金流动情况；稽核风险部负责公司流动性风险管理，审核流动性风险控制过程中头寸调度建议，组织拟定公司长期流动性风险管理方案，负责流动性合规管理和流动性指标的稽核工作。

在流动性应急方面，中冶财务公司按照流动性风险的程度制定了三级风险响应机制，确定了在不同风险程度下的主责部门与配合部门的职责，确定公司的操作流程和弥补流动性不足的方式；同时采用了一系列流动性指标来评价和监控公司的流动性风险，并按季度进行风险分析上报，确保风险控制委员会、高级管理层能够及时了解流动性风险状况。

（二）流动性风险管理监测方法及信息化水平逐步提升

对于流动性风险分析，大部分财务公司主要使用了比率分析方法、缺口分析方法或现金流分析方法。部分财务公司已通过信息化手段实现对流动性比例的监测，通过集团现金流预算系统和风险指标监测系统，及时、有效地对大额资金流动进行实时监测和控制，按监管和内部管理要求计算、监控流动性风险有关指标。此外，对于缓解流动性风险，财务公司运用主动负债、扩宽融资渠道等的思路也逐步拓宽，在监管许可的范围内积极争取了再贴现、发行财务公司债券等。

 案例

案例 18-2　中车财务公司流动性风险管理系统介绍

中车财务公司在调研评估基础上，建立了流动性风险管理系统。以银监局 G22 报表模板为参考，采取补录和核心系统取数并行的模式，开展多币种流动性比例计算。

从 2017 年 1 月开始，该公司采用核心系统计算流动性比例，已实现按日计算，目前系统可按年查看各币种流动性走势，分析资产中本外币占比，与同时期相关数据进行比较。系统细化了资产、负债各子科目情况，自动分析各子科目在相关资产负债中的占比，为该公司的多币种流动性指标监控、日常分析、趋势汇总、资金匹配等工作提供了帮助。

三　问题和措施

（一）存在的问题

1. 资产负债管理机制有待健全

资产负债管理是指财务公司为了实现安全性、流动性和盈利性的目标，对其资产和负债进行优化的策略和安排。其管理对象涵盖所有表内外业务，其管理内容包括资产负债的总量管理、结构管理和效益管理三大部分。流动性风险管理与资产负债管理紧密相连，做好流动性管理的关键是优化资产负债结构，即根据财务公司的到期资产或到期负债，做好充分准备和防范。加强对市场的动态研究与监测，调整内部流程，强化管理手段，全面提高流动性风险管控能力。现阶段，财务公司的流动性风险管理还主要停留在限额、指标的计算和监控方面，其资产负债管理机制有待完善，能力有待提升。

2. 流动性压力测试经验不足

由于财务公司行业流动性比例普遍高于监管要求，目前业内流动性风险管理仍以静态指标监测为主要手段，并以常态下的资产负债情况作为计量基础，缺乏对小概率事件发生时的极端情景的评估。与此同时，随着财务公司行业全面风险管理体系的不断完善，行业对流动性专项风险的管理要求也逐步由定性向定性定量相结合转变。因而，财务公司亟待创新流动性风险管理手段，提升流动性风险管理效率，尤其是流动性较为紧缺的财务公司，应逐步开展流动性压力测试，持续优化公司资金备付体系、拓宽融资渠道、制定应急预案等。

（二）解决措施

1. 建立健全资产负债管理机制

资产负债管理在商业银行经营管理中已相对成熟，并且具有统领地位，需要从系统的视角，对规模、结构、期限、定价以及资本占用等进行统筹安排，对财务公司综合管理能力提出更高要求。一是在组织体系方面，须建立运作高效、权责清晰的资产负债管理决策体制机制，建立资产负债委员会，强化相关重要事项的决策和执行评价。二是在资产负债管理工具运用方面，借助大数据分析技术，整合客户和产品信息，评估对资产负债结构、缺口、息差和风险收益的影响。三是在人才方面，资产负债管理具有高度的综合性，管理人员需要有专业的跨度、深度和广度，具有跨专业领域的知识。

2. 定期开展流动性压力测试

流动性压力测试是一种以定量分析为主的流动性风险分析方法。它通过测算银行业金融机构在遇到假定的小概率事件等极端不利情况下资产和负债的变动情况，对机构流动性水平做出评估，进而制定必要措施降低极端不利情景可能对流动性造成的影响，提升抵抗流动性风险的能力。与一般的商业银行相比，财务公司的业务相对单一，业务范围和客户来源较为固定，压力测试的情景和条件可以进一步简化，以检验为目的的测试可能更符合财务公司流动性管理需要。通过定期开展流动性压力测试，能够更好地辅助业务决策和制定风险管理政策，如根据流动性压力测试结果调整资产负债结构，包括增加流动性储备、调整风险偏好和相关风险限额以及完善流动性应急计划等。

第十九章
信息科技风险

一 总体情况

集团财务公司承担着作为集团资金集中平台的重要责任，作为非银行金融机构，财务公司的信息科技安全问题一直是信息化建设面临的首要问题。集团财务公司需从组织、管理、技术三方面采取相应的必要措施，来保障网络安全、数据安全、信息安全、应用开发安全，使信息系统整体环境具备一定的安全防护能力，从而保障信息系统安全稳定运行。

2017年，银监会针对信息科技风险多次发文，提示金融机构要重视信息科技风险，且在财务公司评级体系中详细设置了信息科技方面的指标，针对信息系统、组织架构、信息安全管理制度等分别对财务公司信息化工作进行评测。2017年初，银监会下发了《〈中国银监会办公厅关于加强非银行金融机构信息科技建设和管理的指导意见〉银监办发〔2016〕188号》，为非银行金融机构提供了全面的信息科技建设及管理的指导方向，一是要建立有效的信息科技治理架构；二是科学规划，提升信息科技对业务的支撑能力；三是加强基础设施建设，提升开发测试和运维管理水平；四是健全信息科技风险管理体系，加强重点领域风险防控；五是加强监管指导。

按照银监会〔2016〕188号文要求，截至2017年，大多数财务公司建立了相应的信息科技管理制度。部分财务公司制定了与业务战略规划相匹配的信息科技战略规划。有一半以上的财务公司建立了异地灾备系统，有三分之一以上的财务公司实施了信息系统登记保护制度。部分财务公司构建了一体化的运维安全体系，提升了系统安全运行保障能力。

二　问题及解决办法

集团财务公司作为非银行金融机构，其信息科技面临的风险并不小于商业银行。在财务公司各类风险中，信息科技风险是唯一能够导致公司全部业务在瞬间瘫痪的风险，信息科技风险防范应该成为财务公司全面风险管理的重要任务，面临着较大的挑战。

首先，近年来我国包括财务公司在内的金融行业在不断加大信息科技投入、加快信息化建设的过程中，不同程度地存在重建设、轻管理的现象，具体表现在信息科技治理不完善，信息科技管理制度的科学性、完整性和执行力度有待提高，管理精细化程度亟待提升等。其次，监管机构对信息科技风险的监管力度逐年加大，近年来银监会陆续发布了《商业银行信息科技风险管理指引》《商业银行数据中心监管指引》等监管要求，各财务公司董事会、高级管理层对信息科技风险治理已经有了一定认识，但在贯彻治理框架规定和监督运行方面还有待加强。信息科技管理部门和审计部门在具体实施信息科技治理中的监督作用还有待加强。因此，充分识别和应对信息科技方面的风险，解决信息科技方面的实际问题，是各集团财务公司风险管控的重要一环。同时，如何充分发挥信息科技风险防线的作用，协同做好信息科技风险管理工作也是财务公司行业当前面临的重大挑战。

（一）对信息科技规划认识尚需提高

部分集团财务公司领导对信息科技建设和管理认识不足，认为信息系统能用就可以了，缺乏居安思危的风险防范意识，缺乏新业务发展需要信息化支撑的前瞻思维，造成了信息化滞后，成为新业务开展的阻碍，从而影响了公司业务创新发展，也制约了财务公司支持集团主业发展的前进动力。部分财务公司没有及时建立或更新信息科技规划，或是信息科技规划与自身业务发展不匹配，导致了信息科技的发展落后于业务发展。而部分财务公司建立时，由于申请的业务种类较少，且资金预算有限，时间紧迫，因此，选择财务公司综合业务系统时的标准往往是开业业务够用，价格越低越好。而这对财务公司的业务发展造成了不小的影响。随着财务公司业务的逐渐开展，资金集中管理功能逐渐体现，需要及时实现与集团内部管理系统、财务系统的数据交互，也需要实现与外部银行的收付款业务的直联接口等功能，而原来采购的综合业务系统并不能满足需求，新开发功能或是更新换代产品均有时间上的滞后，给财务公司带来很大影响，不仅会造成财务公司投资的损失，还会影响集团整体资金管理战略部署的实施。

为了避免这类风险，无论是处于筹备期的财务公司还是业务开展多年的财务公司，只要有业务发展需要，就应在进行业务规划咨询的同时，同期规划信息科技系统，避免在信息科技建设方面走弯路。

部分财务公司为了顺应"互联网＋"的发展趋势，及时调整信息科技规划，积极稳妥地探索和应用新兴技术，为改善系统、渠道、产品的灵活性和可扩展性提供了有力支持。例如兵装财务公司通过互联网技术，实现与各类型金融机构、内部成员企业、供应商、经销商及消费者的高效连接。通过搭建核心系统平台、供应链系统平台、汽车金融系统平台、移动 APP、门户网站等连接了系统内外的合作伙伴，最大限度地支持客户利用各种渠道同财务公司连接，并不断提高业务自动化处理程度。

（二）信息科技组织架构较为薄弱

部分集团财务公司未设立信息科技管理委员会，仅在公司董事会、分管综合事务的高级管理层进行信息科技的工作决策，而有的财务公司虽然建立了信息科技管理委员会，但没有信息科技人员参与，另外还有少数财务公司没有独立设立信息科技部门或是没有合理配备专业人员。信息科技发展的核心是信息科技人才，财务公司的信息化建设和发展离不开信息科技人员的支持。然而，对于现阶段的财务公司而言，信息科技人员的配比却普遍偏低，人员配备不足，存在着较大的人员缺口，无法满足科技管理的整体要求，造成信息科技战略及措施不能及时的、科学的、有效的执行。

银监会〔2016〕188 号文特别指出，要加强信息科技专业队伍的建设。集团财务公司除了应设立相对独立的信息科技技术管理职能部门，合理配备专业人员外，也应重视人才培养，为信息科技人员提供履职所需的技能培训，建立健全晋升及激励考核机制，为专业人员提供发展空间，确保信息科技队伍稳定发展。如果说信息系统建设是提升财务公司的信息科技水平的"硬要求"，信息科技专业队伍以及公司全员的信息科技意识和能力则是财务公司的信息科技水平的"软实力"。在集团财务公司中，信息科技人员往往被边缘化，一是公司认为他们专业性太强，不太懂财务业务，不便在相关业务部中晋升、流动；二是信息科技部门工作繁重、压力巨大、薪酬不高，并且晋升机会远远少于其他部门。这就造成了信息科技管理部门中一旦有人离职或转岗，信息科技人员得不到及时补充或新人能力水平短时间无法适应职务需要的情况发生，信息科技队伍人员和能力水平就会出现不稳定，难以保证信息科技管理工作的正常化。

集团财务公司要重视信息科技队伍的建设，一些财务公司已经意识到这个问题，着手制定相关政策来充实信息科技队伍。一是从外部招聘吸收有财务公司系统开发和实施经验的信息科技人员。二是在各个业务部门培养信息科技后备军，要求新员工必须在信息部学习 3 个月至半年时间，了解公司信息系统全貌以及信息科技管理。三是部门经理以下员工在竞聘高一职级职务时，要求必须有足够的信息科技部门轮训经验和技术评定书，促使全体员工重视信息科技工作，支持信息科技发展，主动提高信息科技意识和能力。四是加大对信息科技人员的激励力度，提高信息科技人员的工作主动性，提升他们的获得感。五是建立健全外包制度，将一些日常运维操作外包给有能力的厂商，减少信息科技人员的日常工作，使他们更专注于信息科技管理、技术发展、系统业务功能实现、信息体系架构等。

（三）信息科技管理制度有待细化

这里所谈的信息科技管理制度是指为了信息系统正常运行和推广应用而正式发布的公司级规章制度，涉及桌面系统管理、信息系统建设过程、应用信息系统管理、计算机机房管理、基础设施及网络管理、信息系统的运维管理以及应急灾备管理等。它通过规章化和内部法律化形式，建立促使信息系统稳定、有效运行的机制。加强制度建设和科学规范的管理，是信息系统能够正常运转与有效应用和推广的保证。

大多数集团财务公司虽然在信息化管理方面有一些初步制度，但是由于财务公司自身缺乏信息科技人才，缺乏对信息科技的系统性研究，往往是为适应金融监管机构要求并结合集团公司的信息科技管理制度条款制定自己的制度。但由于集团公司的信息科技管理制度层级较高，并不是针对财务公司这样有金融机构特点的专业公司制定的，造成财务公司信息化管理制度不完善，缺乏实际操作性。目前，财务公司信息科技管理制度主要存在三方面的问题。一是信息化管理制度内容不完整，制定的方法不科学，信息化管理制度制定工作缺乏科学、规范、合理、全面的方法。从总体上看，针对信息科技管理，侧重硬件和网络方面（如机房管理制度等），而缺乏针对软件、信息科技流程、信息科技资源的管理政策，信息科技管理制度不能科学全面地覆盖各项信息管理工作，造成信息科技管理上的漏洞。信息科技管理应包括制度体系、人员安全、物理安全、网络安全、应急管理、信息保密等十六个方面。二是信息科技管理制度滞后于实际情况，《网络安全法》于 2017 年 1 月 1 日起执行，部分财务公司并未及时针对《网络安全法》涉及的信息科技管理制度方面的内容进行调整和修改，导致

205

了公司制度与现行国家法律不一致的情况发生。三是信息科技管理制度流于形式，缺乏必要的约束力。由于信息科技管理制度体系不健全，信息科技管理制度多数成为项目建设档案保存或应付相关检查的材料，信息科技管理制度只是形式，对于违反制度行为的相关人员并没有任何直接约束，影响到信息科技制度的权威性，制约着财务公司信息科技工作的深入开展。

集团财务公司制定信息科技管理制度应遵循几个基本原则：一是要遵循量身定做的原则。集团财务公司要根据实际情况和存在的管理问题制定相应的信息化制度，不能生搬硬套。很多单位的信息管理人员非常喜欢从别的单位拷贝来一些制度，稍加修改就在本单位使用。但是，由于各财务公司的信息化水平不一，科技力量有强有弱，别的单位的情况和本单位的实际情况不一定吻合，结果造成制度不能得到很好的执行。二是要遵循全面科学的原则。信息科技管理制度一定要全面、科学，因为信息科技管理中存在很多问题，问题之间有一定的关联性，不能以偏概全，制定制度要科学，要符合客观实际，要切实可行。当单位的情况发生变化时，要及时修改制度，使制度在不断的执行过程中得以完善。三是要遵循责任目标明确原则。制度要有明确的目标和责任，这样才能有的放矢，体现整个制度的完整性和合理性。四是要遵循奖惩分明原则。信息科技管理制度要有合适的奖惩措施，并且要得到执行和及时兑现，才能起到真正的作用，否则仅是一纸空文，对信息科技管理反而有负面作用。

（四）系统评估选型方法还需完善

部分集团财务公司的信息科技能力较弱，只能依靠厂商提供的应用系统进行业务操作，如果出现开展新业务而厂商产品没有提供相应业务模块的情况，业务部门只能进行手工台账记录，会对新业务大规模开展、监管机构统计报表、公司业务精细化管理等造成很大负面影响，同时也制约着集团财务公司的创新发展。

集团财务公司信息系统立项建设或选型厂商产品都应具有一定前瞻性，既要考虑业务的复杂性和实时性，又要考虑技术的灵活性和可扩展性，有效应对市场需求变化，引领业务发展和机构转型升级。在"互联网+"的大潮中，应积极应用云计算、大数据、移动互联等新兴技术，通过创新服务方式，提高金融服务的安全性、便捷性，提升自身核心竞争力，创造业务价值。要实现上述目标，一是要对信息科技人员提供履职所需的技能培训，提高自身技术水平和信息科技能力，满足集团财务公司整体信息系统架构和设计工作的要求。二是要具体研究厂商产品功能，要结合本单位实际业务情况及未来业务发展方向，充分考察厂商产品是否能满足目前和未来三至五年的业务需求。厂商产品功能基本是都成熟的，大部分业务都可以支持；区别在于不同厂商产品的技术架构是否灵活、业务是否可通过配置而扩展，产品是否支持二次开发以及二次开发的成本。有经验的厂商的产品往往是一系列的或整套的，支持前中后台业务处理，提供多种与外部系统的通用接口，同时也支持出具各种监管机构统计报表。有实力的集团财务公司往往是通过对现有的业务系统进行二次开发从而为新业务提供信息化支持。三是开展同行、同业之间的技术交流与合作，借鉴其他单位的信息系统架构和设计优点，结合云计算、大数据等新兴技术，规划和设计符合本单位实际情况的信息系统。四是聘请专业的技术咨询团队或是同行业专家团队对未来信息系统进行规划或客观评价，弥补本单位信息科技规划能力的不足。

 案例

案例 19-1　航天科工财务公司核心系统

航天科工财务公司于 2015 年完成了新一代核心业务系统（以下简称核心系统）的招标工作，同年 12 月，核心系统项目组正式成立，项目全面启动。经过近一年的系统建设，核心系统于 2016 年 11 月进入系统并行阶段，并于 2017 年 3 月完成系统切换。新一代核心业务系统包括财务公司核心系统、网银系统和财银直连系统，并通过 ESB 服务总线与集团内外其他系统对接。

在核心系统项目可研过程中，航天科工财务公司总结在日常业务中积累的需求，形成构建"弱核心、强应用"的系统建设思路，按此思路建设的核心系统覆盖了财务公司已开展的所有业务品种，业务处理、自动化程度及风险防范能力有较大提高。

在招标阶段，航天科工财务公司为了防范选型风险，进行了广泛调研，设计了包含 84 个维度的供应商评估模型（见表 19-1），对供应商进行了全面考察，使得选型工作进展有序、扎实有效，不仅清晰掌握供应商产品情况和实施能力，也充实了核心系统的建设内容。

表 19-1　供应商评估模型

	企业情况	项目团队	典型案例	产品功能	技术架构	运维方式	合作口碑
评价数量	5	5	3	60	5	3	3
评分占比	5%	5%	10%	50%	20%	5%	5%

在需求调研阶段，航天科工财务公司采用分三步走的方式，分别是畅谈需求、了解产品、明确差异，通过以上步骤，项目组形成了完整、翔实的需求文档，为后续系统设

计及开发提供了重要依据，并且在项目实施全程无一例需求变更。

为确保项目实施风险可控、设计科学，航天科工财务公司建立了外部专家引入机制，对项目中所涉及的业务、技术方案提供咨询、给予指导。专家组的指导贯穿整个项目推进过程，有效防范了设计局限带来的扩展风险。在项目实施过程中的各个关键时点，项目组通过组织对功能、数据、性能、安全四方面开展验证工作，确保核心系统迁移切换后功能齐全、数据准确、运行稳定、环境安全，有效降低了整个项目的实施风险。

在新一代核心业务系统投产前，航天科工财务公司制定了翔实的迁移切换工作方案，明确了参与人员、工作职责、迁移方式、实施步骤、应急预案、切换后的保障措施等。在系统正式上线后，航天科工财务公司安排多个运维小组进行现场跟踪保障，及时汇总问题、制定解决方案、跟踪紧急故障处理情况，确保业务办理正常。

航天科工财务公司在新一代核心业务系统项目实施过程中，形成了一套适合自身条件的信息化项目建设管理流程，对后续信息化规范建设奠定了良好基础。

（五）外包及测试管理有待规范

由于新业务的开展以及个性化需求，一些集团财务公司往往通过对信息系统进行自主开发或外包开发相应的功能来支持这些业务的开展。而在外包过程和开发测试过程中经常会发生很多问题。

有些信息科技管理部门在外包开发过程中，仅仅把业务需求部门和外包厂商凑在一起讨论需求及技术实施方案，信息科技人员不对技术方案进行论证评估或走形式评审，这就会导致需求边界不清楚，架构设计不合理，技术实施成本不可控，开发进度和质量得不到保证。有些集团财务公司的业务部门将业务需求或是监管要求直接交给信息科技管理部门，让信息科技管理部门尽快开发尽快上线，缺乏对信息科技管理部门的业务分析支持，信息技术管理部门在没有对业务需求完全分析清楚后就进行了系统开发，造成开发成果与业务需求存在较大差异，无法按期保质上线投产。有些信息科技管理部门缺乏有效的测试过程和方法，而业务部门未对待上线的功能进行详细完整的测试，导致新功能投产后出现业务处理错误。

信息科技管理部门应该制定开发测试相关制度、标准、流程，规范管理自主开发或外包开发过程，不仅要求外包厂商和开发人员在开发过程和测试过程中严格执行制度和流程，遵循开发标准，对开发成果负责；同时也要让业务人员在测试过程中遵守制度、遵循标准、严格执行流程，对测试结果负责。信息科技管理部门应安排专人负责项目管理，合理控制项目进度，避免零散式需求、散养式开发、无节制投产的情况发生。集团财务公司各部门都要重视需求分析，不应简单地将业务需求分配给信息科技管理部门，应明确负责该需求的关键用户，关键用户应全程参与需求分析过程，针对业务需求为开发人员答疑解惑。在测试阶段，信息科技管理部门应选取适当的测试方法，关键用户要设计全面详细的测试用例，并完整严谨地进行功能测试，确保系统测试的完整性和有效性。信息科技管理部门应规范设计公司信息化系统架构，同时兼顾业务功能与非业务功能需求，明确安全开发规范，加强信息系统安全设计、开发和测试管理。

（六）信息科技安全形势严峻

随着信息科技的不断创新，出现了以移动应用场景、多终端多介质业务形态为代表的多种新形式的应用模式，也带来了不同以往的信息科技安全风险。同时，国际形势不断变化，互联网安全形势随之大大恶化，黑客不断采取自动化程度更高、执行效果更好而隐匿性更强的攻击工具，甚至军团化作战，使信息安全风险更为突出。这就对集团财务公司的信息安全建设提出挑战。

一是外部网络接入安全方面的管理难度大。随着产业链业务的开展，集团财务公司的互联网应用将面临很大风险，例如：黑客攻击导致的系统页面篡改、跨站攻击、数据泄露、木马植入、DDOS攻击等；一旦互联网应用系统被侵入，进而可能对集团财务公司内网进行渗透。如果集团财务公司内网用户访问被木马渗透的网站，有可能造成工作用机感染病毒或成为"肉鸡"，被黑客用于内网渗透。大多数集团财务公司通过VPN系统保证外出办公用户访问公司内网进行业务处理，一旦外出人员通过VPN接入公司内网就被视同为内网用户，在一般情况下，外出使用的移动电脑安全防护较弱，易被攻击和渗透，存在病毒、木马透过这些移动电脑进入公司内网的风险。

二是用户身份认证体系不健全。集团财务公司没有建设统一的身份认证及登录系统，存在业务人员为了登录系统方便在浏览器中设置记忆密码，从不定期更新密码的安全问题，导致强密码的安全机制无法落实，弱密码成了主要漏洞之一。而多系统需要多次认证信息输入、多次登录，加大了认证信息窃取、登录失败等风险。

三是工作终端的安全防护薄弱。大多数集团财务公司没有建立准入控制系统，仅是对职工提出了安装终端防护软件和及时升级的要求，但缺乏有效及时的监控管理手段，终端的安全状况检查机制缺失。终端可以接入各种存储和通信介质，这些介质可能导致病毒传播、木马植入、信息泄露、外接互联网等风险。2017年爆发的勒索病毒就在世界范围内造成了巨大影响。

四是网络安全防护有待加强。很多集团财务公司在网络上设置了防火墙，并对网络进行分级管理。但是，有些集团财务公司核心系统虽然已经是等保三级系统了，但由于历史原因部分二级系统与部分三级系统处于同一安全域，只设置了级联网络间的防护，没有设置同级系统间的防护，且二级系统安全建设尤其是系统和应用安全方面，较三级系统相差很大，一旦二级系统被攻击，该安全域将全面失守。而且，很多集团财务公司不同安全域的边界和内部安全防护机制基本相同，这样系统被攻击时攻击的成功概率大大增加。另外，目前网络安全设计重在防御，多种安全防护设备部署在安全域的边界、内部，没有建立网络层面的监测、分析体系，无法满足入侵行为全面动态分析的需要。

五是系统主机安全加固不及时。信息科技管理部门一般负责主机的应用运维，一旦发生主机的安全漏洞，一般都请由厂商来进行加固。但遇到突发事件，厂商的响应时间无法及时保证，在这个漏洞窗口期，就存在很大的风险。而目前多数主机系统都未进行操作系统、数据库系统、中间件系统的加固和优化，安装配置时大多采用默认选项，同样存在着安全风险。

六是运行维护管理不够精细。集团财务公司的信息系统一旦建立，运维及运维安全工作将成为重点，而设备的管理安全是重中之重。很多系统运维人员为了便于管理系统，登录设备常使用默认密码或低强度密码，容易被破解；各级设备和主机系统仅靠密码就能登录维护，一旦忘记密码，就会影响网络运行，一旦密码泄露，维护对象暴露无遗。管理员的身份没有认证机制，仅能由被管理设备上以密码形式确认，容易出现假冒管理员的现象。在系统日常运维操作方面，缺乏有效的维护操作流程和应急方案，各级设备和主机系统管理员一旦在维护过程中误操作，将导致系统工作不正常，甚至造成不可挽回的损害。系统运维人员在设置权限和运维操作时缺乏有效的监督、审核和管理。

三　防范信息科技风险的措施

集团财务公司应在治理架构、制度体系、基础设施、风险评估、整改等方面采取有效措施，不断完善科技治理框架，建立符合财务公司发展战略的信息科技发展方案，搭建信息科技风险管理三道防线，有效控制和化解信息科技风险，提高系统运行效率，使信息科技成为财务公司的经营管理、业务发展的安全可靠的支撑。

（一）健全科技风险体系和风险应对策略

集团财务公司应持续健全和完善信息科技治理框架，明确董事会、高管层、信息科技领导委员会、信息科技管理部门关于信息科技风险管理的职责分工，建立职责明确、报告关系清晰的信息科技治理组织结构和信息科技风险管理、决策机制，确保信息科技建设战略符合全行业总体发展战略；建立以信息技术部、风险控制部、稽核部为主体的信息科技风险防范三道防线，分清职责、理顺流程、落实责任，形成较为完备的管理、监督和问责机制；有能力的单位可设立首席信息技术官，根据本单位的发展战略制定公司信息科技发展规划并组织实施，不断建设和完善信息系统，提高系统运营效率，为公司经营、管理提供安全、可靠的技术支持服务。

集团财务公司应制定符合本单位实际情况的信息科技风险管理策略，明确信息科技风险管理的指导原则及工作开展的基本思路，提出涉及信息科技治理、信息科技规划、信息安全、信息系统开发、信息系统运维、信息科技外包、业务连续性管理、信息科技合规等方面的信息科技风险识别、评估、应对与监测的总体要求。根据监管机构有关信息科技风险管理的要求，结合本单位业务和信息化发展远景，通过实施具体的风险管控措施，提升信息科技风险管理能力，有效预防、控制和转移风险，将信息科技风险降低或控制在适当的水平，以支持业务持续稳健发展。

（二）推进信息科技制度体系建设

集团财务公司需不断完善信息科技规章制度，明确信息科技规章制度的层级关系，将信息科技制度按制度层级、实施范围、执行对象等分为管理办法类、规章手册类、监督管理类及工作表格，使信息科技管理制度覆盖本单位全面信息科技工作，做到任何工作都有法可依、有章可循。集团财务公司应制定科技信息安全管理政策和信息科技风险管理策略，明确信息科技风险管理的组织机构、职责分工、总体原则和管理要求，涵盖信息科技风险管理组织体系、信息科技制度体系、人员安全、物理安全、网络安全、应急管理、信息保密等方面。有条件的单位可制定员工信息安全手册，并定期组织制度和信息安全风险的宣讲和培训，并采用竞赛、检查、考试等多种形式，不断加深员工对制度的理解和掌握，提高制度执行力，提升员工信息安全风险

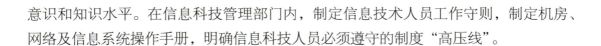

意识和知识水平。在信息科技管理部门内，制定信息技术人员工作守则，制定机房、网络及信息系统操作手册，明确信息科技人员必须遵守的制度"高压线"。

（三）加强信息科技基础设施建设

为适应业务快速发展和连续性运行的要求，集团财务公司应制定业务连续性管理体系建设规划，可依托集团公司，采用运营外包方式建立灾难备份中心，将主要信息系统纳入灾备管理中，夯实信息科技基础设施建设基础，满足业务连续性需要。在设计主机性能、业务系统处理能力、数据库容量、影像存储等方面应满足三至五年需求，并应每年进行重评估。

集团财务公司可依托集团公司的网络规划和设计理念，遵循安全标准，根据本单位金融机构的特点，采用集约化理念设计本单位的网络，采用防火墙、VLAN、访问控制等技术对各种不同安全等级的业务进行安全隔离。其中，应对核心业务系统设立独立网络区域；在外联前置区要采用多重、异构防火墙控制外联单位对前置机系统的访问；互联网出口和内网连接采用异构防火墙隔离，可采用入侵检测系统实时监控、防病毒系统定时扫描、系统漏洞管理平台定期检测等安全管理和防范措施。有条件的集团财务公司可采用网管系统对重要安全域的网络运行状况进行实时监控和报警，在互联网接入区域要配置互联网入侵检测系统和网络安全检测预警系统，对网络瓶颈或超负荷运行的异常活动进行报警，采用计算机病毒防护系统对访问代码和网段流量等进行实时监测。有些集团财务公司办公地点与机房不在同一地点，需要通过网络运营商架设专线进行网络连接。这些集团财务公司应建立不同网络运营商的备份网络，并向网络运营商购置网络攻击防范等专项应急保障服务，在第一时间拦劫和清洗针对本单位网络接入设备的网络攻击。

集团财务公司需要制定符合本单位信息科技实际情况的安全预案，保证在遇到突发事件时能及时有序地应对处理，及时化解风险，减少减轻安全事故对信息系统的影响。随着科学技术的发展和信息系统的建设，安全预案应及时更新并要定期演练，确保安全预案的切实可行。

集团财务公司应建立覆盖全公司计算机终端的桌面管理系统和计算机病毒防治系统，要采用安全域管理等技术实现桌面终端的集中管理，应支持办公软件、防病毒软件等应用软件的统一部署和升级，这样可以有效地防止非授权应用软件的安装。有条件的集团财务公司可采用业务专机在专网办理业务，实现业务终端与互联网上网终端的安全分离，降低信息泄露的风险。

集团财务公司应定期聘请有资质的信息安全测评单位对主要信息系统进行渗透性测试和持续监控，及时发现风险问题并及时应对，提升应用系统的整体安全性。

 案例

案例19-2 国电投财务公司构建立体化的网络安全保障体系

国电投财务公司始终将网络安全建设放在信息化建设的首要位置；始终将网络安全风险防范作为公司风险防控的重要组成部分，实行一票否决制；始终坚持网络安全就是公司金融信息系统的生命线的原则，不断完善和提升其防范和化解风险的能力。经过长期的不懈努力，逐步建立了适合公司乃至行业适用的综合、立体化的网络安全保障体系。

国电投财务公司加强顶层设计，以制度的形式发布了公司的网络安全理念，指导公司网络安全工作始终坚持"安全第一、积极应对、预防为先、防护与演练并重"的总体方针。明确了公司网络安全建设的底线思维；强调了网络安全管理的主动性、预防性作用；表达了网络安全管理的技管合一思想。国电投财务公司以已建立的网络安全总体规划为蓝图，以网络安全需求为出发点，以制度体系建设、物理安全、网络安全、数据安全、应用安全、桌面安全为关注重点，层层剖析、全面挖掘公司的网络安全需求，将管理和技术有机结合。摒弃网络安全设备和技术的简单堆砌，真正将网络安全规划和系统建设"三同步"原则落地实施。一是建立了覆盖从信息系统规划到运维全生命周期管理的制度体系并制定有效的落实机制；发布实施了网络安全策略，涵盖安全管理制度11项，安全技术规范6项，网络安全专项应急预案17项，信息化流程清单20项。二是建立包括物理安全、网络安全、数据安全、终端服务器及安全审计在内的四大安全领域、24个具体行动项的安全技术保障措施。

国电投财务公司采取具体措施提升安全保障能力。一是根据国家及监管机构的监管要求和网络安全态势需要成立了健全的网络安全组织机构。二是实施严格的网络安全责任和考核体系，在明确了网络安全责任不能外包，严格按照"谁主管谁负责，谁运行谁负责，谁使用谁负责"的原则，在公司、部门、员工层面分别与监管机构和公司签订网络安全责任书。三是建立公司网络安全每日监测、预警、处置等常态化运行机制，有效解决网络安全隐患，避免网络安全风险敞口的扩大。通过建立网络安全事件登记表，对网络安全漏洞和重要事件及时进行记录和处理，确保所有的安全风险做到闭环管理，真正在执行层面使每一个风险防范措施得到有效执行。编制网络安全月报，对公司网络与信息系统的运行情况、主要风险的发现、应对与处置结果、遗留风险的闭环处理情况、国内外的重点网络安全事件等，以网络安全月报的形式予以发布，并集中存放的公司的资料库中，供公司全员及时查阅。

国电投财务公司定期开展网络安全专项工作。一是每年定期组织开展网络安全大检查，全面掌握公司网络与信息系统安全状况，按照等级保护三级标准要求，重点覆盖物理、网络、应用、主机、数据及桌面安全管理等方面，涉及检查指标 100 余项。二是依托网络安全专业服务厂商提升网络安全管理和应急管理服务，一方面弥补公司缺少专业外部应急机构的不足，另一方面积极依托服务厂商，开展网络安全应急体系建设。三是网络安全企业文化落地生根，通过每年开展 2 次网络安全全员基础培训、1 次基础考试、1 次专业人员网络安全考试、开展网络安全宣传周等并辅以每月一次桌面终端网络安全合规抽查等活动，提升员工的网络安全意识，营造安全合规的企业文化氛围。四是深化外包安全管理，针对可以外包的服务项目，以制度的方式明确管理责任不能外包，同时通过建立外包服务厂商前期尽职调查、中期日常监控、后期评价考核机制，强化对外包的管理，最大限度地降低外包风险。

第五篇　服务篇

　　2017 年，财务公司对企业集团的服务主要体现在支持所属集团践行国家战略、服务集团定位和集团风险管理等方面。服务集团践行供给侧结构性改革、"一带一路"倡议、区域协调发展、《中国制造 2025》等战略，发挥资金归集平台、资金结算平台、资金监控平台、金融服务平台作用，强化资金集聚效益，提高资金周转效率，保障资金运行安全，实现集团整体效益最佳，发挥内部银行功能压降集团杠杆风险，运用外汇交易平台管控集团外汇风险，完善全球资金管理体系，助力防控资金风险。

　　财务公司为成员单位提供全方位金融服务，发挥内部银行功能确保企业资金需求，发挥平台优势满足企业个性化需求，发挥内部资本市场作用，使企业资金余缺有度。财务公司通过存款利率上浮、贷款利率下浮、结算免费、手续费减免以及中间业务价格优惠等措施，对成员单位累计让利优惠超 1293 亿元，促进成员单位实现降本增效。财务公司不断强化服务意识，发挥内部银行优势，坚持服务前移，加强信息化水平建设，为成员单位提供高效便捷的优质服务，助力成员单位工作效率有效提升。2017 年，全行业共有 42 家财务公司开展延伸产业链金融业务，累计办理金额 704.59 亿元，较上年增长 66.27%。

　　财务公司为集团产业链上、下游企业提供金融支持，助力产业链客户健康发展，实现产业链良性互动，构建"利益共享、多方共赢"的价值链体系，促进实体经济发展。财务公司通过发展产业链金融促进了多方互利共赢、供销关系改善与质效提升，使集团产业资源有效整合。2017 年，财务公司全行业为产业链上小微企业提供融资支持 559.8 亿元。通过延伸产业链金融服务促进上游产业链良性发展，票据贴现业务打通了产业链票据通道，应收账款保理业务加速了资金周转。通过产业链下游金融服务助力下游产业链健康有序，消费信贷业务促进消费升级，买方信贷业务助力供求双方互利共赢，集团产品融资租赁业务助力融资成本压降。2017年，全行业共有 34 家财务公司开展消费信贷、买方信贷和产品融资租赁业务，累计办理金额 3139.52 亿元。

Part 5 Service

In 2017,finance companies' service to enterprise groups is mainly reflected in supporting membership groups to implement national strategy, service group positioning and group risk management, and other aspects. These service groups implement strategies like supply-side structural reform,"The Belt and Road" Initiative, regional coordinated development and the "Made in China 2025" Initiative, play the role of capital collection platform, capital settlement platform, capital monitoring platform and financial services platform, strengthen the efficiency of capital agglomeration, improve the efficiency of capital turnover, guarantee the operation safety of capitals, realize the best overall benefit of the group, give full play to the function of internal banking to drop the leverage risk of groups, use foreign exchange trading platform to control the foreign exchange risk of the group, and improve the global capital management system to help prevent and control capital risks.

Finance companies provides member companies with comprehensive financial services, plays internal banking functions to ensure enterprise capital demand, exerts the advantages of platform to meet the individual needs of enterprises, and plays the role of the internal capital market to make enterprise capitals be in surplus and deficiency. Through the methods of rising deposit rate, lowering loan rate, free settlement, deducing service fees and preferential intermediary service price, the financial group's cumulative benefit to member units exceeds 129.3 billion yuan, which promote member units to realize cost cutting and improve performance. The financial group continue to strengthen their service awareness, give full play to internal banking function, adhere to the advancement of services, strengthen the construction of information level, provide efficient and convenient high-quality services for member units, to assist the member units to effectively improve their work efficiency.In 2017, a total of 42 financial companies across the industry carried out the extension of the industrial chain finance business, with a total amount of 70.459 billion yuan, an increase of 66.27% over the previous year.

Finance companies provides financial support to upstream and downstream companies in the industry chain of the group, promotes the healthy development of the industrial chain customers, realizes the positive interaction of the industrial chain, and constructs a value chain system of "pooling-of-interest and win-win" to promote the development of the real economy. Finance group has promoted mutual benefit and win-win result, improvement of supply and marketing relationships and qualitative improvement through the development of industrial chain finance. The group's industrial resources have been effectively integrated. In 2017, finance group all industry provided financing support for small and micro enterprises in the industry chain, totaling 55.98 billion yuan. The finance companies has promoted the sound development of the upstream industry chain by extending the financial services of industrial chain, the bill discounting business has opened up the industry chain's bill channel, and the accounts receivable factoring business has accelerated the capital turnover. Financial service of downstream chain helps the downstream industry chain to be healthy and orderly, the consumer credit business promotes consumption upgrade, the buyer's credit business helps supply and demand to mutually benefit and win-win, the group's product financing and leasing business contributes to the financial cost reduction. In 2017, a total of 34 finance companies across all industry launched consumer credit, buyer credit and product financing leasing operations, with a total amount of 313.952 billion yuan.

第二十章
服务企业集团

作为国民经济中重要的企业组织形式，企业集团广泛存在于我国各行各业，并已成为经济发展的主体力量和国家实力的重要支撑，在发展国民经济和践行国家战略中发挥着举足轻重的作用。企业集团财务公司作为集团内部银行，服务企业集团是其天然的属性和存在的意义。财务公司对企业集团的服务主要体现在支持所属集团践行国家战略、服务集团定位和集团风险管理等方面。

一　服务集团践行国家战略

为促进国家发展和民族复兴，我国出台了诸多国家战略，特别是党的十八大以来，面对我国经济发展进入新常态等一系列深刻变化，国家审时度势，出台并深入推进了"供给侧结构性改革""一带一路""京津冀协同发展""长江经济带建设""中国制造2025"等一系列重大战略。企业集团尤其是国有企业集团是践行国家战略的重要主体，并扮演着重要角色。

财务公司通过提供优质的综合金融服务，全力支持集团积极践行国家战略，发挥了重要而独特的作用。在服务国家战略中，财务公司的服务功能主要呈现两个基本特点。一是全面性，除提供基础的存贷款、结算业务外，还提供了融资、外汇交易、债券承销、财务顾问等比较全面的多元化金融服务，有效发挥了综合服务功能；二是间接直接相结合，以间接服务为主，受金融机构自身的中介性和隶属集团的局限性影响，财务公司主要通过向所属集团和成员单位提供金融服务间接服务国家战略。

（一）服务供给侧结构性改革

当前，我国经济发展进入新常态。站在新发展阶段的历史起点上，面对不断出现的传统产业产能过剩、结构性的有效供给不足、房地产库存严重、债务风险累积等一系列供给体系问题，为促进经济平稳健康发展、全面建成小康社会和伟大的中国梦奠定坚实基础，国家于 2015 年正式启动供给侧结构性改革，并持续不断深入推进，取得了显著成效。

党的十九大报告将深化供给侧结构性改革列为建设现代化经济体系的首要任务，提出了新的要求。在支持供给侧结构性改革、发展实体经济方面，银行业金融机构担负着重要职责。其中，财务公司作为最贴近实体经济的一类特殊金融机构，身体力行，成为供给侧结构性改革的典型而有力的实践者。在监管机构的支持和引导下，财务公司积极发挥自身优势，聚焦"三去一降一补"的各个重要环节，全力服务所属集团和所属行业推进供给侧结构性改革，取得了显著成就。

一是差异化特色服务精准助力集团去产能。面对企业集团积极压降过剩产能，与外部商业银行慎贷、惜贷般的"雨天收伞"不同，财务公司作为集团内部金融机构切实以服务集团为己任，紧跟集团化解过剩产能的整体部署和实际情况，通过差异化特色服务最大限度地助力集团化解过剩产能，同时为去产能的成员单位"排忧解难"。对不符合国家产业政策的过剩产能，坚决压缩退出相关贷款，如重庆化医集团财务公司将存在产能过剩的重庆长寿捷圆化工公司的全部贷款逐步收回。对"僵尸企业"有针对性地制订资产保全计划，有序推动企业重组整合或清算退出，促进过剩产能有效化解，如皖北煤电财务公司增加发放自营贷款 5 亿元，减少落后产能 290 万吨。对过剩行业中确有发展潜力但存在暂时性困难的优质企业或在细分领域中的新兴产业，继续给予合理信贷支持，助力其脱困和健康发展。对过剩产能在重组整合中出现的特色化金融需求，"量体裁衣"，积极提供有针对性的金融服务，支持业务重组，化解过剩产能，如中煤财务公司积极进行银企业务对接，成功引入产业基金，推动成立天津中煤民生股权投资基金，用于煤炭资源整合。此外，为顺利推进去产能工作实施，淮南矿业财务公司等一些集团财务公司开立了职工分流安置专项奖补资金共管账户、"三供一业"财政补助账户等，帮助集团妥善解决去产能过程中产生的人员安置问题。据不完全统计，在助力集团去产能方面，财务公司配合企业集团落实产业政策、淘汰落后产能，相应增加自营贷款 432 亿元，相应减少自营贷款 162 亿元，直接帮助集团减少钢铁产能超 2000 万吨、煤炭产能超 7000 万吨。

二是有保有压严控资金流向，协助集团去库存。对于房地产等高库存行业，财务公司坚持严控增量、削减存量原则，协助集团去库存。一方面，严格控制信贷增量，分类实施、有保有压地服务库存消化，如对前景较好的地产项目，适度提供增量贷款，助其尽快实现销售回款；反之，则着力压减贷款。另一方面，充分发挥资金监控平台功能，严格监控资金流向，避免集团内部资金通过信托、资管等通道流向不符合要求的房地产企业。另外，财务公司还为集团兼并重组盘活烂尾楼盘提供信贷支持助其消化库存，如云南建投财务公司对集团某烂尾楼项目的重组提供贷款 3.5 亿元，有效盘活烂尾楼盘项目面积 19.37 万平方米。据调查问卷不完全统计，2017 年，财务公司在助力集团消化房地产库存等方面，累计发放自营贷款和委托贷款 368.1 亿元，协助企业集团减少库存超 460 万平方米。

三是统筹优化融资结构，帮助集团降杠杆。财务公司充分发挥内部银行和融资平台功能，统筹规划集团负债，优化融资结构，通过内部贷款替代外部贷款、优化金融服务内容、市场化债转股等方式大力促进集团存贷"双降"，有效降低了集团的整体负债水平。在大力推进融资替代方面：因财务公司为集团内部银行，其贷款可在集团合并报表层面得以抵消，有助于集团压降杠杆；财务公司通过深入调研摸排所掌握的成员单位外部融资项目情况，利用利率优惠、还款便利等优势大力推进内部贷款替代外部银行贷款，据不完全统计，2017 年以财务公司自营贷款和委托贷款置换外部贷款所涉贷款达 8606 亿元，有效压降了集团整体杠杆水平。在优化金融服务内容方面：财务公司着力开发有利于降杠杆的专项金融服务产品，如河北建投财务公司开发并大力推广随借随还式融资产品"快循贷"；积极推广票据业务，理顺内部债权债务关系，助力企业降杠杆，如云南建投财务公司通过推广票据业务帮助成员单位解决内部欠款问题，金额达 4.2 亿元；协助集团统筹运用外部低成本融资渠道，助推集团层面债务优化，如中海油财务公司协助集团抓住外部市场直接融资的低成本机会，适时发行 40 亿元超短融，并帮助集团实施"统借统还"操作，帮助集团 4 家高负债企业置换银行高息贷款。在市场化债转股方面：财务公司积极配合集团公司推进市场化债转股，着力优化集团负债结构，如焦煤财务公司助力集团成立降杠杆基金有限合伙企业，该基金公司受托财务公司分别委托贷款给三家成员单位合计 118 亿元，用于置换或偿还三家成员单位及其子公司的存量经营周转类债务。在银行授信额度控制方面：财务公司统筹管理集团和成员单位年度内外部授信额度，有效降低企业财务杠杆，如凤凰出版传媒财务公司通过对集团及成员单位开展授信尽职调查，根据实际需求核定授信额度，有效压降过度授信，2017 年将集团银行授信额度压降 38 亿元。

四是多措并举力推企业降成本。财务公司牢记服务集团使命，通过存款利率上

219

浮、贷款利率下浮、结算免费、手续费减免以及中间业务价格优惠等措施，全力支持集团实体经济发展，最大限度助力企业降本增效。例如，2017年国投财务公司自营贷款利率较同期商业银行贷款利率下浮127个基点，为集团节约利息超过2亿元，同时还为集团发债免费提供融资顾问服务等。据不完全统计，2017年财务公司行业通过利率优惠和收费减免等措施，累计为企业节约各项成本超1293亿元。

五是紧跟国家战略全力支持企业补短板。近年来，企业集团积极响应国家号召，全力践行绿色经济，深入推进产业转型升级，不断补足短板，确保企业集团做大做强。财务公司紧跟国家战略，通过提供优质金融服务全力支持企业补短板。在践行绿色经济方面：财务公司聚焦绿色发展，积极引导信贷资源不断投向绿色产业，如天然气、风电、核电、太阳能资源等；2017年中油财务公司全年累计向天然气类公司及项目发放绿色信贷312.6亿元，大力支持清洁能源产业发展，这对改善我国清洁能源结构、加强国家生态文明建设具有重要作用。同时，财务公司还积极参与重点绿色项目的银团贷款，利用自身信用和专业优势，引导外部商业银行资金支持重点项目；如北汽财务公司、中节能财务公司积极引导外部信贷资源投向绿色产业，促进集团内清洁能源、新能源汽车、节能服务、固废处理、新材料等绿色产业的发展。在推进产业转型升级方面：财务公司着力将信贷资源向产业转型升级进行倾斜，积极协助其顺利转型升级。例如，重庆机电财务公司针对集团内吉林重通成飞新材料股份公司在转型转产和技术改造方面所面临的强烈资金需求，通过直接和间接两种方式提供全力支持；在直接方面，提供综合授信和贷款支持，2017年末贷款余额达1.9亿元，电子承兑票据余额达5.18亿元，同时降低贴现利率，为其节约财务费用2200万元；在间接方面，针对该公司极具发展潜力的海上风电项目，帮助办理专利权质押贷款7000万元，并通过政策补贴帮助其降低财务费用200万元。

 案例

案例20-1　中煤财务公司助力集团供给侧结构性改革

2017年，中煤财务公司通过优质金融服务，全面支持中煤集团践行供给侧结构性改革，助力集团完成"三去一降一补"五大任务。

去产能方面：一是实施差异化信贷政策。积极贯彻落实上级相关部门的金融引导政策，对确有发展潜力但暂遇困难的企业继续给予信贷支持，重点提供兼并重组、转型转产、技术改造、提质增效等环节的信贷支持，尤其是加大对兼并重组企业的支持力度，同时信贷资源逐步向煤化工、电力等煤炭转化领域倾斜，有效促进化解过剩产能和传统产业转型升级。

二是精心设计整体服务方案，努力提供包括各种金融工具和服务在内的整体解决方案。在推进中央企业煤炭资源整合过程中，深度参与煤炭资产移交方案设计和融资安排，在优化金融资源配置的过程中发挥引导、协作作用，对重点企业进行专门指导，密切跟踪新加入的企业和煤炭资产并入的企业的资金缺口和外部融资情况，及时提供信贷支持，满足成员单位"去产能"过程中的金融需求。

三是不断创新业务品种。稳妥解决中煤集团债权债务处置过程中的银团贷款问题，积极开展信贷资产转让业务，完成银团贷款转让。充分发挥金融人才的作用，牵头相关部门成功引入产业基金，推动中煤集团与民生银行联合成立天津中煤民生股权投资基金，注册资本100亿元，用于煤炭资源整合。

去杠杆方面：一是创新工作机制，与两总部财务部门建立常态化沟通机制，深度融入集团月度预算管理和债务融资安排工作，及时掌握大额资金动向，精细安排贷款投放计划。二是加强与成员单位的沟通，详细了解其内外部融资情况，针对融资较为困难的单位组成专项小组跟踪服务，努力提供低成本的内部融资。通过财务公司自营或委托贷款置换外部融资的金额同比大幅增加，财务公司自营贷款总额占集团合并报表负债总额的比例不断上升，同时将中煤集团资产负债率控制在65%以内。

降成本方面：一是提供有竞争力的存贷款利率价格。贷款利率普遍执行中国人民银行同期贷款基准利率，存款利率相较银行也具有竞争力，尤其是定期存款在政策允许的范围内上浮到顶。二是进一步降低手续费，其中下调委托贷款手续费且一次性收取；票据承兑手续费率根据用途进行分类管理。三是成员单位在财务公司开立承兑汇票下调其保证金，减少其资金占用。四是优化资金结算方式。积极推广内部结算和代理结算方式，通过财务公司资金管理系统划转资金，进一步减少外部银行资金流转产生的费用。

补短板方面：一是积极支持节能环保产业发展。针对煤矸石发电产业，2017年为格瑞特电厂发放委托贷款，推进煤电一体化运营产生节能环保效益；针对煤炭的综合利用，2017年向综合利用公司发放自营贷款，支持其在电气自动化、信息化、节能环保等方面进一步提升技术实力。二是积极推进产业转型升级。为推动煤机制造业向高科技、高端产品制造、专业化服务、融资租赁业务等转型，不断向该领域发放贷款，帮助其建成世界上最大的煤机装备产业园，成为具备"两化融合"的智慧工厂和煤炭行业唯一的国家能源研发中心。

（二）服务"一带一路"建设

随着中国对外开放的持续深入和国际化的进一步推进，2013年国家提出建设"新丝绸之路经济带"和"21世纪海上丝绸之路"的合作倡议（简称"一带一路"），为新时期世界走向共赢提供了中国方案。"一带一路"建设是在双边或多边联动基础上通过市场化运作模式以具体项目加以推进的，企业是其建设的核心主体与支撑力量。作为集团内部银行的财务公司，紧随集团海外发展步伐，不断拓展其国际业务和提高金融服务水平，为集团海外发展尤其是参与"一带一路"建设提供了账户管理、结算、存贷款、筹融资、外汇交易等综合性金融服务，为"一带一路"建设的顺利推进做出了重要贡献。

一是免费提供优质基础金融服务做好基础保障。账户管理、结算是财务公司所提供的最基础的金融服务。为使企业集团和成员单位更好地参与"一带一路"建设，财务公司通常免收账户管理费、免费办理各类结算业务。例如，中电科财务公司通过跨境人民币资金池全年为"一带一路"沿线国家和地区成员企业办理国际结算20.9亿元，中石化财务公司全年为"一带一路"沿线国家和地区成员企业办理国际结算高达514亿美元。据调卷统计，2017年，财务公司全行业为支持企业集团积极参与"一带一路"建设，累计办理国际结算达1.5万亿元。

二是全力提供优惠贷款确保资金需求。"一带一路"建设主要集中于交通、能源和网络等基础设施方面，所需资金巨大。财务公司充分发挥内部银行功能，通过自营贷款和委托贷款为各大项目建设提供大量优惠资金。例如，2017年，国投财务公司向相关项目发放自营贷款19.87亿元，主要用于国投贸易和中成集团等企业羊毛、粮油等农产品进出口、孟加拉沙迦拉化肥厂项目建设等；云南建投财务公司发放1亿元贷款支持老挝万象综合开发项目和103医院建设；宁波港财务公司助力舟山港打造"一带一路"最佳结合点，累计发放自营贷款和委托贷款65.75亿元，同比增长42.9%。据调卷统计，2017年，财务公司全行业为支持企业集团积极参与"一带一路"建设，累计发放自营贷款和委托贷款达2123亿元。同时，财务公司还积极参与银团贷款，做大集团整体利益。例如，就中煤准东五彩湾北二电厂3号4号（2×660MW）机组发电工程的融资需求，中煤财务公司进行整体融资安排，积极参与银团贷款，以电费收费权及该项目在营运期内所产生的全部应收账款为质物，完成了银团贷款的合同签署，同时还提供了委托贷款。

三是充分发挥融资平台功能保障资金供应。一些财务公司依托自身平台优势和专业优势，充分发挥融资平台功能，灵活运用境内外市场通过银行贷款和拆借、发行商票和债券等渠道募集市场资金，确保资金供应。例如，中车财务公司成立境内外融资联动互动专项工作小组，通过交叉货币跨境融资完成境外美元贷款、境内交叉货币掉期项目融入资金折合人民币 58 亿元，较境内同期人民币融资可为中国中车节约年化财务费用约 3300 万元。一些财务公司还积极协助所属集团开展融资成本测算、融资方案设计等融资顾问或财务顾问工作，提供智力支持。例如，国电投财务公司担任集团公司某二级单位关于埃塞俄比亚水电项目的财务顾问，为该项目提供包括投资架构设计、项目估值、保险方案、融资方案、外汇风险管理方案服务及协助进行可研报告评审等。中化工程财务公司就中国化学股份工程与印尼 S2P 公司合作的印尼芝拉扎 1×1000MW 燃煤电站项目提供了融资顾问及过桥资金支持。据调卷统计，2017 年，财务公司全行业为 76 个"一带一路"项目提供了财务顾问与咨询服务，涉及项目金额累计达 2752 亿元。

四是积极发挥专业优势提供外汇交易服务。财务公司充分利用牌照优势和交易员的专业技能，勤勉尽责为集团和成员企业盯盘，努力寻找合适价格办理结售汇，同时抓住不同币种汇率利率的市场波动机会，灵活运用远期、掉期等金融工具开展无风险套利。例如，五矿财务公司充分发挥外汇交易资质优势，2017 年全年为"一带一路"沿线国家和地区的成员企业办理各类外汇交易 175 亿元，通过汇兑价格优化帮助企业节约汇兑成本达 3697 万元。据调卷统计，2017 年，财务公司全行业为"一带一路"沿线地区企业和项目办理外汇交易 3512 亿元。

 案例

案例 20-2　中油财务公司发挥国际业务先行优势全方位支持集团公司海外发展

中油财务公司（下称公司）积极发挥香港子公司作为集团公司境外唯一司库平台的职能，主动对接"一带一路"建设，支持沿线国家油气领域建设，促进集团与相关国家、地区在能源领域的合作开发，在融资、国际结算及外汇交易等方面为国家"一带一路"建设提供强有力的金融保障。

融资方面：作为集团公司境外筹融资中心，公司运用香港子公司有利的区域和政策优势，筹集低成本生产建设资金，为"一带一路"生产建设提供资金保障。公司在服务"一带一路"建设中，简化融资手续，便利企业资金使用，并采用多种担保措施，降低项目融资风险，包括股东完工担保、现金流质押、资产抵押等，对于高风险国家项目，公司购买中国出口信用保险公司的海外投资保险，控制项目的汇兑限制、战争及政治暴乱风险。2008 年至 2017 年，累计为俄罗斯、哈萨克斯坦等 15 个中亚、西亚、东南亚、独联体等"一带一路"沿线国家和地区的 46 个成员企业 137 个重点项目提供融资 898.6 亿美元（合同额），融资服务领域涵盖了油气田开发、项目并购、管理建设、工程技术服务等。截至 2017 年末，"一带一路"项目或企业贷款余额达 139.24 亿美元。

此外，充分运用香港子公司的境外平台优势，先后进行了 6 次国际债券发行、数千次商业票据循环发行和上百次银行拆借，为集团"一带一路"建设和海外发展筹集低成本的外部市场资金，提供了有力的资金保障，其中 2017 年通过银行拆借和商票发行累计融入外汇资金 662 亿美元。

国际结算方面：公司通过灵活运用境外资金池，选择最优结算路径，为企业免费提供国际结算服务。2008 年至 2017 年，累计为"一带一路"沿线国家和地区的成员企业提供国际结算服务 12.1 万笔、1.9 万亿美元。其中，2017 年累计办理国际结算 1.42 万笔、1718 亿美元。

外汇交易方面：公司通过建立完整的境内外交易和风险管理平台，做好外汇交易服务。2008 年至 2017 年，公司累计为"一带一路"沿线国家和地区的成员企业的油气贸易、项目并购和建设提供各类外汇交易服务 4691 亿美元，其中，2017 年累计为"一带一路"项目办理外汇交易 444.5 亿美元。

 案例

案例 20-3 红豆财务公司助力打造"西港特区"
架起中柬友谊桥梁

红豆财务公司（下称财务公司）利用金融服务平台优势，全力支持集团走出去和参与"一带一路"建设。其中，集团在柬埔寨西哈努克省所建西哈努克港经济特区（下称西港特区）成为"一带一路"国际合作共赢的成功样板，也是中柬友谊的重要见证，受到两国领导人及各级政府部门的高度关注。目前，西港特区建设卓有成效，已累计引入来自中国、欧美、日韩等国家和地区的企业 118 家，其中 98 家已投入生产经营，为当地解决就业超过 2 万人。西港特区的成功建设，财务公司的支持功不可没。

一、发挥平台优势、提供资金支持

财务公司积极发挥平台功能，不断提供资金支持和拓展融资渠道。项目建设初期，财务公司积极主动作为，对项目背景、机会风险、收益预期、可行性等进行充分调研和分析，从财务咨询角度提出实施建议，并为西港特区提供 1 亿元的资金支持。建设过程中，继续授信 3 亿元。截至 2017 年末，已累计发放人民币贷款 2.2 亿元。同时，财务公司积极发挥融资平台功能，提供融资渠道，帮助西港特区获得中国进出口银行江苏省分行 5000 万美元贷款，同时通过与境外银行合作，协助西港特区获得境外融资 1000 万美元，以满足西港特区建设资金需求。

二、深入企业实际，提供多样化金融服务

除资金支持外，公司多次组织相关人员深入了解西港特区运营情况，包括项目建设进度、招商和资金使用情况等，通过双方交流互通，了解需求，提供切实帮助。

（一）积极申请外汇资金池

针对西港特区的外汇资金运营管理需求，公司积极向外管部门申报跨国外汇资金集中运营业务，为西港特区提供外汇资金集中管理服务，帮助其有效降低汇率成本，控制外汇交易风险。

（二）打造党建结对模式

结合无锡人民银行党建下基层服务活动，打造党建结对模式，联合为西港特区入驻企业提供咨询服务。通过现场会议和视频会议的方式讲解境外投资政策知识，交流并解疑，切实解决入驻企业在境外投资中所遇到的实际问题。

（三）重心下沉了解需求

为提供更加精准的服务，2017 年底公司对西港特区进行工作满意度调查，了解企业对日常金融服务的满意度及需要改进的地方，包括金融服务模式、服务态度、资金需求等，以问题为导向部署今后的工作。

三、推动创新转型，履行社会责任

财务公司在助力西港特区搞好建设、发展经济的同时，更加注重社会责任的履行。财务公司积极开展修建学校、捐资助学、"一对一"帮扶、向柬埔寨红十字会捐款、救助社会弱势群体等各项活动，获得了当地人民的高度认可和政府的大力支持。

（三）服务区域协调发展战略

区域发展的不平衡是中国发展所面临的突出问题，如何促进区域协调发展成为新时代的重大课题。党的十八大以来，党中央提出了区域协调发展的三大战略："一带一路"建设 ①、京津冀协同发展、长江经济带建设。近年来，在党中央、国务院统筹推进"三大战略"的过程中，财务公司为集团深入贯彻落实"三大战略"提供了有力的金融服务支持。

1. 服务京津冀协同发展

财务公司尤其北京、天津及河北等地的财务公司，积极发挥自身产业金融优势，通过优质高效的金融服务大力支持京津冀协同发展。据调卷统计，2017 年财务公司支持集团落实"京津冀协同发展"累计发放自营贷款和委托贷款金额 1.03 万亿元。

一是抓住集团进行产业转移与公共基础设施建设的有利契机，利用资金优势为京津冀协同发展中的一批重点项目提供巨额资金支持。例如，国投财务公司为支持京津冀协同发展，2017 年全年向该地区发放自营贷款 137.99 亿元，办理票据贴现 2.05 亿元、票据承兑 0.48 亿元，主要用于支持包含曹妃甸煤炭码头续建工程在内的多个项目建设。

二是有效把握绿色发展契机，力促清洁能源建设。例如，中油财务公司以保障京津冀油气供应、治理大气环境为目标，通过人民币信贷业务给予优惠资金支持，有效服务京津冀协同发展。其人民币信贷客户主要集中在京津冀地区，包括能源储备、钻探服务、装备制造、石油勘探、工程建设、清洁能源等行业。2017 年公司累计为京津冀地区成员企业发放自营贷款和委托贷款 3127 亿元，通过贷款利率下浮为该地区成员企业节省贷款利息 8.8 亿元。

三是积极响应国家号召，为雄安新区建设贡献力量。为进一步推动京津冀协同发展，2017 年 4 月，党中央、国务院决定设立国家级新区——雄安新区。财务公司大力支持雄安新区建设。如中石化绿源地热能公司全资子公司河北绿源地热能公司，位于河北省保定市雄县，致力于河北区域尤其是雄安新区的地热能源的开发及利用，目前已形成国内闻名的地热代煤的"雄县模式"。但该公司发展一直受到资金短缺掣肘，中石化财务公司根据地热行业利润率较低、投资回收期长的特点，向其提供了具有针对性的长期低息项目贷款 3 亿元，为其发展提供了有力的资金支持。目前，该公司在河北累计建成供暖能力 1500 万平方米，其中雄安新区的雄县、容城两县达 580 万平方米，并成功将雄县打造成了第一个县级"无烟城"。据调卷统计，2017 年财务公司支持雄安新区建设累计发放自营贷款和委托贷款 7.4 亿元。

---

① 财务公司服务"一带一路"建设的内容见上一部分。

2. 服务长江经济带建设

财务公司尤其是长江沿线的财务公司，依靠自身资金优势、专业优势和贴近实地优势，大力支持长江经济带建设。据调卷统计，财务公司行业 2017 年为支持长江经济带建设发放各类贷款累计达 3811 亿元，其中发放自营贷款 3713 亿元。

一是紧跟长江经济带建设各类融资需求，积极制定信贷扶持政策，向清洁能源、交通运输等诸多领域提供信贷支持。例如，2017 年国信财务公司为支持绿色清洁能源项目——溧阳抽水蓄能发电 6×25 万千瓦抽水蓄能电站的顺利建设，向其提供自营贷款 5.05 亿元、开具财票 7003.64 万元（免收保证金），同时帮助其延迟支付工程款，进一步节约财务成本约 300 万元；招商局财务公司 2017 年向中国长航等企业累计发放自营贷款和委托贷款 40 亿元，为沿江大型钢铁、电力、石化等事关国民经济命脉的企业的原材料和产成品的运输提供了有力保障。

二是促进长江沿线产业集群和中小企业发展，积极提供银团贷款和产业链金融等特色化金融服务。例如，北汽财务公司为确保北汽镇江整车生产基地项目的落地实施，积极为其组建银团贷款 9.56 亿元，北汽财务公司承贷 2 亿元，有力支持了汽车产业集群落户投产。徐工财务公司通过搭建产业链逆向信用评价体系，依托成员单位企业，实现了对长江经济带沿线 11 个省市的上下游企业的产业链金融服务的全覆盖，直接服务的经销商和客户突破 200 家，信贷投放规模突破 30 亿元，有效激发了长江经济带沿线省市中小企业的发展活力和促进了城市基础设施建设。

 案例

案例 20-4 北汽财务公司力促区域协调发展

北汽财务公司紧跟集团积极贯彻落实京津冀协同发展、长江经济带建设的战略部署，通过优质高效的金融服务积极支持集团参与区域协调发展，取得了较好成效。

一、全力保障集团参与京津冀协同发展

为落实国家京津冀协同发展战略，北汽集团充当北京市属国企表率，积极协调北京现代在河北沧州建立分公司，着力发挥汽车产业链的集群效应，将一大批优质零部件企业带进河北沧州，有力地带动了当地就业及经济发展。

具体做法：北汽财务公司紧跟集团产业布局，积极配合并提供金融支持，为北京现代整体提供 25 亿元的综合授信额度，用于支持其日常经营。2017 年累计为北京现代汽车有限公司销售分公司办理贴现 47.6 亿元，用于其经营周转，以实际行动支持京津冀协同发展战略的落地实施。

取得成效：作为京津冀协同发展的"龙头项目"，北京现代沧州工厂不仅对河北地区加快汽车及相关产业发展具有示范带动作用，也为深化京冀两地交流合作、推动更多产业和项目向河北转移提供了有益借鉴。北汽财务公司紧跟国家战略及集团产业布局，通过向成员单位提供流动资金贷款、办理票据贴现等金融服务，为京津冀协同发展战略的落实提供了有力支持。

二、积极支持集团参与长江经济带建设

为落实国家长江经济带建设的战略，北汽集团积极在重庆、江苏等地建设生产基地，将汽车产业集群带入当地，为长江沿岸经济发展提供助力。

具体做法：为确保北汽镇江整车生产基地项目落地实施，北汽财务公司积极为北汽（镇江）有限公司组建银团贷款，为项目建设提供资金支持，并撬动外部银行资源拉动融资金额提升。在北汽镇江项目融资中，银团融资 9.56 亿元，财务公司承贷 2 亿元，并通过银团内部谈判，拉动外部银行协同使贷款利率下浮。这使得在为北汽镇江项目提供资金支持的同时，也降低了其融资成本，充分发挥了财务公司在同业中的价格导向作用。

取得成效：在财务公司的大力支持下，北汽镇江作为北汽集团的华东产业基地得以顺利建设，将有力带动当地就业、提升财政收入水平。同时，也对当地汽配产业具有显著的带动效应，促进当地经济发展。

（四）服务《中国制造2025》

制造业作为国民经济的主体，是立国之本、兴国之器、强国之基。目前，中国制造业大而不强，存在诸多问题。为使我国能从制造大国迈向制造强国，打造具有国际竞争力的制造业，2015 年国家正式提出制造强国战略，发布了第一个十年行动纲领——《中国制造 2025》。作为产融结合的先行者、服务实体经济的最佳实践者，财务公司通过优质高效的金融服务全力支持集团参与制造强国战略，助力集团实现产业升级、制造业振兴。

《中国制造 2025》指出要聚焦于新一代信息技术产业、高档数控机床和机器人、航空航天装备、海洋工程装备及高技术船舶、先进轨道交通装备、节能与新能源汽车、电力装备、农机装备、新材料、生物医药及高性能医疗器械十大重点领域，大力推动重点领域实现突破发展。财务公司紧跟国家产业引导，将更多更好的金融服务有针对性地向上述十大重点领域倾斜。据调研，财务公司发放贷款的对象主要集中在航空航天装备、新一代信息技术产业、电力装备、新能源和新能源汽车领域，尤其是在航空航天装备、新一代信息技术产业。2017 年，财务公司行业为支持《中国制造2025》累计发放自营贷款和委托贷款 2485 亿元，其中航空航天装备和新一代信息技术产业领域分别发放贷款 803 亿元、375 亿元，有力地推动了中国制造大国向"中国智造强国"迈进。

具体而言，北汽财务公司和格力财务公司等一批制造业财务公司积极投身于服务《中国制造2025》行动中，为其提供大力支持。例如，北汽财务公司积极为北汽集团、北汽股份、昌河汽车、北汽新能源等成员单位提供匹配流动贷款、票据等综合授信服务，助力绅宝、昌河、北京牌、新能源等自主品牌发展，并在项目建设中引入银团贷款，满足自主品牌成员单位流动资金及项目融资需求。2017 年，累计为相关企业提供综合授信 114 亿元，累计发放自营贷款 77 亿元、委托贷款 8.19 亿元。在北汽财务公司的金融支持下，北汽集团自主品牌的发展取得了优异的成绩，如北京牌军车，在香港回归、阅兵时成为国家主席座驾，2017 年北汽新能源汽车销量达到 10.3 万辆，位居国内新能源纯电动汽车销量榜首，成为新能源汽车产业的排头兵。

 案例

案例 20-5　格力财务公司战略性项目贷款支持制造升级

格力财务公司紧抓国家由制造大国向制造强国转变的历史机遇，重点、着力支持集团制造业企业，加大对智能装备、新能源等重点领域信贷投放，用产品、服务践行《中国制造2025》的制造强国战略。

一、具体措施

一是量身定制、创新开展战略性项目贷款。对集团内部先进制造业，公司通过实地调研、结合业务特点，借助科学、运用专业的方法，分析企业风险因素，评估风险，从业务制度、内控操作、复核审批等多角度全方位地量身定制具有个性化的贷款方案。如珠海格力智能装备公司、格力大松（宿迁）生活电器公司、格力电器（杭州）公司是格力电器多元化转型的新产业、新基地，格力财务公司为其设计战略性项目贷款，按工程建设的总融资需求进行授信审批，根据工程的类别、进度分批次提款。在授信有效期内，可提前还款，释放额度循环使用，用款更加便捷灵活，财务费率得以降低。

二是绿色审批、流程从优从简。公司通过业务优化、流程精简为先进装备制造业企业、新建生产基地建立了"融资绿色通道"，优先受理业务，在资料齐全情况下，一般会在 3 个工作日内完成审批，放款速度及效率显著提升。

二、取得成效

2017 年公司支持集团制造转型升级累计发放贷款 61.72 亿元，通过贷款利率优惠为企业节约财务费用 1568.71 万元。所发放战略性项目贷款已全部用于项目基建，各基地及单位项目建设有序开展，集团制造业转型布局显现。

二 服务集团平台定位功能发挥

上级主管部门高度重视财务公司行业发展。2014 年 10 月，国资委与银监会联合下发"165 号文"，指出集团公司应明确财务公司服务集团资金集中管理的基本定位，立足集团主业发展，服务集团成员企业，充分发挥"集团资金归集平台、集团资金结算平台、集团资金监控平台、集团金融服务平台"四项功能。对此，各大集团公司高度重视，积极推进，认真落实。在上级主管部门和集团公司的大力支持下，财务公司积极发挥四个平台功能，有效促进了集团资源优化配置，保障了资金安全，提升了运行效率和节约了财务成本。

（一）发挥资金归集平台作用，强化资金集聚效益

归集资金是财务公司加大企业集团资金集中管理力度、提高资金使用效率的基本前提，成为财务公司最核心的职能。财务公司以归集资金为抓手，发挥资金归集平台作用，强化资金集聚效益。2017 年，财务公司着力进行资金归集，资金集中度进一步增强，年末全行业资金集中度为 47.91%，较上年提高 2.33 个百分点，继续保持上升趋势。

目前，财务公司在资金归集方面主要呈现以下特点或亮点。

从资金归集模式上看，主要通过构建企业司库，利用总分联动账户管理模式实现收支两条线，对资金进行实时归集。其典型的代表是中油财务公司大司库体系下的总分联动账户管理模式和收支两条线，每日通过总分联动、收支两条线方式对成员企业资金进行归集，2017 年末归集资金达 3005 亿元。其具体做法是：搭建以总分联动账户为主、限额账户为辅的账户架构。总分联动的总账户为财务公司及其分公司在签约

银行开立的结算账户，分账户为集团成员单位在签约银行以自己的名义开立的银行结算账户，并与财务公司总账户建立联动关系，内部综合账户为集团成员单位在财务公司及其分公司开立的内部结算账户，与其在商业银行开立的分账户建立对应关系。当企业收到外部收入时，先收到分账户，银行实时归集到财务公司主账户，同时将相关信息传给财务公司进行账务处理；在进行对外付款时，企业通过营运资金管理平台或财务公司网银将支付指令提交给财务公司，财务公司通过财银直联向银行发送付款指令，银行从财务公司主账户向企业的分账户拨入款项，分账户再对外支出。

从资金归集对象看，包括现金、票据等在内的全部资金，即归集所形成的资金池由先前单一的"现金池"，逐步延伸至"票据池"和"外汇池"，形成"多池共生"现象。例如，招金财务公司通过"账户池""资金池""票据池"的"多池驱动"模式加强对集团资金的集中管理；大冶有色财务公司等诸多财务公司积极推进"现金池""票据池""外汇资金池"建设，不断完善资金归集平台功能，稳步提升资金集中管理能力。

从资金归集范围看，财务公司可对境内外本外币资金进行归集，并不断探索新的可归集资金，努力实现"应归尽归"，有效规避资金的"跑冒滴漏"，提高资金集中度。它不仅可归集境内资金，还归集境外资金，币种不仅涉及本币还涉及多种外币，目前海尔财务公司、中化工程财务公司等多家财务公司已建立跨境双向人民币资金池和跨境外汇资金池。同时，财务公司不断加大资金归集力度，拓展归集范围，努力探索新的可归集资金。例如日照港财务公司通过利率上浮等优惠措施积极争取集团参股单位最低按持股比例最大限度地进行归集其资金，还积极协调监管部门，实现了财政资金、房地产监管资金、港口建设费等专项资金的归集；中电科财务公司努力解决特殊类账户的归集痛点，实现了对招投标保证金和党费资金的归集。

（二）发挥资金结算平台作用，提高资金周转效率

财务公司通常是集团唯一或主要的资金结算平台，同时资金结算业务也是财务公司提供的最基础的服务，财务公司历来高度重视结算工作，努力搭建结算网络。2017年，财务公司不断完善基础服务功能，积极发挥资金结算平台功能，确保资金结算安全高效，努力提高结算效率和资金周转率，全年结算金额351.55万亿元，较上年增长31.70%，增速较上年提高20.84个百分点。

财务公司积极搭建电子化结算平台，一头与商业银行银财直连，另一头与企业集团 ERP 系统对接，构建了集团 ERP 系统、结算子系统与签约银行的直通式结算通道

231

和密集的结算网络。通过财银接口与多家签约银行建立信息直连，使企业由原来面向多家银行结算变为通过财务公司一家金融机构统一集中结算，财务公司行使集团内部联行职能，为企业选择最快捷签约银行，以同行汇款路径，完成全程不落地直通式处理。通过这种四通八达的结算网络实现结算集中，有效保障了集团资金流转顺畅、高效。

2017年，多家财务公司进一步完善资金结算功能，着力发挥资金结算平台作用，提高资金周转效率。例如广西交投财务公司高度重视工程项目银团贷款结算难题，积极与银团牵头行探索构建合规快捷支付渠道，推动试点额度内小额信贷资金在公司集中监控下自主支付，为大额支付提供集中单据预审、集中指令提交、集中支付审批服务，得到银团行高度认可；南网财务公司继续重视电网下属单位的电子结算业务，重点突破深圳供电局结算全覆盖，继续推广财企直联电子支付工作，扩大结算覆盖面、提升结算效率；中冶财务公司大胆求变，积极开展成员单位存贷款轧差结算业务，提高结算效率，降低交易成本。

（三）发挥资金监控平台作用，保障资金运行安全

财务公司利用账户集中、结算集中和资金集中的优势，协助集团公司对成员企业账户、资金、票据、收支进行实时监控，确保"看得见、管得住、用得好"，积极发挥资金监控平台作用，有效保障资金的运行安全。据调查问卷统计，2017年末，财务公司行业可对包括本外币结算账户在内的超过20万账户进行实时监控，其中境内监控账户超过19万个、境外监控账户约1.4万个。

财务公司资金监控的主要做法各有特色。例如，中油财务公司充分运用大司库体系，对成员企业的账户、资金、票据和收支等进行在线实时监控，对外付款实行三级审核，对敏感性支出实行穿透式监控、事中控制、实时预警，资金运营与核算全部纳入电子商务系统，对资金业务的交易和授权进行管控，严格控制资金风险。除对结算账户进行监管外，还充分利用北京、香港、新加坡和迪拜四个外汇资金池，依托网上银行系统和资金监控系统，对集团公司分布在全球76个国家和地区的超过2800个境外银行账户实施信息监控，实时掌握资金流向，有效确保资金运行安全。

广西交投财务公司推行资金调度会议制度，以资金调度会为平台，构建以业务计划为起点，历经业务合同、资金计划、联席审核、计划下达、执行分析和后续检查等全过程的闭环管控体系，严格执行资金"收支两条线"，实行支付分类管理、交易对

象名单管理，加快业务进度与资金支付匹配，加大对成员单位重大资金、垫付资金、贸易业务资金等资金的流向监控，使得计划外支出、体系外支付大幅减少，缺乏合规依据的支付得以有效避免。

中电科财务公司为确保集团资金安全对资金实施全面监控。依托账户管理系统，对全级次 574 家成员单位完成年检全覆盖，从资金和账户两个维度摸清情况，明确资金管控方向；依托资金支出计划管理系统，除上市公司外，按月分周对全级次 408 家成员单位资金支出进行管理；依托大额资金监控系统，对大额资金支出的真实贸易背景等进行预警排查，监测资金流向，有效防范大额资金的支出风险。2017 年，累计对 337 家成员单位的 790 亿元执行大额资金监控，预警超大额标准支出 6.9 万笔。

（四）发挥金融服务平台作用，实现集团整体效益最佳

财务公司作为集团内部银行，充分利用金融牌照优势和专业优势，积极发挥集团投融资平台和智库服务功能，在集团发债和其他金融运作方面提供专业咨询和顾问服务，为集团和成员企业提供投资并购、资本运作和决策支持等服务，不断提升集团资金保障能力，还积极协助集团统一开展融资谈判，增强对外议价能力，使得金融服务平台的功能得到充分发挥，最终实现集团整体效益最佳。

在信贷服务平台作用发挥方面：财务公司通过对集团和成员单位资金的集中归集形成统一资金池，充分发挥"以丰补歉"的内部资金调剂功能，有效压降"存贷双高"，通过自营贷款、委托贷款、票据贴现、保函等各类信贷服务全力支持集团和成员单位资金需求。例如淮北矿业财务公司积极发挥信贷金融服务功能，全年向集团和成员单位累计发放贷款 18.8 亿元、委托贷款 43.5 亿元、票据贴现 4.5 亿元、办理保函 63.8 万元等，全力支持集团资金需求。2017 年，全行业累计向集团和成员单位发放各类贷款 1.85 万亿元，较上年增长 20.17%。

在融资平台作用发挥方面：财务公司充分运用融资资质和专业优势，通过境内外同业拆借、正回购、发行债券和商业票据等途径，积极从外部市场融入各类资金，有效补充集团资金供给。例如，2017 年，中电建财务公司帮助集团启动"水星Ⅲ"25 亿美元境外美元债 MTN（中期票据）计划，年内成功发行首期 5 亿美元高级永续债券，相比境内融资可节约财务公司费用 3.4 亿元；淮北矿业集团财务公司面对流动性收紧，充分利用融资平台优势，全年累计代理集团和股份公司发债 40 亿元、融资租赁 19.6 亿元、债转股 51.2 亿元，全面完成集团融资任务。

在资金运作和投资平台作用发挥方面：财务公司在优先保障集团和成员单位结算

支付、贷款需求和公司流动性安全外，还利用专业和平台优势，在风险可控前提下，强化长短期资金运作，将富余资金投资到风险相对低收益相对高的产品或项目上，赚取相对安全稳定的市场收益，提高资金效益，做大集团利润。例如，南方电网公司着力于短期资金的灵活配置，全年开展同业拆出和逆回购共 8347 亿元，实现收益 3.87 亿元，还紧抓市场有利时机配置同业存单 91 亿元、银行理财产品 105 亿元，获取收益超 1.1 亿元。2017 年，全行业开展证券投资实现收益 130.5 亿元，占行业收入的 7%，为做大集团利润做出重要贡献。

在智库服务功能发挥方面：财务公司充分运用自身金融专业优势，在集团资本运作、外部融资等多方面提供专业咨询、顾问服务，积极扮演集团金融智库角色。例如，中化工程财务公司建议并作为设立和运营工作的实际执行团队积极推动集团公司在香港设立国际财资中心，打造境外司库，并着力研究探索业务运营方案，同时努力探索、研究并积极推进集团公司可交换债券发行工作，促成了该事项的正式启动；凤凰出版传媒财务公司积极加入集团金融资产投资论证小组，提供各类财务咨询服务，对拟投资项目开展尽职调研、评估和审核等工作，形成初步意见后，再提交给金融资产投资论证小组审阅决策，2017 年公司共向金融论证小组上报项目 31 次、累计金额 19.3 亿元，涉及集合信托产品、收益性凭证、新股申购和担保等事项，同时通过投资研判协助集团确定 20 亿元中期票据的发行时间窗口，节省了大量发行费用；中海油财务公司积极参与集团重大项目的银团融资，着力发挥"示范压价"作用，通过低价承诺与积极参与，引导并推动外部商业银行跟随提供最优利率的融资方案。据不完全统计，2017 年全行业财务公司支持集团境外并购项目 18 个，提供财务顾问服务的项目标的总额约为 6516 亿元，单就集团"一带一路"沿线项目提供各类财务顾问或咨询服务就达 76 项，标的总额为 2752 亿元。

 案例

案例 20-6　青啤财务公司着力打造综合金融服务平台服务集团定位

青啤财务公司秉承四个平台功能定位，牢记"立足集团、服务主业、成为支持集团发展的最佳金融服务平台"理念，着力打造集资金归集平台、资金结算平台、资金计划平台、资金监控平台和远程金融服务平台于一体的综合金融服务平台并深化应用，为遍布全国的 100 多家成员单位提供全方位金融服务。

一、综合金融服务平台管理模式

青啤财务公司紧紧围绕战略定位，持续建设资金归集平台、资金结算平台、资金计划平台、资金监控平台，同时在已创建的"三位一体"金融服务体系（集团 ERP 系统、财务公司网银系统、财务公司业务核心系统）的基础上，新增和拓宽电子票据远程应用，将各系统融会贯通，打造成一体化的综合金融服务平台，为成员单位提供高质效、专业化的金融服务，收效显著。

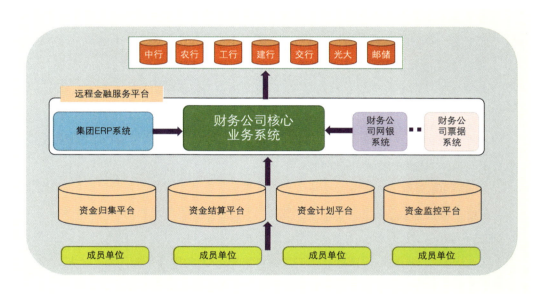

图 20-1　青啤财务公司综合金融服务平台

二、以资金归集平台为基础

资金归集平台与七家银行系统直联对接，通过青啤股份在线收单和在线收押系统，实现银行与 ERP 订单系统直联，支持销售收入实时上收成员单位银行收入户，青啤财务公司每日 16 时系统自动清零归集或随时手动归集分布在全国 100 多家成员单位的银行账户资金。2017 年末资金归集度为 92.02%，持续位居行业前列。

三、以资金结算平台为中心

资金结算平台通过代理支付、资金下拨、协定存放、定期存款、资金调拨、清算转入、同业记账等功能，实现成员单位的主要资金支付通过财务公司结算；根据资金日计划系统支持点对点自动下拨资金至银行支付账户，确保成员单位进行属地零星开支；通过市场化运作，成员单位可根据管理需要将富余资金统筹进行协定和短、中、长期存放。公司资金结算平台运行顺畅、高效，2017 年为成员单位节约结算手续费 175 万元。

四、以资金计划平台为抓手

资金计划平台通过现金流项目自动管理和控制成员单位的所有财务公司账户的资金收支；同时，根据日资金计划，平台支持每日9时核心系统开机时，自成员单位财务公司账户自动下拨成员单位属地银行支出账户资金，用于工资、税金及零星开支等，真正实现指导成员单位的资金运作提前规划、源头控制。截至2017年底，公司已将所有从事啤酒制造和啤酒销售的成员单位纳入资金计划管控，占公司客户的95%以上。

五、以资金监控平台为辅助

公司对成员单位实行收支两条线管理，成员单位的银行收入户和支出户纳入资金监控平台实行账户明细和余额监控；对个别待关停或资金量较小的经营性子公司，通过资金监控平台实施定期监督，若发现交易异常或资金流量变化，可随时纳入成员单位管理。2017年末，公司实现对107家成员单位的255个银行收入和支出账户的实时监控管理，对收入户余额系统自动监控与每日定期清零归集；对支出户与青啤股份每年联合发布账户余额控制线，防止大额资金体外循环；对6家单位的银行收支账户实行明细监控与分析，可随时调整管理措施。

六、以远程金融服务平台为工具

公司将集团ERP系统、财务公司网银系统、财务公司核心系统闭环直联贯通，形成"三位一体"的金融服务平台，实现资金业务处理的前、中、后台电子化直联。一方面提高资金信息准确及时性，提升资金业务处理效率；另一方面实现票据流、资金流、账务流三流合一，系统互为依据自动生成账务，有效防范资金风险。另外，公司新增电子票据平台，与金融服务平台进行有效对接，为票据业务拓展提供支持。

综上，青啤财务公司牢记集团定位，着力打造集四个平台于一体的综合金融服务平台，优化金融资源，充分发挥平台功能，为集团主业发展提供了有力的全方位金融支持。

三　服务集团风险管控

财务公司作为集团内部银行，通过对集团本外币资金进行集中管理和集中运用，充分发挥平台功能和专业金融优势，为集团整体财务风险管控提供支持。

（一）充分发挥内部银行功能，压降集团杠杆风险

财务公司作为集团内部银行，其存贷款业务具有在集团合并报表可相互抵消的优

势。集团资金需求通过财务公司内部贷款解决，可大力压降集团杠杆水平，有效降低集团公司来自外部银行的偿债压力。在企业去杠杆的大环境下，财务公司着力发挥内部银行功能，一方面，不断争取央行贷款规模额度支持，努力通过内部贷款满足集团资金需求；另一方面，不断优化贷款定价机制和提供优质高效的金融服务，与外部银行竞争，努力置换外部贷款为内部贷款。例如，淮北矿业财务公司多措并举，促使集团累计压降有息负债 42 亿元，同时积极推动实施建设银行 51.2 亿元债转股项目成功落地，使集团资产负债率降到 70% 以下。据调卷统计，2017 年，全行业置换外部贷款新增 8606 亿元，有效降低了集团的杠杆风险水平。

同时，财务公司利用内部银行的身份积极构建集团内部资本市场，通过统一的资金池高效调剂内部成员单位资金余缺，以丰补歉，可有效解决成员单位存贷双高问题，在降低部分成员单位财务风险的同时，还可有效控制个别公司财务风险爆发后的风险外溢效应，降低集团公司受波及的可能性。

（二）充分运用外汇交易平台，有效管控集团外汇风险

目前，行业内的诸多财务公司已拥有外汇交易资质，成为集团公司、成员单位的外汇交易平台。近年来，世界经济低迷、贸易保护主义抬头、国际市场"黑天鹅"事件频频发生、"灰犀牛"现象不断累积等，对全球化业务构成潜在威胁。财务公司借助专业和平台优势，深入研判市场变化趋势，积极联合境内外金融机构，通过开展结售汇、远期、掉期等多品种的外汇交易业务，充分发挥外汇交易平台功能，助力集团管控外汇风险。例如，中油财务公司利用境内外两个主体搭建起完整的外汇交易平台，实现了对集团外汇交易的集中管理，统一对冲外汇交易风险，外汇交易业务覆盖即期、远期、掉期及利率互换等多种金融工具，2017 年公司利用外汇掉期和交叉货币掉期套保交易解决了非美元币种的资金来源 20.6 亿美元，并运用利率掉期工具对资产负债利率敞口进行套期保值；中船财务公司利用金融专业优势，提前研判，抓住有利市场时机，成功与成员单位开展了 1 年期美元兑人民币掉期业务，对汇率风险进行锁定。

（三）不断完善全球资金管理体系，助力防控资金风险

近年来，财务公司在完善人民币资金池、外汇资金池的基础上，进一步搭建跨境双向人民币资金池、跨境双向外汇资金池，为集团构筑起完善的全球资金管理体系。

237

通过全球资金管理体系，对集团分布在全球各地的资金的流量、流向进行全面监督和统一调控，确保集团资金全球协调、有序、可控运行，使全球资金风险防控能力大幅增强。例如，中核建财务公司通过跨境资金池帮助集团找回丢失资金，确保了资金安全汇回入池。具体情况是：2017 年 12 月 27 日，集团公司下属单位中核投资（香港）公司紧急启动一笔 4.2 亿元人民币海外资金的回流程序，亟须在 12 月 29 日前汇入财务公司国内主账户。因境外经办银行失误，此笔资金回流历经波折，甚至一度失去踪迹。公司通过研究分析、跟踪交易路径、清算银行等多项措施，直至最终发现资金的汇入行有误。然后，按规定联系银行将资金退回境外，并迅速重启回流程序，通过境内外联动实时跟踪每一个关键环节，最终成功到达财务公司的跨境资金池主账户，确保了集团资金的安全到位。

第二十一章
服务成员单位

作为企业集团重要组成部分的成员单位，和集团一样，是财务公司与生俱来的天然客户。2017年，财务公司继续坚持作为集团内部银行，以服务集团主业发展为己任，紧跟成员单位需求，尽心竭力向成员单位提供各类金融服务。

一 全方位金融服务满足成员单位多元化金融需求

根据《企业集团财务公司管理办法》相关规定，财务公司是企业集团所属的为集团成员单位提供财务管理服务的非银行金融机构，除具有基本的存款、贷款、结算资质以外，还拥有投融资、外汇管理、债券承销、财务咨询和顾问等资格。近年来，财务公司不断发展，专业能力大幅提升，业务范围进一步拓展，已具备向成员单位提供全方位金融服务的能力。2017年，财务公司通过向成员单位提供全方位的金融服务努力满足其多元化的金融需求。

（一）充分发挥内部银行功能，确保企业资金需求

财务公司牢记服务使命，多措并举，充分发挥内部银行功能，为成员单位日常经营、项目建设和产业升级等提供资金支持，确保成员单位稳定持续健康发展。

一是不断丰富信贷服务内容努力提升服务能力。财务公司在持续巩固自营贷款、委托贷款、票据贴现、转贴现等传统贷款服务的基础上，不断坚持业务创新，在保函、保理尤其是在电票业务等方面取得了众多实质性进展。目前，诸多财务公司已加入上海票据交易所，信贷服务内容不断丰富，服务能力也进一步提升。例如，金隅财

务公司强化信贷服务能力，2017 年累计为水泥、混凝土、房地产、商贸、建材、融资租赁等版块成员单位发放贷款 119.7 亿元，办理贴现业务 16.8 亿元，出具商业汇票 15.5 亿元，办理保函等担保类业务 10.1 亿元，有效满足了其资金需求；本钢财务公司大力推广公司电票业务，全年累计签发电票 43.3 亿元，年末余额 29.4 亿元，同时还针对国际采购业务积极探索，为本钢国际贸易公司提供进口关税保函服务，开具保函 3172 万元。

二是努力争取贷款规模额度加大服务力度。2017 年，金融面临严监管，国家力推金融去杠杆，严格控制金融机构贷款规模。贷款规模的受限使财务公司针对成员单位的服务难以有效提供。对此，为进一步加大对成员单位的服务力度，财务公司作为服务实体经济的最直接、最佳载体，积极向中国人民银行阐释财务公司本质，表达诉求，努力争取贷款规模支持。例如，淮北矿业财务公司积极向中国人民银行争取信贷规模，为成员单位提供贷款、电票、贴现、保函、信用鉴证等金融服务，满足成员单位经营周转、项目建设、招投标等方面金融需求；三峡财务公司多措并举，努力化解成员单位融资需求与自营贷款规模受限的矛盾，全力以赴满足成员单位的资金需求，全年累计发放自营贷款超 290 亿元、委托贷款近 520 亿元。

（二）努力发挥平台优势，竭力满足企业个性化需求

财务公司作为集团内部金融机构，拥有产业集团特有的金融平台和专业优势，可为成员单位提供有针对性的定制金融服务，满足成员单位个性化、差异化金融需求。

在个性化贷款服务方面，大冶有色财务公司针对成员单位因抵质押物不足难以取得银行常规贷款融资的情况，推出股权质押贷款业务品种，允许成员单位将持有的其他公司未上市股权进行质押取得公司贷款融资，另外考虑到国家重点支持发展的行业能够获得国家预期补贴资金，向其推出以其国家补贴基金收益权作质押的收益权质押贷款业务品种，为企业提供融资服务；中铝财务公司结合工程板块特点开立履约保函，同时响应企业在一定额度内灵活使用资金的需求，设计循环贷产品，企业缴纳一定比例承诺费后，可在额度范围内随借随还。

在外汇管理方面，招商局财务公司通过个性化金融服务助力解决成员单位困难，如帮助成员单位中国船务实现共计 9.93 亿元人民币船舶拆借补贴款的顺利出境；积极争取国家外管局政策支持，针对中外运航运存入并在境内意愿结汇的 1800 万美元资金，通过境内购汇后再经跨境外汇通道、外债还款方式将人民币结汇待支付专户中的资金支取出来，解决了其专户资金长期冻结的问题。

在咨询顾问服务方面，财务公司在银团贷款、债券发行承销等方面扮演咨询顾问类智库服务角色，如海信财务公司在集团子公司在香港地区开展的 3 亿美元的银团贷款中，积极发挥融资顾问功能，提供了各类咨询服务，确保了集团首笔银团贷款业务成功开展；浦发财务公司积极发挥智库功能，强化市场研判，在债券发行最优时点协助成员单位路桥公司完成了 2 亿元公司债的发行；中电科财务公司还在融资租赁、银团保理等方面进行拓展，为成员单位提供多样化的金融服务，全年开展融资租赁 19 笔、2.15 亿元，开展银团保理 17.46 亿元。

 案例

案例 21-1　广西交投财务公司创新"路融通"，全方位服务高速公路多元化金融需求

广西交投财务公司根据高速公路项目资金的特点和需求，创新设计出金融服务方案——"路融通"，是对自营贷款、票据、担保、保函等多项金融产品的整合与运用，覆盖了高速公路项目建设至运营的各阶段。

一、具体做法

在高速公路建设阶段："路融通"灵活运用财务公司的同业信用，与外部金融机构积极开展共赢合作。通过票据承兑担保服务，在提升项目公司自主融资能力的同时，减轻了集团的担保压力；通过创新设计票据产品，整合运用票据贴现、转贴现和再贴现等多项金融产品，顺利打通了高速公路票据业务新渠道。此外，"路融通"针对高速公路大宗材料贸易业务设计了"零"保证金的保函产品，大幅减少保证金的外部沉淀，有效降低了成员单位财务成本。

在高速公路运营阶段，"路融通"结合高速公路项目运营管养模式及特点，灵活运用流动资金贷款和票据产品，及时满足项目运营资金需求。

二、取得成效

"路融通"金融服务方案，将集团高速公路项目融资从传统的项目贷款单一融资转变为多项金融产品有机结合的综合融资模式，助力企业降本增效。一方面，通过票据结算每年可为广西高速公路项目节约财务成本近 9800 万元；另一方面，减少了占业务金额 30% 以上的保证金沉淀，盘活了大量资金，进一步提升了资金使用效率。同时，"路融通"金融服务方案获得了监管部门认可，如在广西金融团工委举办的金融青年双提升活动中荣获金点子方案三等奖。

（三）充分发挥内部资本市场作用，促使企业资金余缺有度

一般而言，企业集团通常具有横向一体化、纵向一体化或多元化经营的特征，且往往有诸多成员单位，同时成员单位分布在不同的板块。不同成员单位因自身所处板块不同或行业不同，其资金状况差异明显。通常一部分企业资金相对充裕，拥有大量存款，甚至被闲置；另一部分企业资金相对缺乏，需要通过大量贷款满足资金需求；并且资金的相对充裕或缺乏也可能发生在同一个企业的不同时段。从集团层面看，就呈现出存贷双高问题，一方面出现大量资金低效配置于外部银行，甚至闲置浪费；另一方面又会徒增诸多财务费用，降低集团整体资金效益。财务公司的出现使上述问题迎刃而解，促使成员单位资金余缺有度。

财务公司作为集团内部银行，构建集团统一资金池，相当于在集团内部创立了一个资本市场。在这个内部资本市场中，财务公司扮演着调度员的重要角色，借助统一的资金池充分运用存贷款的形式高效调剂内部成员单位的资金余缺，以丰补歉，有效压降成员单位存贷双高问题，不仅使资金缺乏成员单位的融资需求得到满足，也使资金充裕成员单位的资金效益得以提升，整体提高了集团资金配置质效。据不完全统计，2017 年财务公司全行业充分运用内部资本市场，调剂资金达 4.59 万亿元。

二 让利优惠助力成员单位降本增效

帮助成员单位降本增效是财务公司的基本职责之一。财务公司始终坚持让利优惠原则，在向成员单位提供各项服务时想方设法给予让利优惠，实现自身与成员单位的共同成长。财务公司的让利优惠主要表现在存款利率上浮、贷款利率下浮、结算免费、手续费减免以及中间业务价格优惠等方面。

2017 年，财务公司助力成员单位降本增效成果显著。据调查问卷统计，全行业通过存款利率上浮、贷款利率下浮、结算免费、手续费减免以及中间业务价格优惠等各类措施累计让利优惠超 1293 亿元，有效促进成员单位实现降本增效。同时，面对错综复杂的外部环境和资金成本的明显上升，财务公司努力攻坚克难，一如既往地优惠让利，且力度进一步加大，全行业全年累计让利优惠金额较上年增长 18.4%。

一是坚持存款利率上浮提供最优惠的存款服务。财务公司牢记集团重托，积极履行资金归集平台职责，在满足监管要求的条件下，给成员单位比外部银行更高的存款

利率，资金归集平台作用得以充分发挥。据调卷统计，2017 年财务公司全行业存款加权平均价格相比外部银行价格平均高 48 个基点。存款利率上浮累计为企业让利 108 亿元，平均让利 0.5 亿元。例如，航天科技财务公司人民币平均存款利率较商业银行高 20%，约 30 个基点；太钢集团财务公司人民币存款加权平均利率比银行协定利率高 5 个基点，比银行活期利率高 90 个基点。

二是克服资金价格上移压力坚持贷款让利。2017 年，受货币政策中性偏紧和严监管影响，资金利率普遍上移，外部银行贷款利率也普遍走高。面对此种情况，财务公司充分彰显集团内部银行职责，努力克服资金价格上移压力，依旧坚持贷款利率下浮让利于企业。据调卷统计，2017 年财务公司全行业贷款加权平均价格相比外部银行价格平均低 65 个基点。贷款利率下浮累计为企业降息 145 亿元，平均降息 0.6 亿元。例如，南网财务公司普遍采取同期基准利率下浮 10%的方式发放自营贷款，针对绿色贷款、新能源贷款下浮 20%，2017 年全年为成员单位贷款降息 2.2 亿元；国投财务公司 2017 年发放下浮利率贷款 134 亿元，占新增贷款的 55%，有效降低企业融资成本；悦达财务公司对成员单位的贷款普遍给予优惠，贷款平均利率较外部银行低 87 个基点。

三是结算免费、结算提效双管齐下降成本。财务公司始终坚持资金结算平台的功能定位，全行业普遍免费给成员单位提供优质结算服务。据调卷统计，相比于外部银行办理结算相关业务所交的费用，2017 年财务公司全行业通过结算免费等累计让利 856.22 亿元。同时，财务公司还积极优化资金结算方式，通过提高结算效率加速资金周转，为企业节约了大量流动资金，相当于减少了企业贷款，进而可相应节约大笔贷款利息支出。例如，中油财务公司通过强化油品货款封闭结算和关联交易封闭结算，加速资金周转，2017 年节约流动资金高达 125 亿元，相应节约利息支出 5.4 亿元，同时免费结算让利也高达 2 亿元；中煤财务公司积极推广内部结算和代理结算方式，进一步优化资金结算方式，通过公司资金管理系统高效划转资金，进一步减少了资金在外部银行流转产生的费用。

四是外汇交易服务"物美价廉"。财务公司充分运用自身外汇资质和专业优势，全力为成员单位提供"物美价廉"的外汇交易服务，外汇交易价格相比于外部银行优惠很多。据调卷统计，2017 年财务公司全行业通过汇兑价格优惠为成员单位累计节约汇兑成本 13.5 亿元。例如，中石化财务公司、海尔财务公司和东航财务公司通过向成员单位提供汇兑价格比可比银行更低的外汇交易服务，全年分别累计为各自成员企业节约汇兑成本 5 亿元、1.2 亿元和 0.3 亿元。

五是坚持多项业务手续费减免力促企业降本增效。财务公司始终坚持服务至上，对向成员单位提供服务的多项业务通常采用手续费减免方案，助力企业降本增效。手

243

续费减免业务范围主要涉及委贷手续费、票据业务手续费、担保业务手续费、财务及融资顾问业务费用、承销业务费用等；同时通过降低成员单位办理票据、担保等业务时的保证金，进一步降低财务成本。据调卷统计，2017 年财务公司全行业利用各项业务手续费减免措施累计为成员单位让利 62.6 亿元，其中：委贷手续费减免累计达 10.9 亿元、票据业务手续费减免累计达 25.1 亿元、担保业务减免保证金及手续费累计达 23.6 亿元、财务融资顾问业务减免手续费累计达 2.8 亿元、承销业务减免手续费累计达 0.2 亿元。例如，大唐财务公司中间业务通过减免手续费全年累计为成员单位节约手续费支出达 5843 万元，其中债券承销和财务融资顾问两方面减免手续费接近 1000 万元。重庆化医财务公司通过票据池滚动质押开票的方式为成员单位节约 30% 的开票保证金；免费为成员单位办理资金、票据业务，全年节约手续费约 50 万元。

六是利用专业优势力压外部成本促进企业节约费用。财务公司充分利用专业金融机构优势，代替成员单位作为融资主体，通过与同业机构开展转贴现、拆借等业务，有效降低企业财务成本。据调卷统计，相比成员单位单独作为融资主体借款，2017 年财务公司全行业利用其同业资质通过自身开展同业业务为企业节约成本达 99.9 亿元。同时，财务公司还帮助成员单位优化保险统筹，有效降低保费及相关费用。据调卷统计，相比于成员单位单独在外投保，2017 年财务公司通过保险统筹为企业节约成本全行业累计达 8.9 亿元。例如，中船财务公司充分利用首台套保险的财政补贴政策，帮助涉及研发新产品的成员单位申请办理首台套保险，2017 年为成员单位节约保险代理费近 0.3 亿元。

三 高效便捷服务助力成员单位提高效率

财务公司始终坚持以"为成员单位提供高效、优质的金融服务"为宗旨，充分利用集团内部银行优势，不断强化服务意识，紧跟集团、成员单位发展布局，坚持服务前移，同时着力加强信息化水平建设，为成员单位提供高效便捷的服务，助力成员单位工作效率有效提升。

一是集团内部企业服务更高效便捷。财务公司作为集团公司内部银行，与外部专业金融机构相比具有独特的产业内部优势和信息优势。财务公司凭借业务往来、服务让利、股权关系、财务管理、人员交流、信息共享等与其他成员企业建立了长期良好的合作共赢关系。依靠对集团主业运行特点更为了解的先天优势，在资金结算、信贷、外汇等主营业务的运作流程、项目审批、资金安排等方面比外部金融机构更加灵活、便捷，更能了解企业的经营状况、资金需求，更能及时有效地满足企业金融需求。同时，财务公司和成员单位均为集团内部企业，对于外部银行不贷、慎贷的内部客户，基于集团整体利益考虑，在集团的支持下，财务公司也会给予有效帮助，助其渡过暂时的困难。

二是通过分子公司使服务有效前移。财务公司坚持客户导向，紧跟集团和成员单位发展布局，积极在成员单位分布较集中的地区建立分子公司或办事处，形成区域性网络，将公司服务有效延伸至客户一线，更高效快捷地满足辖区内成员单位各项金融需求。例如，中油财务公司在成员单位集中的区域分别设立了大庆、沈阳、吉林和西安四家分公司以及33个业务受理处，同时为配合集团"走出去"战略，在银监会的大力支持下，先后在香港、迪拜和新加坡设立了子公司，为境外成员企业提供跨境金融服务；中国电力财务公司在全国各地已建立东北、西北、华中、华东、华北5家区域分公司、7家省级分公司和13家省级业务部，分公司和业务部贴近一线成员单位，使金融服务更加高效快捷。

三是加强信息化建设使服务更加智能化。财务公司非常重视自身信息化建设，不断加大人力、物力和财力等方面的投入，力争提高信息化水平，促使业务办理更加及时高效和智能化，同时也有效克服了财务公司自身网点相较银行明显不足的劣势。在信息化建设方面，财务公司紧跟集团信息化发展步伐、"互联网＋"的大趋势，努力打造极具集团和公司特色的信息化管理系统，并在移动办公系统等智能化领域努力探索。例如，宝钢财务公司重构移动金融布局推出"宝财GO"产业链移动服务平台、兵装财务公司推出"掌上兵财"APP、申能财务公司自主开发移动金融平台"申e通"等，这些移动金融平台应用大幅缩短了财务公司与成员单位之间的距离，使服务和需求更加及时地得到对接和满足。

第二十二章
服务产业链

产业链上客户是集团和成员单位的重要客户，其金融需求能否得到合理满足对集团和成员单位的健康发展至关重要。于是，做好产业链金融成为金融发展的重要使命，也是金融服务实体经济的重要表现。

产业链金融立足于实体产业，是连接产业发展和金融服务的桥梁。财务公司作为企业集团的内部银行，具有发展产业链金融的先天优势。财务公司在为企业集团和成员单位做好金融服务的同时，为集团产业链上、下游企业提供金融支持，助力产业链客户健康发展，对集团和成员单位自身发展大有裨益，同时有助于实现产业链良性互动，构建"利益共享、多方共赢"的价值链体系，最终促进实体经济发展。

按照监管要求，财务公司可开展的产业链金融业务从内容上可分为两类：一类是产业链上游业务，即延伸产业链金融业务，包括"一头在外"票据贴现和"一头在外"应收账款保理业务；另一类是产业链下游业务，包括消费信贷、买方信贷和产品融资租赁业务。有些财务公司上述两类业务均有开展，如上汽财务公司；有些财务公司仅开展其中一类业务。目前，产业链金融的发展，已取得良好成效。

一　产业链金融服务力促产业链和谐共生

做好产业链金融，要做到金融服务对上中下游全产业链的全覆盖，既包括产业链上的集团和成员单位的主业，也包括产业链上集团外的众多中小微企业。财务公司深耕产业金融，必须做好产业链金融。2017 年，面对诸多困境，财务公司努力为产业链客户提供优质金融服务，有力地促进了产业链的和谐共生、互利共赢。

一是发展产业链金融促进多方互利共赢。2017 年，财务公司着力做好产业链金融，努力优化产业链生态环境，不仅通过全方位的金融服务有力地保障了集团和成员单位的健康发展，而且为产业链上众多中小微企业提供大量资金支持，帮助其解决融资难题，有力地促进了集团、成员单位和中小微企业的协同发展，为实体经济发展做出贡献。例如，2017 年，中石化财务公司积极开展产业链金融业务，通过产业链上票据贴现、应收账保理等业务累计为 200 余家小微企业提供信贷支持超过 20 亿元，有效促进了石化产业链交易的顺利开展；国电投财务公司积极开展产业链金融业务，为系统外的地方国企、上市公司、民营企业、小微企业等产业链客户提供金融服务，全年累计办理产业链金融业务 96 笔、7.87 亿元，平均收益率高于传统信贷业务 1.23 个百分点。据调查问卷统计，2017 年财务公司全行业为帮扶产业链上小微企业提供融资支持 559.8 亿元。

二是促进供销关系改善、质效提升。财务公司通过向产业链上供应商、经销商提供优惠金融服务，一方面可以加速外部供应商销售货款的回笼，改善其与成员单位的关系；另一方面可为外部经销商提供比同等条件下在市场上融资时利率更低的资金支持，为其降低采购成本提供空间，进一步改善成员单位与经销商之间的关系。通过上述两方面，产业链金融的开展有利于改善产业链上的购销关系，使购销通道更加顺畅，从而有效提升双方资金和贸易周转速度。同时，购销通道的顺畅运行，也会吸引更多潜在供应商和经销商加入，进而提升企业集团品牌知名度和影响力，拓宽集团公司和成员单位的盈利空间。例如，2017 年，国电财务公司开展的延伸产业链金融业务大幅缓解了上游供应商的现款压力，推动成员单位与上下游企业进行有效结合，进一步提高了成员企业的盈利能力。

三是集团产业资源有效整合，产业链金融生态环境明显改善。产业链金融的有效开展，使得财务公司信用介入全产业链中，利于整合较为分散的产业资源、盘活产业链上的沉淀资金，使集团产业资源联系更加紧密、资金管理进一步集中，进而提高资产效率。同时，产业链金融的开展，有利于增强对产业链上游和下游的影响力，变产业链上的竞争关系为合作关系，变单个企业的竞争优势为整个产业链的价值提升，促进产业链金融生态环境改善。

案例

案例 22-1　格力财务公司积极构建产业链金融服务生态圈

格力财务公司充分发挥金融职能，以更加长远的眼光分析内外部发展环境和产业链融资需求，构建了以格力为核心的产业链金融服务生态圈。

一、具体服务措施

第一，借鉴"互联网+"，服务上游产业链实体经济。格力财务公司借助互联网技术开发了保理融资系统，完成与核心企业的数据对接，整合供应链上产品流、信息流、数据流、资金流等信息，实现单笔信贷从业务申请到贷后检查线上全流程功能覆盖。

第二，开拓创新，搭建财保贷合作平台。为更好地满足下游中小微经销商融资需求，公司确认财保贷业务方案，即搭建财务公司与担保公司、保险公司的合作平台，为产业链下游经销商提供贷款担保。财保贷业务将公司买方信贷业务延伸推广至三、四级经销商，解决了中小微企业融资难题，金融惠及大众，同时化解和防范了产业链金融业务的风险，打造出具有竞争优势的特色产品。

第三，申请成为票交所会员，开通财务公司"一票通"。2017年格力财务公司正式成为"票交所"会员单位。以此为契机，公司制定了产业链格力"一票通"金融服务方案，主要包括承兑、流通、贴现、票交所交易（含转贴现、质押、回购等）、到期兑付等几个环节。公司的电票系统与票交所系统的有效对接，实现了票据业务全流程线上服务。还建立了票据管理体系，创新开展格力产业链票据业务，向格力产业链企业提供公司电子银行承兑汇票"一票通"金融服务。

二、取得成效

2017年，格力财务公司通过开展延伸产业链金融服务、买方信贷业务等金融服务，全年累计为产业链企业提供信贷金融服务114.82亿元，为企业节约财务费用4749.77万元。2016年至2017年，累计为小微企业融资21.67亿元，帮助产业链上小微企业解决融资困局，增强企业实力，实现了格力与产业链企业的共同成长。

二 延伸产业链金融服务促进上游产业链良性发展

根据监管要求，财务公司积极开展延伸产业链金融服务，业务品种主要为"一头在外"的票据贴现和"一头在外"的应收账款保理，服务对象主要为集团和成员单位上游供应链的相关企业。财务公司向上游供应商所提供的金融增值服务，不仅拓宽财务公司的利润空间，更有助于盘活上游客户资金和应收账款挂账，加速其资金回笼，缓解资金压力，促进成员单位与上游客户供销关系良性发展。2017 年，全行业共有 42 家财务公司开展延伸产业链金融业务，累计办理金额 704.59 亿元，较上年增长 66.27%。

（一）票据贴现业务打通产业链票据通道

2017 年，监管机构加大对财务公司开展延伸产业链金融业务的支持力度，财务公司"一头在外"票据贴现业务发展迅速，开展该业务的财务公司数量也不断提升。2017 年，财务公司全行业"一头在外"的票据贴现业务累计发生金额 581.45 亿元。

相比外部银行等金融机构，财务公司开展"一头在外"票据贴现业务具有诸多优势。一是服务更加高效便捷。财务公司借助其固有的信息优势，办理贴现业务所需资料更简便，手续更快捷，服务效率更高，如太钢集团财务公司开展的"一头在外"票据贴现业务，基本保证当日办理业务当日到账，放款速度之快得到供应商一致好评。二是票据贴现价格更优惠。例如，2017 年，湖南出版财务公司票据贴现利率低于外部银行 50 个基点，国电财务公司票据贴现价格低于外部银行约 150 个基点，为上游供应商节约大量财务成本。

财务公司开展"一头在外"票据贴现业务对集团、成员单位和上游供应商均具有较大意义。针对集团和成员单位：一是完善了财务公司所开具商业承兑汇票功能，促进了商业票据在产业链延伸企业中的流转，使集团公司票据集中管理更加深入，进一步强化了集团资金集中管理工作；二是打通了票据贴现通道，为成员单位提供票据流通保障；三是有效解决了成员单位以贴现满足刚性支付需求和财务公司承兑汇票贴现难等问题，降低了成员单位的采购成本；四是票据业务的推广和使用，实现资金和票据有效搭配，有效提升了集团单位的品牌优势，增强了集团产业链的核心竞争力。例如，国电财务公司的票据贴现业务有效帮助成员单位在采购时提升议价能力，强化国电集团对上游企业的谈判地位，有效弥补了成员单位企业的外部融资缺口。

针对产业链上游供应商：一是助其加速资金回笼，有效缓解流动性压力。供应商

249

可以持票直接在财务公司办理贴现，免去与保贴合作银行沟通联系的困扰。二是通过优惠的贴现价格助其解决融资、融资贵的融资难题。三是有效提升外部供应商对集团单位的业务黏性，促进供应商与成员单位建立长期友好合作关系。

（二）应收账款保理业务加速资金周转

2017 年，财务公司"一头在外"应收账款保理业务取得较快发展，全行业全年累计办理 123.14 亿元。

相比于外部银行等金融机构，财务公司办理应收账款保理业务优势较为突出。一是财务公司更容易受理该业务。因为财务公司和成员单位同属一个集团，具有先天信息优势和集团支持的优势，这使得财务公司更容易识别和控制风险。二是价格更加优惠。财务公司能够更准确地核定风险，可以给供应商更加优惠的价格。例如，山东重工财务公司开展的应收账款保理业务，会根据成员单位对供应商的评级情况，给供应商最优的价格，一般低于商业银行 10 ~ 20 个基点。

财务公司开展"一头在外"应收账款保理业务对集团、成员单位和上游供应商均有诸多益处。针对集团和成员单位：一是有效解决上游成员单位采购时面临的资金紧缺难题，帮助其顺利完成采购；二是利于建立良好稳定的合作关系，改善产业链生态环境。财务公司应收账款保理业务的开展，突破了原有金融服务对象限制，有效打通了企业集团整条产业链的物流链、资金链、商流、信息流，缓解供应链中资金分配不平衡的问题，改善企业生产经营的金融环境，进一步深化产融结合，使企业集团整体竞争力得以增强。

针对产业链上游供应商：一是助其快速回收交易款项，缓解资金压力。应收账款保理业务在满足供应商客户融资需求的同时，极大地缩短了销售回款时间，有效地降低了交易回款风险，盘活了上游客户资金和应收账款挂账，有助于减轻上游客户资金压力。二是提供融资支持，降低融资成本。应收账款保理业务实质上是财务公司给供应商的融资支持，且价格普遍优惠于外部银行，一方面解决了供应商融资难题，另一方面降低了其融资成本。

案例

案例 22-2　马钢财务公司延伸产业链金融服务
实现互利共赢

考虑到马钢集团上游供应商范围广、数量多，拥有庞大的市场，马钢财务公司以"一头在外"的票据贴现业务和应收账款保理业务为抓手，以票据承兑业务、应收账款确权等为手段，严控风险，稳健积极开展延伸产业链金融业务，为集团、成员单位和产业链上游供应商提供优质服务。

一、具体做法

一是以票据业务为基础，逐步加速业务进程。深耕票据承兑业务，为"一头在外"贴现业务打牢基础。每个工作日都根据市场利率制定贴现价格，提供具有竞争力的贴现利率。

二是过滤应收账款，挑选优质资产。从债务人着手，重点分析债务人的经营风险和偿债能力，防止业务规模超出债务人正常的支付能力。同时，筛选资质较好、业务较为稳定的供应商。两手同时抓，尽量避免偿债风险。不断优化保理流程，提高业务效率。

三是建立健全风险机制，转变风险考查机制，严控操作风险。办理"一头在外"应收账款保理业务时，将非集团成员单位客户融资纳入对应相关集团成员单位的综合授信，并对相应信贷资产进行准确分类，足额提取拨备。

四是不断完善内部制度和强化人员培训。建立完善的授权机制和审批流程，制定标准化操作流程。同时，加强内部人员的培训和沟通工作，提高人员业务能力。

二、取得成效

产业链金融业务的开展，使得越来越多的第一手收票人寻求与公司展开票据业务合作，有助于推广财务公司电票，增强财务公司信用。同时，财务公司通过提供资金、信用、服务进入链条，不仅有效解决了中小企业融资难题，也促进了金融与实业的有效互动，充分发挥财务公司产融结合的优势。

截至 2017 年末，马钢财务公司累计为 7 家集团外部单位办理票据贴现 2.45 亿元，单笔最大贴现金额 2 亿元，累计为财务公司创收 347.2 万元。应收账款保理业务方面，办理保理金额 2000 万元，为财务公司创收 60.3 万元。

三　产业链下游金融服务助力下游产业链健康有序

财务公司为产业链下游提供的金融服务相对比较成熟。服务对象主要是下游的经销商和消费者，主要为其提供消费信贷、买方信贷和融资租赁等金融服务。产业链下游金融服务的开展，不仅加快了成员单位产品和资金的周转，同时也为产业链上的中小微企业和消费者架起了融资的桥梁，助其解决融资难题，从而有助于实现下游产业链的健康有序发展。2017 年，全行业共有 34 家财务公司开展消费信贷、买方信贷和产品融资租赁业务，累计办理金额 3139.52 亿元。

（一）消费信贷业务促进消费升级

伴随着消费的升级，处于消费品行业的财务公司，如汽车、家用电器等行业的财务公司不断加速消费信贷业务的开展，一般以发放消费贷款垫付资金、客户按期还款的形式促进产品销售。2017 年，财务公司行业共有 15 家财务公司开展消费信贷业务，累计办理金额 1068.19 亿元，较上年增长 4.28%。

由于财务公司背靠的行业、发展阶段、战略目标存在差异，财务公司开展消费信贷的模式有所不同。一部分财务公司与外部金融机构合作，搭建内部消费信贷服务平台。如申能财务从业务模式、营销策略、风险管理框架、IT 系统建设等方面开展研究，与外方股东法国巴黎银行合作，结合在欧洲个人消费金融的先进经验，开发符合中国本土需求的绿色消费发展模式。一部分财务公司借力互联网自主创新消费信贷产品，如兵装财务公司开通微信公共服务平台，上线"兵财小秘书"客户服务端等，拓展互联网金融业务。

与外部银行等金融机构相比，财务公司开展消费信贷业务具有较多优势。一是产品覆盖广、流程简便。例如，东风财务公司消费信贷产品包含多个品种，覆盖全面；一汽财务公司消费信贷业务不仅业务流程效率快，而且系统自动化水平较高。二是价格优惠。例如，申能财务公司针对购买指定燃气具和采暖商品的个人燃气用户，提供"0 首付、0 利息、0 手续费"的个人消费金融分期服务，并提供与商品分期金额挂钩的燃气费补贴，用于支付燃气账单；一汽财务公司开展消费信贷业务为客户进行贴息，利率较低。

财务公司开展的消费信贷业务对集团、成员单位和下游经销商、消费者具有颇多好处。对于集团和成员单位而言，利于促进产品销售，加速资金周转。消费信贷业务有利于促进处于产业链供给端的成员单位产品的销售，提高存货周转率，加速资金周转。例如，宇通财务公司 2017 年累计为宇通下游客户融资 3.19 亿元，促进客车车辆销售 1212 台，促进销售额 5.57 亿元，产品涵盖客运、团体、旅游、公交、校车、专用车等各类主流市场。

对于经销商和消费者而言，利于经销商和消费者获得资金支持，降低采购成本，提升消费需求。对于处于产业链需求端的企业或个人，消费信贷业务的开展可以使其获得快捷的资金支持，提前获得商品使用权，实现消费升级。例如，海马财务公司持续向乡镇及农村地区延伸服务，大量释放"三农"购车消费能力，提高汽车金融服务的可获得性。

（二）买方信贷业务助力供求双方互利共赢

财务公司开展的买方信贷业务主要集中于汽车生产、家电制造、工程机械等行业，其下游产业链经销商众多，融资需求较大。它主要指财务公司向集团产品的购买者提供用于购买卖方所售货物的流动资金贷款业务，主要针对较大型设备的销售。买方信贷业务在帮助成员单位快速回笼销售货款、减少应收账款规模的同时，也为购买者提供了融资支持，实现了供求双方的互利共赢。2017 年，财务公司行业共有 28 家财务公司开展了买方信贷业务，全年累计开展金额 2032.96 亿元，较上年略有下降。

相比于外部银行，财务公司开展买方信贷业务优势较为明显。一是资金价格更加优惠。例如，马钢财务公司、长虹财务公司的买方信贷业务，比外部银行优惠 100 个基点以上。二是流程简便，服务效率高，可以更好地控制风险。财务公司借助信息优势，针对成员单位销售特点，灵活设计出更加切合实际的金融产品和内部业务流程，有效地节约了流程时间和管理成本，使服务效率大幅提高，同时利用成员单位对客户的有效管控，能更好地控制风险。例如，伊利财务公司能够在 1 个工作日之内完成买方信贷业务的授信审批，且在 3 小时内完成放款，服务效率远超外部银行。三是产品创新紧贴客户需求。诸多财务公司根据传统业务模式，结合各行业特点，对买方信贷业务进行了创新。例如，江铃财务公司推出了"逐车贷"金融产品，提高经销商运营管理能力和资金使用效率，借助财务公司背靠集团的先天优势和"逐车贷"的信息化管理模式，化解"风险控制"和"担保不足"之间的矛盾，使经销商在当地银行无法筹集运营资金时，实现资金的快速流通；海尔财务公司针对产业链中大型企业客户资金需求量大、金融产品设计要求高的特点，对其开展买方信贷业务，针对下游中小微企业的资金需求，开展微小贷，解决小型经销商在销售旺季的现金流瓶颈。

253

财务公司开展的买方信贷业务对集团、成员单位和下游经销商的作用比较明显。对于集团和成员单位而言，大幅提高了供给端成员企业的销售量。财务公司的信贷资金延伸到下游客户，能够促进成员单位的产品销售，提高其市场竞争力。例如，2017年，TCL财务公司为集团旗下空调产业提供买方信贷融资近10亿元，有效扩展了空调产业经销商和提升了产品销售量，全年新增经销商21户，空调销售量同比增长26%。

对于下游经销商而言，财务公司以优惠的资金利率提供资金支持，助其解决融资难题。财务公司所提供的买方信贷业务利率通常低于外部银行，可以解决下游经销商通常面临的融资难、融资贵的困扰，有效缓解了其资金压力。例如，2017年，海马财务公司通过买方信贷业务利率优惠政策，全年累计为经销商节约成本2300万元。

（三）集团产品融资租赁业务助力融资成本压降

集团产品融资租赁业务作为固定资产融资的一种重要手段，可以帮助购买方以较少的投入快速获得固定资产使用权，实现了融资和融物的有机结合，是产融结合的典型。目前，一些财务公司从事集团产品融资租赁业务，运用金融手段辅助集团和成员单位销售产品。2017年，财务公司行业共有5家财务公司开展了集团产品融资租赁业务，全年累计办理金额38.37亿元，较上年增长85.43%。

相比于外部银行等金融机构，财务公司开展产品融资租赁业务也有较多优势。一是价格更加优惠，二是借助信息优势可为企业量身定制产品。财务公司可依靠信息优势，根据承租单位需求设计个性化的业务模式，可根据租赁物承租时间确定租赁期限，结合承租单位实际经营需要调整租赁期限，还可根据成员企业的现金流情况以及成员企业的销售回款特点，灵活选择还款安排。例如，东风财务公司的融资租赁业务最低保证金仅为2期月租金，期限最长48期，还款压力小。

财务公司开展的融资租赁业务对于租赁双方均有较大好处。对于施租方成员单位而言，通过为购买方提供融资租赁服务，一方面可加快其销售资金回笼和保障资金安全，另一方面利于刺激成员单位产品销售，促进生产规模扩大。对于承租方外部企业而言，一方面可有效缓解其集中给付资金的压力，另一方面财务公司的利率优惠可有效降低其融资成本。例如，东方电气财务公司全年累计发放融资租赁款项3.5亿元，利率较基准利率下浮5%，为成员单位和承租方解决了资金问题，利于承租方更高效地使用大型设备。

案例

案例 22-3　哈尔滨电气财务公司产品融资租赁业务力促企业产品销售

2014 年，哈尔滨电气财务公司取得成员单位产品的融资租赁业务资质，进一步丰富了金融服务手段。根据集团公司整体战略部署，该公司着力通过产品融资租赁业务加大对集团主业产品销售的支持力度，提升集团主业产品的市场竞争力。

一、发展历程和做法

财务公司结合成员企业的业务特点，分两个阶段开展融资租赁业务。

第一阶段：服务对象为集团所属一家贸易公司，租赁物主要为单件价值较小的农机。一方面进行业务筹备，搭建业务体系。另一方面锻炼人员队伍，积累业务经验。从 2016 年初开始，财务公司先后完成融资租赁业务内部整章建制、外部培训调研、信息系统研发等前期准备工作，构建了公司融资租赁业务体系，基本形成了相关业务能力。2016 年 8 月 10 日，完成首笔融资租赁业务。

第二阶段：服务对象为集团所属主机制造成员企业，租赁物为单件价值较高的发电设备，向支持集团主机产品销售方向发展。2017 年，哈电集团财务公司为公司主机产品融资租赁业务搭建了外部支撑平台，已与哈银租赁、招银租赁公司签订了融资租赁战略合作协议；完成主机产品融资租赁业务系统模块的搭建；梳理完善支持主机产品融资租赁的业务制度与流程，为融资租赁项目评审做准备；积极与集团四个事业部进行洽谈沟通，建立联系渠道，先后参与了集团多个主机项目的前期论证与研究，并对集团事业部共同业主进行尽职调查，参与项目捆绑投标，进一步积累主机产品融资租赁业务经验。

二、经验与成效

哈电集团财务公司的产品融资租赁业务具有融资成本低、业务办理效率高等优势，受到客户的普遍欢迎。通过开展此类业务，哈电集团财务公司还积极参与到集团主机项目的招标过程中，积极配合提供融资方案，帮助集团成员企业在激烈的市场竞争中多拿项目，有力地促进贸易企业产品销售。

第六篇　发展篇

2018 年，财务公司行业呈现新特点。党的领导将全面加强；司库职能在内部资金计算管理层面深入延伸，在金融机构关系管理与决策支持方面不断完善；以业务管理集成创新释放传统业务活力，以管理模式创新推进业务创新发展；行业生态稳步构建，以产业链金融试点业务的持续推进为纽带进一步延伸产业链上下游链条的交互合作关系，依托同行业企业集团财务公司互相授信及票据互认加强财务公司行业内部的交互合作关系，依托财务公司金融同业业务的不断发展，帮助集团在更大的范围内统筹资金资源与项目机会。

2018 年，财务公司行业面临新挑战。国际政治问题可能演化为经济风险，经济风险将进一步加剧政治冲突。美国加息、缩表、减税政策的综合效应，将加大发展中国家金融市场动荡。发达国家贸易保护主义将导致全球化进程放缓甚至倒退。在中国，供给侧结构性改革和污染防治将继续影响工业生产；金融去杠杆对实体经济的资金来源产生影响；不平衡不充分矛盾依旧突出；地方债务问题有待规范。稳健中性的货币政策仍然带有结构性偏紧的趋势，在货币政策和宏观审慎政策双支柱政策框架下，金融监管强化、流动性结构性偏紧以及利率高位运行的状况难以改变。2018 年，监管部门将同业存单、绿色信贷业绩考核纳入 MPA 考核，优化跨境资本流动宏观审慎政策，对资本流动进行逆周期调节，给财务公司相关业务带来影响。在新的金融监管框架下，功能监管、行为监管与机构监管并行，财务公司将与其他金融机构一起受到全面监管。银监会将对财务公司延伸产业链金融服务试点工作进行评估。十九大报告指出，深化金融体制改革，增强金融服务实体经济经济能力。同时，2018 年政府工作报告提出，加快金融体制改革，让金融更好服务实体经济。财务公司依托集团、依托产业、依托实体经济的基本定位，亟待在新的环境下加速重塑。

2018 年，财务公司行业展现新趋势。深度融入国家战略，更好服务实体经济，提高服务"一带一路"、区域发展、创新驱动发展战略的质量与效率，全面推进财务公司改革。立足集团主业大势，持续改进金融服务，司库职能发挥再上新台阶，金融服务持续精细化。实现创新多元发展，提升综合竞争能力，产业链金融呈现全流程创新态势，探索境外资金归集创新，重点突破智力支持创新。全面强化风险管理，积极应对多重监管、监管标准不断提高以及未来可能加速的混业监管趋势，巩固稳健发展基础。积极构建产业金融发展生态环境，发挥财务公司独特优势，着手应对长期难题。

Part 6　Development

In 2018, the financial industry showed new features. The party's leadership will be fully strengthened; the treasurer function is further extended in the aspect of internal capital calculation and management, and is continuously improved in the relationship management and decision support of financial institutions; release traditional business dynamism with business management integration innovation, and promote business innovation and development with management model innovation; The industry ecology is steadily constructed, further extend the interaction between the upstream and downstream chains of the industrial chain with the continuous promotion of the industrial chain financial pilot business as a link. Help the group to co-ordinate funding resources and project opportunities in a wider context, depending on mutual credit granting and mutual recognition between finance companies of enterprise groups in the same industry to strengthen interaction within the finance group's industry, and the continuous development of financial groups' financial inter-bank business.

In 2018, the finance company industry also faces new challenges. The international political issues may evolve into economic risks, and economic risks further exacerbate political conflicts. The combined effect of the United States raising interest rates, contracting and tax reduction policies will promote the financial market turmoil in developing countries. Trade protectionism in developed countries will lead to a slowdown or even retrogression in the globalization process. In China, supply-side structural reforms and pollution prevention will continue to affect industrial production; financial deleveraging has an impact on the source of capital for the real economy; the imbalanced and inadequate contradiction still be protruding; the problem of local debt needs to be regulated. The stable and neutral monetary policy still shows a structurally tight trend. Under the dual-pillar policy framework of monetary policy and macro-prudential policies, it is difficult to change the conditions of strengthening financial supervision, tight liquidity structure, and high interest rate movements. In 2018, the supervisory department incorporated interbank deposit receipts and green credit performance assessments into MPA assessments, optimized macro-prudential policies for cross-border capital flows, and conducted counter-cyclical adjustments to capital flows, which have certain influence on finance companies' related businesses. Under the new financial regulatory framework, functional regulation, behavioral regulation and institutional regulation will be carried out in parallel, and financial groups will be subject to overall supervision together with other financial institutions. The China Banking Regulatory Commission will assess the financial group's extension of the industrial chain financial services pilot work. The report of the 19th National Congress pointed out that deepen the reform of the financial system and enhance the economic capabilities of financial service entities. At the same time, the 2018 government work report proposes to speed up the reform of the financial system so that finance can better serve the real economy. Financial groups rely on the basic positioning of the group, industry and the real economy, and need to accelerate the reshaping in the new environment.

In 2018, the finance company industry also shows new trends. Deeply integrate into the national strategy, better serve the real economy, improve the quality and efficiency of the"the Belt and Road"service, regional development, innovation-driven development strategy, and comprehensively promote the reform of financial companies. Based on the general trend of the group's main business, continually improve financial services, the treasurer function has achieved a new level and financial services have continued to be refined. Achieve the diversified development of innovation, enhance the comprehensive competitiveness, and the industry chain finance presents a whole process of innovation, explore overseas capital pooling innovation, focus on breakthrough intelligence to support innovation. Strengthen risk management comprehensively, cope with multiple supervisions actively, continuously improve regulatory standards and trends in mixed supervision that may accelerate in the future, and consolidate the foundation for sound development. Actively construct an ecological environment for the industrial finance's development, give full play to the unique advantages of financial groups, and tackle the long-term issues.

第二十三章
新特点

一 党的领导全面加强

党的十九大在对党章修正案的决议中，写入"党领导一切"原则。财务公司切实落实十九大精神，将"坚持党的领导"和完善公司治理紧密结合，切实把党的领导融入企业决策、执行和监督的各个环节，将党委研究讨论公司"三重一大"等重要事项作为公司决策前置程序，确保党在公司经营决策中的领导地位。

截至 2017 年，共有 126 家财务公司将党建要求写入公司章程；全行业内成立党支部 412 个，行业内党员 6046 名，占职工总数的 48.88%。

各财务公司结合自身所有制和所在行业特点，积极探索因地制宜强化党的领导、加强组织建设，以党的领导引领公司治理机制的完善，以党建带动生产经营和各方面事业的全面发展，同时充分发挥党建强化在反腐倡廉、风险管控等方面的提纲挈领作用。在具体实践中，中广核财务公司党总支与各支部签订党组织绩效合约，将党建工作责任落到实处；神华财务公司与同行业金融机构开展联学共建，以党建促进联动创新；中核建财务公司党支部组织开展了"五个一"系列廉政警示教育活动，包括开展一次党日活动以进行思想洗礼，观看一次廉政影片以坚持正面引导，旁听一次职务犯罪案件庭审以强化守法意识，参观一次教育基地以突出警示教育，组织一次案例剖析讲座以防控廉政风险；红豆集团财务公司与无锡人行开展党建结对，以党建为纽带增进合作；南山财务公司作为民营企业于 2017 年 7 月设立了独立的党支部，探索民企党建新模式。

财务公司全面强化党的领导，加强党建工作，确保了全行业的正确发展方向，为经营管理各项事业的进步奠定了基础。同时，财务公司结合自身实际情况落实党的领导、强化组织建设、发挥党建实效的努力，也得到了充分的认可和肯定。年内，中信

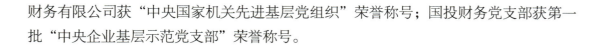

财务有限公司获"中央国家机关先进基层党组织"荣誉称号；国投财务党支部获第一批"中央企业基层示范党支部"荣誉称号。

二 司库职能持续完善

财务公司是具有中国特色的金融机构。同时，财务公司依托集团、服务集团的根本宗旨，加强企业集团资金集中管理和提高企业资金使用效率的基本目的，与国际主流的企业集团司库管理模式具有很多相通之处。财务公司是企业集团实现司库管理目标的最佳平台，在一定程度上，司库职能也是当前发展阶段财务公司使命与职责的集中体现，是财务公司服务集团、服务实体经济的主要载体。

近年来，财务公司行业不断推进关于司库管理的理论研究和实践探索，将司库管理理念融入公司发展和金融服务的各个环节，从现金与流动性管理、营运资本管理、投融资管理、风险管理、金融机构关系管理、决策支持与信息管理六个方面着手，积极完善司库职能。2017年，财务公司司库职能的完善，在以加强资金集中为切入点，强化现金与流动性管理等基本职能的基础上，重点推进司库职能在集团内部资金计划管理层面的延伸，同时在金融机构关系管理、决策支持与信息管理方面持续探索，不断丰富财务公司司库职能体系的内涵与外延。

（一）司库职能在内部资金计划管理层面深入延伸

财务公司司库管理基本职能的实现，依托于现金与流动性管理、营运资本管理、投融资管理等具体职能的发挥。上述职能对财务公司而言，一端落脚于结算、信贷、同业、投资等具体业务，体现了财务公司的金融服务价值，另一端则和财务公司配合集团承担部分管理功能的辅助管理职责充分结合。其中，财务公司深度介入集团资金计划管理，充分体现了司库职能联通服务与管理的双重属性，也为现金与流动性管理、营运资本管理、投融资管理等职能的充分完善创造了必要条件，是财务公司司库职能深入延伸的重点方向。

资金计划管理作为资金集中管理的重要一环，对于提高集团资金运作效率、防范资金风险、提升资金管控水平有着重要的意义，对财务公司来说，深入介入集团内部资金计划管理体系，推动其管理力度与效率的不断提升，是资金池运作的基础，也是财务公司落实资金集中管理要求、强化司库职能的必然要求。2017年以来，财务公司资金计划管理与集团预算管理的联通愈发紧密，与现金与流动性管理、营运资本管理、投融资管理的结合愈发紧密，形成了从资金来源、资金使用到资金回收的闭环管理模式。财务公司通过加强账户系统建设，完善信息化服务平台，设计备付金量化分析模型等措施，不断推动集团资金计划管理精细化。同时，财务公司通过建立数据库、加强量化管理、设计资金计划模型等方式，加强自身资金计划管理，为更好地对接集团资金计划、充分发挥职能、提高自身经营绩效创造条件。

2017年，在调查的111家财务公司中，有54家财务公司资金计划细化到了每日，有40家细化到了周或旬，二者总占比达到85%（见图3-1）；同时，财务公司资金计划与集团预算管理的联动有了长足进步，全行业资金计划精细化管理水平得到有效提升。

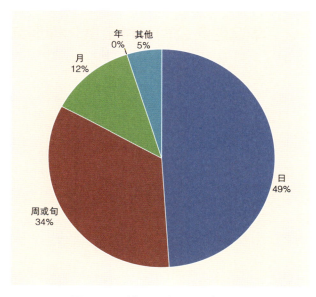

图23-1 财务公司资金计划填报周期

 案例

案例23-1 淮北矿业财务公司以预算控制为切入点
强化司库职能

淮北矿业公司在集团强力支持下发挥司库职能，在集团层面明确集团内部代理投融资职能、代理集团和股份本部资金账职能、对全部统管单位进行预算监控的管理职责。在司库职能的具体落地过程中，财务公司以预算控制为切入点，以信息系统固化管理为标准，以集中收付过程中的严格计划落实集团预算管理要求。在信息系统中，成员单位只有在有预算指标的情况下，才能顺利发出支付指令。预算支付流程会与资金头寸计划自动对接，资金系统会在支付指令发出后自动查验资金头寸计划；如成员单位超出资金头寸计划将自动停止支付，自动退回预算占用指标，确保预算管控的严肃性。

为更好地对接集团资金计划，2017 年，财务公司采取建设专业系统、搭建量化模型等方式，加强内部资金计划与头寸精细化管理，在提高自身经营绩效的同时，更好地履行集团层面的司库职能。

 案例

案例 23-2 华谊财务公司备付金量化模型细化头寸管理

华谊财务公司通过分析成员企业的存款变化情况，将每月企业的存款变动划分为下降、波动、上升三个阶段，并借助 EVIEWS 统计软件，使用最小二乘法分别就每个阶段建立回归模型，预测成员企业存款走势。模型囊括三年原始数据，基本涵盖了财务公司开业以来的存款变化情况。通过模型与历史数据的拟合，将拟合效果较好的第一阶段模型运用到实践中，以模型输出的吸收存款预测数据为依据预留备付资金，强化公司信贷与同业资金的配置。备付金量化管理模型在实践中取得了较好的效果，预测偏离度控制在 10% 之内。通过模型预测企业存款变化，财务公司备付金率由原来的 15% 下调到 10% 左右，按日均 60 亿元存款测算，日均备付资金可减少预留近 3 亿元，每年约可增加资金收入 600 万元，同时为更好地对接集团资金计划、落实管理要求、发挥司库职能创造了条件。

（二）司库职能在金融机构关系管理与决策支持领域不断完善

在企业集团普遍面临成员单位机构众多、资信水平差距较大、融资能力和融资成本不均衡、合作金融机构高度分散的情况下，金融机构关系的管理水平，对集团综合财务成本影响极大。2017 年，财务公司集中力量强化金融机构关系管理职能，在集团支持下，结合集团发展战略完善相关管理规则，优化资金资源与项目资源分配，统一协调集团内部金融机构，统筹对外金融合作与外部金融机构关系管理，为集团成员单位不断改善融资条件，发挥了缓解"存贷双高"、降低集团整体负债率的作用，同时通过统筹集团成员单位与外部金融机构的合作关系、介入银团贷款等发挥压价作用等，有效降低了集团整体财务成本。2017 年前三季度，151 家企业集团负债率出现不同程度下降；同时，财务公司在重大融资安排等环节协调外部金融机构的"示范压价"效应得到充分发挥，如中广核财务公司在融资额为 200 亿元的防城港一期项目中，牵头完成银团贷款项目重组，预计 2017 年至 2031 年将为项目节约融资成本 13.76 亿元。

 案例

案例 23-3　中电建财务"总对总"竞争性磋商改善集团融资条件

中电建财务公司在集团支持下建立了"总对总"竞争性磋商机制，凡是 20 亿元以上的项目均由财务公司牵头，提前介入融资方案设计，以加强对外部金融合作关系的统筹管理，增强整体议价能力，提高融资效率、降低融资成本。2017 年，财务公司共组织 7 批次 12 个项目的竞争性磋商，融资总额 977 亿元，基本实现无担保、无银团费、利率下浮 10% 等优惠。

决策支持与信息管理是财务公司司库职能体系中的新生领域，也是近年来得到快速发展的领域，体现了财务公司的专业优势、人才优势、智力优势，反映了财务公司联通产业与金融的核心竞争力。2017 年，财务公司通过研究院、期刊资讯、研究报告等不同形式与载体，打造集团在财务资金金融领域的内部智库，发挥参谋助手、专业评估、人才基地等多个层面的独特作用。此外，部分财务公司以集团"内部金融专家"的角色深度介入集团战略决策过程，一方面为集团创造原有金融财务服务职能之外的增值价值，另一方面更好地获取集团内部资金与项目资源，巩固公司生存发展的基础。

 案例

案例 23-4　中核建财务公司全力推进金融智库建设

2017 年，中核建财务公司以金融智库建设为重要突破口，推进司库管理体系建设成功申请集团公司第三批深化改革试点，获得集团公司的大力支持。为落实金融智库建设职能，中核建财务公司紧密围绕集团发展战略，全年不间断完成近 300 期《每日经济金融》编辑工作；在公司领导班子的牵头下，组织青年员工成立宏观及策略、核工业及新能源、建筑及房地产等多个研究小组，强化政策研究、市场研究和行业研究，紧跟国家策略及行业发展动向，完成多期《经济金融参考》撰写工作；作为内部金融专家参与股份公司投资决策委员会，在重大项目投融资方面提供专业意见及建议。中核建财务公司在集团内发挥金融排头兵作用，为集团公司及成员单位领导班子提供丰富的金融资讯来源，为集团重大项目投资和战略制定提供决策支持，为推动集团公司产融结合提供有力保障。

三　业务管理创新深化

2017 年，财务公司面临不断调整和强化的金融监管政策环境。在监管要求对业务创新态度趋于谨慎的大背景下，财务公司行业创新的重点方向聚焦于业务管理环节，一方面致力于以管理提升传统业务潜力，另一方面致力于在前一阶段开展产业链金融、发行资产支持证券、推动票据业务创新、提供整体化金融服务方案等业务创新长足发展的基础上，以理念创新、模式创新、系统创新等手段，更新业务管理模式与流程，在确保业务创新安全稳健的前提下，使业务创新的效能得到充分释放。

（一）以业务管理集成创新释放传统业务活力

财务公司结合所在企业集团的行业特点，进行差异化、特色化、市场化的体系建设，配合集团电商支付、供应商管理、财企直连、运用"互联网＋"等手段直接为终端客户提供服务，实现产业链数据分享、分析与应用，实现业务前中后信息的集成，全面提高业务管理水平，释放存贷款等传统业务的发展活力。

 案例

案例 23-5　海尔财务公司探索运营集成模式促进信贷业务发展

2017 年，海尔财务公司全面创新业务管理与日常运营模式，在公司组织架构中增设运营中心，致力于建立统一、标准、高效的业务管理流程并持续优化，打造无缝链接前中后台的自运转纽带，以适应信贷业务持续快速发展的要求。

公司运营中心内部设置业务处理中心、放款中心、档案中心、对账中心、票据中心和质量中心 6 个次级中心。各次级中心聚焦关键目标，以集约化、共享化、精细化为标准，完成了 8 个方面的流程升级创新，包括：建立以预算为起点、以客户为中心的，集团产融协同的全流程在线出票集成管理流程；建立独立的专门的一站式集中放款中心；实现信贷合同制作的集成管理，并实现与客户电子合同在线签约；实现与同业银行、客户的统一对账及函证集成管理；建立费用集中报账模式；建立放款后即时归档优化流程；试点建立"全线上"信贷业务流程；建立与"全线上"信贷业务配套的电子档案管理。

通过运营流程的优化和整合，财务公司信贷业务效率和客户体验同步显著提升，2017 年共实现放款 4964 笔、483 亿元。

（二）以管理模式创新推进业务创新发展

财务公司为适应产业链金融等创新业务的持续深化，主动积极推进业务管理系统建设、业务流程优化、风险管控模式设计等方面的创新，以适应业务创新对于公司原有管理架构的要求，在充分释放业务发展效能的同时，带动公司整体管理架构的调整，稳步提高财务公司参与市场竞争的能力。

 案例

案例 23-6　长虹财务公司创新产业链金融管理模式

长虹财务公司为促进产业链业务发展，积极推进产业链金融业务领域的管理创新，牵头集团信息公司、集团内核心企业，协调中征公司，创新应收账款融资管理模式。

财务公司通过积极探索，建设业务信息管理平台，实现中征平台、长虹供应商管理系统、金融机构信贷系统三方 IT 对接，以业务数据自动化传输为基础，为集团内核心企业、供应链小微企业客户和金融机构提供一体化线上融资对接服务。

在这一创新管理模式下，通过三方直连，小微企业客户在融资平台上选择其应收账款发票在线提交转让、融资申请，金融机构通过融资平台确认融资放款，系统自动将融资信息反馈给核心企业，并触发核心系统将应付账款收款人由原供应商改为提供融资的金融机构，贷款到期后系统自动提示将款项支付给金融机构；实现严格的授信额度、应收账款余额控制，完成系统自动记账与客户融资发票收款人信息的自动更改，保证信息一致，降低业务风险。

管理创新助推财务公司产业链金融业务快速发展，2017年内完成20家核心企业上线，300家客户注册，辐射宣传供应链客户达1000家，全年融资登记量达20.98亿元；管理模式得到李克强总理批示，并通过"政府工作通报"的方式在四川省全省推广。

四 行业生态稳步构建

至2017年，中国的财务公司行业已经经历了三十年的发展。财务公司在顺应经济社会发展和金融市场演化的整体大势，不断调整自身职能定位，服务实体经济发展，完善金融业务体系，探索经营管理模式的同时，更加积极主动地构建以产业发展为核心，金融业务关系为纽带，联通集团内外，联通实体产业与金融市场，联通涵盖集团总部、成员单位客户、产业链上下游外部客户、集团内部其他金融机构、不同企业集团财务公司、外部市场化金融机构、外部社会中介机构等不同参与角色在内的产业金融行业生态圈，发挥财务公司在资源协调中心、项目统筹中心、信息交换中心等不同层面的枢纽作用，实现高度交互合作，协调联动，在更好服务所在集团和实体经济发展的前提下，发挥财务公司作为产业金融功能核心承担者的独特职能，巩固自身生存发展的基础。

在2017年行业生态圈构建的具体工作中，财务公司重点在以下三个领域加强联通，弥补短板，巩固交互合作。共同落脚于以集团产业发展为核心的价值提升。

一是以产业链金融试点业务的持续推进为纽带，进一步延伸产业链上下游链条的交互合作关系。部分资金规模较大、供应商及客户体系复杂、中小微企业客户资金需求较大的企业集团，通过管理创新、信息系统建设等方式，稳步提升集团主业与上下游供应商信息流、物流、资金流的交互共享。如太钢集团财务公司的产业链金融依托核心成员单位为产业链条上中小企业提供资金解决方案，找准上下游企业融资痛点，有效填充了商业银行融资市场的空白，为财务公司提供了新的利润增长点，进一步打通了以集团核心企业为关键节点的上下游产业链。

二是依托同行业企业集团财务公司互相授信及票据互认，进一步加强财务公司行业内部的交互合作关系。部分财务公司立足所在集团、所在行业存在产业链上下游关系，业务合作规模与资金往来规模较大的特点，努力推进财务公司间业务合作，发挥行业合力，改变财务公司单打独斗局面。如国内十一家军工集团继续推广"军工票"，逐步实现财务公司票据业务标准化、社会化、集中化，逐步扩大票据互认范围，解决企业之间支付结算问题，加快资金周转；以此带动不同集团之间的产业链合作效率，同时切实提高财务公司在整体金融市场的影响力。

三是依托财务公司金融同业业务的不断发展，在巩固财务公司与外部市场化金融机构业务合作关系的同时，帮助集团产业在更大的范围内统筹资金资源与项目机会。财务公司更加积极主动地进入银行间及证券投资市场，利用同业拆借、质押式回购业务、投资类等业务，在资产端不断丰富配置，积极参与货币市场业务，提高存量资金收益，降低备付额度；在负债端充分利用同业融入及金融债等满足集团公司临时流动性需求，丰富融资渠道，降低资金风险；以产业金融生态圈的整体联动，为集团产业发展创造更加有利的发展环境。

第二十四章
新挑战

一 宏观经济形势变化带来的挑战

（一）全球经济存在不确定性

金融危机过后，全球经济增长缓慢已成为一个常态化事实。虽然 2017 年重现了危机前主要国家经济一起增长的良好局面，但仍缺乏经济加速增长的稳固基础，危机之前的全球性高增长态势难以在短期内得到恢复。缓中趋稳将成为未来一段时间全球经济的主要发展特征。

2018 年，世界经济可能面临以下几个风险点：一是政治问题可能演化为经济风险，经济风险进一步加剧政治冲突。中东冲突、欧洲难民、英国脱欧等问题都有可能成为引发世界经济动荡的"灰犀牛"式危机。二是美国加息、缩表、减税政策的综合效应，可能会加大发展中国家金融市场动荡，全球市场流动性受到抑制，进而引发全球性物价上涨，全球消费与投资萎缩。三是受发达国家贸易保护主义的影响，"逆全球化"思潮兴起，全球化进程放缓甚至可能倒退，全球贸易增长不可持续将成为世界经济发展的新难题。四是引领经济进步的新动能还未出现。2017 年世界经济增速短暂回升更多得益于消费者与投资者信心的增加，但从供给端来看，目前世界经济发展仍未突破科技进步的瓶颈，未能形成引领并推动世界经济进步的新动能。

对发达经济体而言，短期内复苏势头有望继续维持，但是中长期持续发展将面临不确定性挑战。发达国家贸易保护主义长期来看并不会为本国经济发展带来持久利益，全球化进程不可逆，逆流而行终将自损元气。同时，政策不确定性的上升会使得刚建立起来的市场信心受到打击，投资与消费动力将再次被遏制。因此，2018 年发达经济体会继续迈出复苏的步伐，但增速或将有所放缓。

对新兴市场与发展中经济体而言，2018年经济总体势头向好，但仍有不少困难。从短期来看，新兴国家与发展中经济体应警惕以美国为代表的发达经济体不稳定性货币政策的潜在影响，同时注意大宗商品价格变动对本国经济稳定的冲击。从长期来看，新兴市场与发展中经济体必须加快推进结构性改革，否则经济繁荣复苏将会成为镜花水月。但是，随着"一带一路"倡议的全面推进，新兴经济体的贸易、投资或将回升，成为推动经济增长的持续动力，从而给沿线国家和地区带来发展机遇。

（二）国内经济运行仍有矛盾

2018年是贯彻党的十九大精神的开局之年，是改革开放40周年，是决胜全面建成小康社会、实施"十三五"规划承上启下的关键一年，经济加快发展的意愿与动力将显著增强。适应新时代发展的宏观经济政策有望继续加速新旧动能转换，进而推动中国经济高质量发展。

从目前来看，中国经济保持稳定增长的态势将被延续。但是，经济运行中存在的矛盾与问题仍值得关注。供给侧结构性改革和污染防治将继续影响工业生产；加速消费升级以刺激创造出新的消费热点；金融去杠杆对实体经济的资金来源产生影响；不平衡不充分矛盾依旧突出；发达国家不确定性政策可能引发国内资本市场波动；房地产调控产生差异性；地方债务问题有待规范。这些因素都可能对经济增长造成不利影响。

2017年12月召开的中央经济工作会议提出，要坚持稳中求进总基调，推动高质量发展，重点抓好三大攻坚战。2018年政府工作报告对经济社会发展的预期目标进行了描述：国内生产总值增长6.5%左右；居民消费价格涨幅3%左右；城镇新增就业1100万人以上，城镇调查失业率5.5%以内，城镇登记失业率4.5%以内；居民收入增长和经济增长基本同步；进出口稳中向好，国际收支基本平衡；单位国内生产总值能耗下降3%以上，主要污染物排放量继续下降；供给侧结构性改革取得实质性进展，宏观杠杆率保持基本稳定，各类风险有序有效防控。

宏观政策方面，财政政策积极的取向不变，但要进一步聚力增效。2018年赤字率拟按2.6%安排，比上年预算低0.4个百分点；财政赤字2.38万亿元，其中中央财政赤字1.55万亿元，地方财政赤字8300亿元。货币政策保持稳健中性，要做到松紧适度。管好货币供给总闸门，保持广义货币M2、信贷和社会融资规模合理增长，维护流动性合理稳定，提高直接融资特别是股权融资比重。

2018年，中国经济最大的外部不确定性来自美国，除了减税、加息等政策冲击外，美国与中国的贸易摩擦将持续较长时间并对进出口造成冲击。虽然经济发展过程中的不利因素不可避免，但在外部总体环境不会出现大的超预期风险的条件下，中国经济将继续保持平稳运行，经济结构进一步优化，从而实现新时代持续、稳定、健康的增长。

二　金融市场形势变化带来的挑战

2018 年是我国经济向高质量发展转型承前启后的重要一年，是现代化经济体系进一步建立的重要时期，是金融进一步向实体经济回归更好服务实体经济的一年，货币金融政策及相关市场环境是 2018 年经济金融稳定健康发展的重要保障。

从货币政策上，2018 年货币政策将保持较好的稳定性和连续性，稳健中性的货币政策仍是 2018 年货币政策的主基调。在货币政策框架上，中国人民银行将不断强化系统性风险防范化解职能，进一步完善货币政策与宏观审慎政策双支柱框架，深化货币政策与金融稳定的内在结合机制，为供给侧结构性改革和宏观经济向高质量发展奠定中性适度的货币金融基础。值得注意的是，在金融风险日益显著的情况下，稳健中性的货币政策仍然带有结构性偏紧的趋势，金融监管强化、金融去杠杆和宏观去杠杆基本将延续全年。因此，货币政策整体是稳健中性但呈现结构性偏紧的状态，这将给财务公司参与金融市场活动带来挑战。

2018 年广义货币（M2）增速和社会融资规模增速不设置目标值，货币增速和社会融资增速预计将保持相对稳定。在过去几年中，国内金融创新不断深化，支付结算电子化，资产价格快速上升，金融机构资产负债结构发生重大变化，以 M2 为代表的数量型政策目标与我国宏观经济的产出水平和物价水平之间的相关性大大弱化，M2 等的指标意义在逐步减弱。2017 年 M2 同比增速仅为 8.2%，大幅低于年初政府工作报告确定的 12% 的目标值。2017 年社会融资总规模增速为 12%，与经济产出的名义增速 11.23% 大致相当，与预计的目标值相同。2018 年这两个政策目标值没有设置明确的目标，预计将保持相对的稳定性，2018 年 M2 增速预计小幅回落至 8% 左右甚至可能跌破 8%，社会融资总规模预计同比增长 11% ~ 12%。

在宏观货币政策保持中性的背景下，公开市场操作和银行间市场整体将保持紧平衡。公开市场操作是中国人民银行进行货币政策预调微观和主动操作的核心手段之一，中国人民银行将继续利用原有的政策工具甚至创新短期的流动性管理工具，进一步强化公开市场操作"削峰填谷"的功能，合理安排工具搭配和操作节奏，维护市场流动性的中性适度、合理稳定以及货币市场利率的相对稳定性，把握好稳增长、去杠杆、防风险之间的平衡。

银行间市场交易可能活跃化，流动性保持偏紧状态，同业存单面临较大的政策压力。在金融监管强化、金融去杠杆的政策要求下，2016 年 8 月以来银行间市场的成交量整体有所回落，特别是隔夜拆借的交易规模大幅下降。但是，随着去杠杆达到一定程度之后，银行间市场的流动性结构发生变化，金融机构在匹配资产负债的过程中将进一步依靠短期融资市场，2018 年银行间市场交易可能较 2016 年下半年和 2017 年较为活跃，交易量可能出现较为显著的回升。2018 年银行间市场最为重大的变化是同业存单将被纳入宏观审慎评估体系之中，作为广义信贷的一个组成部分，这就使得发行量大约为 20 万亿元、存量约为 8 万亿元的同业存单市场面临较大的市场压力。在这个背景下，银行间市场的流动性整体很难改善，仍将是偏紧的状态，利率亦很难出现大幅回落的状况。

在资本市场上，由于中性货币政策仍是主基调，在货币政策和宏观审慎政策双支柱政策框架下，金融监管强化、流动性结构性偏紧以及利率高位运行的状况难以改变，2018 年债券市场或难以出现实质复苏。但是，从市场的情绪看，国债收益率和国开债收益率继续大幅上行的空间可能较为有限，保持较高位置震荡具有较大概率。不过，债券市场是否达到战略性配置的阶段，需要考虑下一阶段经济增长的状况，如果经济增长下滑压力仍然较大、经济金融风险仍呈现加速累积的状况，那么债券市场难言逆转。

在股票市场方面，2017 年国内股票市场处于相对较好的运行状态，但是，以大型蓝筹为支撑的估值修复和创业板为主导的估值下调为特征的结构性变化使得 A 股市场估值并不具有较大的安全边际，考虑到经济增长压力和结构调整阻力，2018 年 A 股市场可能仍然面临结构性的调整压力。特别值得注意的是，美国宏观政策的变化及其政策的外溢效应，使得美国股票面临较为显著的政策压力，叠加自身过去 9 年的上行行情和估值抬升，2018 年美国股市的调整压力更为显著，这也是国内 A 股重要的外部不确定性。

2018 年人民币可能保持小幅升值、相对平稳、双向波动的态势。由于特朗普政府政策的不确定性和外围经济体的相对乐观，美元指数走势与美联储加息、缩表、减税等宏观政策以及较为扎实的经济基本面相背离的格局可能较难实质性逆转。人民币在相对高增长、较高外汇储备以及国际收支基本面的支撑下，可能整体呈现小幅升值的态势。由于人民币可能已经接近均衡水平，双向波动将是未来走势的常态。值得警惕的是，目前，NDF 市场 1 年期人民币仍然没有改变贬值的市场预期，只是贬值的幅度缩小。如果欧洲、日本经济复苏相对低于预期，特朗普政策更加稳定且合理，那么美元在经济复苏、美联储加息缩表以及财政减税的支撑下可能重获一定幅度的升势，这对于人民币将是一个重要的市场冲击甚至可能使得人民币汇率的市场预期发生重大的强化，人民币将出现意外的贬值。

三 金融监管政策趋严带来的挑战

从监管的政策环境来看，2018 年，中国将继续坚持守住不发生系统性风险的底线，推动金融改革，促进信贷结构优化。将影子银行、房地产金融、互联网金融等纳入宏观审慎政策框架，将同业存单、绿色信贷业绩考核纳入 MPA 考核，优化跨境资本流动宏观审慎政策，对资本流动进行逆周期调节。这些变化将给财务公司相关业务带来影响。

中国人民银行或将对普惠金融领域贷款达到一定标准的金融机构实施定向降准，引导金融机构加大对国民经济重点领域和薄弱环节的支持力度，加大对深度贫困地区的扶贫再贷款支持力度。同时，向全国推广信贷资产质押和央行内部（企业）评级试点，将符合标准的小微企业贷款、绿色贷款纳入货币政策操作的合格担保品范围。

根据美国基准利率调整的实际情况，中国人民银行可能渐进跟随美联储加息以维持中美利差，稳定汇率水平，可能对存贷款基准利率进行非对称加息，即提高存款基准利率同时保持贷款基准利率处于当前水平。目前，国内通胀表现温和，央行进行货币紧缩的动力不足；为保持平稳增长，需要避免实体经济融资成本过快上涨；人民币企稳，不存在被动加息压力，因此，2018 年央行全面上调商业银行存贷款基准利率的可能性仍然较低。

美国金融危机以来，全球低利率环境下居民和企业部门的资产负债表得以修复，但经济发展的长期问题尚未解决。在当前宽松货币政策开始退出的情况下，财政政策接棒，实施积极的财政政策以实现经济平稳增长。2018 年，我国将继续实施积极的财政政策，但财政赤字率下调为 2.6%；将进一步控制地方隐性债务风险和宏观杠杆率；从支出转向减税降费，个税、企业所得税、增值税、关税降低，更加注重民生，支持三大攻坚战，服务高质量发展；调整优化财政支出结构，确保对供给侧结构性改革、脱贫攻坚、污染防治等重点领域和项目的支持力度。

从监管体制来看，随着银保监会的成立，机构调整、职能整合、人员变动等状态需要持续一段时间，政策将出现过渡性特征，对金融机构将在延续之前既定原则基础上加强监管以确保监管无缝衔接。同时，银保监会仍会强调资本充足率监管，并在此基础上，通过融合银保系统监管信息实施功能监管和行为监管。在新的中国金融监管框架下，功能监管、行为监管与机构监管并行，金融机构将受到全面监管。作为"最放心的金融机构"的财务公司，其业务将受到与其他金融机构相同的监管。产业链金融是监管机构重点支持财务公司发展的领域。下一步，银保监会将对财务公司延伸产业链金融服务试点工作情况进行评估，完善相关政策，以支持财务公司更好地服务企业集团和实体经济发展。

在国资监管方面，国资委将深入贯彻执行党的十九大、中央经济工作会议、第五次全国金融工作会议精神，实施中央企业降杠杆、调结构，实现国有资产保值增值，风险可控，并要求财务公司从资金运营角度予以配合执行。

四 行业定位内涵深化带来的挑战

十九大报告指出，深化金融体制改革，增强金融服务实体经济能力。同时，2018政府工作报告提出，加快金融体制改革，让金融更好服务实体经济。在金融业全面脱虚向实、深化服务实体经济的大趋势下，财务公司依托集团、依托产业、依托实体经济的基本定位，亟待在新的环境下进一步深化内涵。具体地说，这方面的挑战主要体现在以下四个方面。

第一，财务公司作为企业集团内部金融服务机构，具有服务所在集团、服务实体经济的天然优势。财务公司在利益取向方面与集团和集团所在实体经济产业的发展高度一致，长期以来，拥有信息高度对称、产品量身打造、服务贴近需求等多方面优势。但是，在各类金融机构普遍深化服务实体经济的大潮下，企业集团将成为各类金融机构激烈争夺的重点服务对象，财务公司服务实体经济的天然竞争优势有可能被削弱和冲淡，而财务公司在资本规模、服务网络、信息系统、服务团队等方面存在的劣势则可能被放大。财务公司要保持自身定位、突出竞争优势、巩固生存发展基础，必须在服务范围、服务门类、服务品质方面下大功夫，在自身业务基础条件方面也需要不断加强和巩固。

第二，在金融业深化服务实体经济的大趋势下，金融市场总体结构也将面临调整。目前我国总体金融结构仍以间接融资为主，直接融资占比仍然偏低。服务实体经济的整体要求，将推动多层次资本市场立足实体经济发展的融资导向，得到加速发展，着力强化多层次资本市场投资功能，提高直接融资特别是股权融资比重。在这方面，财务公司的基础较为薄弱，发展并不充分，各方面业务条件也多有欠缺。如果不能弥补短板，在帮助企业集团对接多层次资本市场方面有所突破，财务公司服务集团、服务实际经济的行业发展定位要落到实处，也将面临现实挑战。

第三，金融业深化改革、更好服务实体经济的另一重点领域，是不断提供针对小微、"三农"、双创、低收入人群的普惠金融服务。在这一方面，财务公司虽然通过延伸产业链金融服务，获得了一些突破。但总体来说，还面临服务范围、服务能力、业务品种、服务团队等多方面的限制。

第四，在当前形势下，财务公司紧贴集团与集团主干产业，着力发展以司库职能为重心的金融服务，将是一段时间内行业发展的主流大势。不过，行业内多元化发展的趋势与呼声，仍然是广泛存在的。部分财务公司根据自身所依托集团和行业的实际特点，按照集团的职能定位，突出发展其对接外部市场的金融竞争能力，甚至在一定范围内探索向产业金融一体化平台转化的可行性，探索类似于国外产业银行的发展模式，也具有其自身合理性。财务公司行业立足当前、立足整体情况的主流定位，与着眼未来、着眼特殊情况的多元化定位探索，也存在一个协调与磨合的问题。

第二十五章
新趋势

一 深度融入国家战略，更好服务实体经济

作为具有中国特色的一类金融机构，财务公司在改革开放的过程中应运而生，在中国经济社会与金融市场发展的不同发展阶段，依托国家战略的发展变化，不断调整自己的定位和职能，以服务所在企业集团为依托和起点，在服务经济发展、服务金融改革、服务社会民生的过程中，实现自身的价值。

2018 年是全面贯彻党的十九大精神的开局之年，是改革开放 40 周年，是决胜全面建成小康社会、实施"十三五"规划的关键一年。包括企业集团财务公司在内的中国金融行业，将面临新的机遇，也将承担新的使命与任务。财务公司行业发展最为重要的趋势，就是在全面深刻理解党和国家所提出新时代发展要求的基础上，更加积极主动深入地融入国家战略，发挥自身以依托集团服务集团为切入点，了解实体经济、贴近实体经济、服务实体经济的独特优势，在新时代中国特色社会主义建设的伟大历史进程中做出贡献。

财务公司融入国家战略的发展方向，将主要抓住以下三个重点。

（一）落实供给侧性结构改革战略，集中力量服务实体经济

十九大报告提出，必须坚持质量第一、效益优先，以供给侧结构性改革为主线，推动经济发展质量变革、效率变革、动力变革。2018 年政府工作报告提出，要深入推进供给侧结构性改革。坚持把发展经济着力点放在实体经济上。供给侧结构性改革，是新时期经济战略的一条主线，体现了转变经济发展方式、提升经济发展质量与效益的整体要求，落脚于着力推动实体经济发展。深度融入供给侧结构性改革战略，也是

275

财务公司融入国家战略的一条主线。

财务公司深入融入供给侧结构性改革战略，将呈现出百花齐放、殊途同归的特征。

百花齐放，是指各财务公司根据所处集团、行业的不同特点，抓住"三去一降一补"中的一个或多个环节，通过拓展服务范围、开发服务产品、提高服务效率、降低服务成本等多种手段，提升服务效能。其中，财务公司发挥外部金融服务内部化职能帮助集团降杠杆，发挥价格低、资质全、联通内外市场与金融机构等综合优势帮助集团降成本，以产业链与小微金融服务、外汇与跨境金融服务、"互联网＋"创新金融服务为重点帮助集团补短板，将呈现良好的发展势头。

殊途同归，是指财务公司服务供给侧结构性改革的侧重与方向虽有所不同，但共同落脚于帮助集团提高主业发展的质量与效率，最终落脚于推动实体经济的发展。在这一过程中，财务公司一方面要与集团整体战略和主干产业深度融合，帮助集团从主业发展的各个环节入手，向资金管理优化和资金资源的高效利用要效益、提质量，帮助集团剥离主业单位的金融和类金融操作职能，提高金融业务的专业水平和集中水平，实现聚焦主业、脱虚向实；另一方面，着力避免自己的经营活动过度偏离主业，过度介入外部市场高风险业务，实现自身发展的脱虚向实。

（二）提高帮助"一带一路"、区域发展、创新驱动发展战略的质量与效率

深度融入"一带一路"倡议方面，财务公司将继续扩大外汇和跨境金融的规模，丰富产品服务体系，帮助所属集团更好地"走出去"，在帮助集团降低海外发展成本、管控各类风险、弥补特定国家和地区重点项目金融支持短板等方面发挥价值；探索依托自贸区拓宽境内外资金通路的可行性；在此基础上，逐步构建境外金融咨询服务和智库建设等优势，以人才优势、智力优势、专业优势、信息优势为突破口，加大介入集团总体外向性发展战略的力度。

深度融入区域发展战略方面，财务公司将继续紧跟京津冀一体化、长江经济带、粤港澳大湾区等重点区域在金融服务方面的个性化需求，通过专项信贷、银团贷款、产业链金融等服务手段，以及为特定项目量身打造一揽子综合性金融服务方案，帮助所在集团以重点项目为切入点，更好地承担区域发展战略责任。

深度融入创新驱动发展战略方面，财务公司将充分发挥内部金融机构与集团成员单位利益取向一致、信息充分对称的优势，为集团成员单位的创新创业提供服务；探

索包括知识产权流转与质押等方式在内的专项金融服务模式，辅以专项风控措施，为处于不同发展阶段、按照传统金融业务规则较难获得充分金融支持的创新创业项目提供必要的内部金融服务支持。同时，财务公司继续将服务《中国制造 2025》作为金融服务发展的重点方向，发挥支持创新驱动发展与支持实体经济发展的双重服务效能。

（三）全面推进财务公司改革

2018 年是改革开放四十周年，经济金融改革将在很多领域深入推进。同时，企业集团财务公司行业在经历了三十年的风雨之后，也将进入深化改革的全新发展阶段，以此更好地适应国家战略赋予使命、宏观环境发展演进、经济社会发展状态、金融市场发育程度、监管环境最新要求，在更好地履行使命职责的同时，巩固自身的发展基础。

财务公司行业的改革，在这一阶段聚焦的重点内容，主要包括几个方面：不同所有制下的财务公司，落实党的领导要求，将党的领导与公司治理机制深度融合的上层建筑改革；以深入扩展司库职能、更好服务集团主业和实体经济为核心的金融业务改革；以全面贯彻落实金融监管新要求，按照商业银行或类商业银行标准优化风险合规管控体系的内部管理改革；以充分激发发展活力，释放金融服务潜力、市场竞争潜力、人才队伍潜力、创新创效潜力为目标的人力资源与薪酬激励体制改革。

二　立足集团主业大势，持续改进金融服务

财务公司将长期坚持依托集团、服务集团的根本宗旨，继续坚持发挥金融机构服务职能和集团总部部分财务管理职能的双重价值，坚定不移地按照"四个平台"要求，履行内部金融平台的职责，以服务集团为抓手，服务实体经济，服务中国经济社会发展。

（一）司库职能发挥再上新台阶

财务公司的司库职能，是财务公司定位与价值最为直接的体现，也是财务公司改进金融服务的核心方向。2018 年，财务公司将进一步加强对司库职能发挥的理论探讨和政策研究，在实践中更多地将司库管理的理念、制度、要求融入发展宗旨，贯穿于

277

持续改进金融服务的各个环节。

在更好地发挥司库职能的具体过程中，财务公司将抓住如下四个方面的重点，再上新台阶：一是坚定不移加强资金集中管理，充分依托集团内部的政策支持，同时利用服务优势，增强对成员单位资金的吸引力；二是在集中度指标不断上升的基础上，进一步提高资金集中的质量，推广日均监测考核，严控资金搬家；三是在资金集中的基础上，配合财务公司金融业务的丰富和发展，为集中起来的资金寻找安全高效的配置渠道；四是以资金集中为依托，更加主动积极地承担集团的辅助管理职能，同时发挥以资金归集与监测为基础的全集团风险管控职能。

（二）金融服务持续精细化

在强调发展质量和效益的大背景下，财务公司各项金融服务，将在继续保持业务规模增长态势的基础上，更多地强调为集团主业和实体经济发展创造服务效能，进入服务精细化水平持续提升的发展阶段。

其中，存款服务方面，财务公司将在2017年全行业存款规模呈现较大幅度增长的基础上，更加积极主动探索适应行业和所在集团特点的存款定价模式，为成员单位提供差异化存款服务，发挥定价工具调节集团内部资金市场的作用。

信贷服务方面，财务公司将依托产业链金融业务的持续发展，推进贷款投放结构的多元化；同时继续推进电子票据业务发展，不断加大相关信息系统建设投入，完善适应票据业务发展的系统、管理、风控环境，同时进一步推进票据集中与票据池建设，做大做强票据业务。

外汇和跨境服务方面，财务公司将结合所在集团特点，加强对国家外汇管理政策、自贸区政策的研究和理解，在继续申请业务资质、扩大业务范围的同时，将现有业务的效能更加充分地释放出来，在衍生品业务等领域取得一定突破，更好地为"走出去"保驾护航。

三 鼓励创新多元发展，提升综合竞争能力

创新是财务公司行业发展的重要动力，是不同行业、不同集团的财务公司因地制宜实现多元发展的重要驱动力。2018年，财务公司行业的创新和多元发展，一方面将顺应国家对金融业改革发展的总体要求，顺应监管形势，在严格控制风险的前提下有

序展开；另一方面，将紧扣财务公司服务集团、服务实体经济的主要职能，将创新的出发点和落脚点集中于提高财务公司服务集团和实体经济的效能，提升财务公司相对其他金融机构的服务优势和综合竞争效能，在为经济社会发展创造价值的同时，巩固行业生存与发展的基础。

（一）产业链金融呈现全流程创新态势

在产业链金融服务试点范围逐步扩大的基础上，更多的财务公司将在启动相关业务的基础上，结合本行业本集团上下游产业链的特点和实际需求，抓住以下重点方面展开全流程创新：在服务范围方面，在政策允许范围内，沿集团产业链方向持续延伸，尤其是要提高对下游小微企业和个人的覆盖能力；在业务模式方面，充分运用"互联网+"、大数据、云计算等先进技术，探索使资金流与物流信息深度融合、自动处理的业务流程，在确保安全基础上提高业务效率；在管理模式与基础条件方面，在系统建设、机构设置、人员配备、审批流程方面积极创新，适应产业链金融发展形势下客户数量与业务笔数海量增加的客观要求，弥补财务公司传统管理模式应对外部市场环境能力不足的局部缺陷，充分发挥财务公司贴近产业链、了解产业链、服务产业链的独特竞争优势。

（二）境外资金归集创新展开探索

在财务公司开设境外子公司尚未取得实质性突破的情况下，针对集团海外发展对海外资金集中管控的实际需求，按照集团的统一部署，探索以财务公司代管集团境外专业公司或展开深度合作等方式，建设境外资金归集平台，弥补目前财务公司金融服务与辅助管理职能难以随集团业务扩展向海外延伸的缺憾。

（三）智力支持创新重点突破

在严格遵守监管要求、严守财务公司本分、避免过度介入高风险业务的前提下，财务公司将从更好地提高服务效能、提升竞争力的角度出发，在业务方面实现重点突破。就目前的趋势而言，重点突破的重要方向之一，将聚焦于发挥财务公司的专业优势、人才优势、智力优势，大力发展财务顾问、财务咨询、债券发行与承销等特色服务，为集团对接金融市场提供外部金融机构难以提供的精准服务，充分释放财务公司

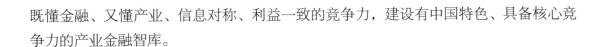

既懂金融、又懂产业、信息对称、利益一致的竞争力，建设有中国特色、具备核心竞争力的产业金融智库。

四　全面强化风险管控，巩固稳健发展基础

党的十九大报告要求，健全金融监管体系，守住不发生系统性金融风险的底线；将金融行业强化风险管控的重要性提升到了一个全新高度。2018 年，财务公司将在目前金融行业"严监管"与"强监管"基本成形的大势下，积极主动应对以下三个方面的监管变化趋势，全面强化风险管控，巩固行业稳健发展基础。

第一，财务公司要积极应对多重监管不断加强的趋势。当前，中国人民银行、银保监会、证监会乃至于国资委等不同政府部门，对财务公司某项业务或某个具体事项提出监管要求，有可能成为财务公司行业必须面对的一种新常态。对此，财务公司要提高对政策把握的精细化水平，逐一落实监管要求，避免遗漏，还要妥善应对多重监管形势下可能出现的监管要求差异和冲突。

第二，财务公司要积极应对监管标准不断提高的趋势。作为体量相对较小、对社会公众直接影响相对较小的存款类金融机构，监管部门对财务公司在很多方面尚未制定专门监管规则，一般参照商业银行相关规则的要求执行，而长期以来在实践中的掌握标准相对较为宽松。但在目前"严监管""强监管"的整体形势下，财务公司开始在很多方面面对与商业银行相同甚至更加严格的监管标准。在针对财务公司客观情况的专门规则体系完善尚需一个过程的情况下，财务公司必须适应这一形势，予以积极应对。

第三，财务公司要积极应对未来可能加速的混业监管趋势。长期以来中国金融监管一直处于分业监管状态，随着金融市场形势的变化，在金融稳定发展委员会成立，银监会、保监会合并，银保监会和中国人民银行通过人事安排等渠道加强沟通协调的情况下，混业监管趋势可能加速。作为业务具有一定混业特征的金融机构，财务公司对此应未雨绸缪，有所准备。

财务公司应对上述趋势的具体举措，首先是在思想观念上充分重视，树立低风险不等于低风控的正确认识，在公司整体战略中提升合规风险工作的层次；在此基础上，加强与监管机构的沟通协调，提高对政策的理解能力与执行能力；在机构、岗位、人力等方面给予充分投入与资源保障；加大信息系统建设等技术手段对合规风控工作的支持力度，提高专业化水平；不断巩固财务公司行业的发展根基。

五 构建行业发展生态，着手应对长期难题

2018 年，中国的财务公司行业将更加积极主动地构建产业金融发展生态环境，发挥财务公司这类特殊金融机构跨越产业与金融领域、联通内部与外部市场的独特优势，将所服务的集团和实体经济产业与上下游客户、集团内其他金融机构、集团外金融机构、外部社会中介机构更好地连接起来，在为产业发展创造最佳金融环境的同时，在各类金融机构围绕服务实体经济、服务企业集团展开激烈竞争的局面下，为财务公司行业自身的生存发展创造条件。

从财务公司的角度而言，各家公司将根据所服务集团、所在实体经济产业门类的不同特点，围绕集团产业链两端继续延伸金融服务，推动传统司库职能向统筹与管理集团内外金融机构关系等方面延伸，填补外部市场化金融机构为集团内部成员单位提供金融服务的薄弱环节，以产业金融生态的整体推进，为集团成员单位提供更好的金融服务，帮助集团主业增强从内外金融市场获取资源的能力，形成产业集团的良性互动。

从行业自律组织的角度而言，中国财务公司协会也将在推动行业构建整体发展生态方面发挥积极作用，一方面促进财务公司相互之间加强联动，在资源共享、信息共享、业务机会共享方面积极探索，并为财务公司与其他金融机构加强沟通协调提供支持和帮助；另一方面也将更加积极地发挥与监管机构的沟通优势，促进财务公司作为一个行业整体与国家有关部门协调互动，为行业生态发展和行业健康进步创造更加积极的外部环境。在此基础上，对于财务公司行业生态构建的关注与研究也将逐步深化，并在相当程度上与长期以来关于财务公司行业定位的研究相互融合。

长远来看，围绕财务公司行业生态的思考，将有助于中国财务公司行业在实践的基础上不断深化对于行业自身定位的思考与探索，在行业共性与公司个性、在监管要求与自身诉求、在当前定位与未来展望之间形成平衡。从某种意义上说，财务公司行业诞生至今，在长期发展过程中积累的长期性问题，如联行清算号与金融机构地位问题，关联交易问题，以及以银保监会监管指标、中国人民银行 MPA 考核标准等问题，其根本解决有赖于财务公司行业自身定位的不断清晰。归根结底，财务公司是什么样的金融机构，财务公司在产业领域和金融市场扮演着什么样的角色，财务公司的优势和价值何在，财务公司的未来发展方向何在，行业从实践积累和理论研究两个层面，对上述问题的思考将越来越具有积极性和自觉性；而财务公司产业金融生态的实践和研究，也将对上述问题的探索，发挥越来越突出的作用。

附 录

财务公司机构名录①

序号	机构名称	机构简称	地区	行业	所有制
1	TCL 集团财务有限公司	TCL 财务公司	广东省	电子电器	地方国有企业
2	安徽省能源集团财务有限公司	安徽能源财务公司	安徽省	能源电力	地方国有企业
3	安徽省皖北煤电集团财务有限公司	皖北煤电财务公司	安徽省	煤炭	地方国有企业
4	鞍钢集团财务有限责任公司	鞍钢财务公司	辽宁省	钢铁	中央国有企业
5	百联集团财务有限责任公司	百联财务公司	上海市	商贸	地方国有企业
6	包钢集团财务有限责任公司	包钢财务公司	内蒙古自治区	钢铁	地方国有企业
7	宝钢集团财务有限责任公司	宝钢财务公司	上海市	钢铁	中央国有企业
8	宝塔石化集团财务有限公司	宝塔石化财务公司	宁夏回族自治区	石油化工	集体民营企业
9	保利财务有限公司	保利财务公司	北京市	投资控股	中央国有企业
10	北大方正集团财务有限公司	北大方正财务公司	北京市	投资控股	中央国有企业
11	北京金融街集团财务有限公司	金融街财务公司	北京市	投资控股	地方国有企业
12	北京金隅财务有限公司	金隅财务公司	北京市	建筑建材	地方国有企业
13	北京控股集团财务有限公司	北京控股财务公司	北京市	投资控股	地方国有企业
14	北京粮食集团财务有限公司	京粮财务公司	北京市	农林牧渔	地方国有企业
15	北京汽车集团财务有限公司	北汽财务公司	北京市	汽车	地方国有企业
16	北京首都旅游集团财务有限公司	首旅财务公司	北京市	酒店旅游	地方国有企业
17	本钢集团财务有限公司	本钢财务公司	辽宁省	钢铁	地方国有企业
18	兵工财务有限责任公司	兵工财务公司	北京市	军工	中央国有企业
19	兵器装备集团财务有限责任公司	兵装财务公司	北京市	军工	中央国有企业
20	渤海钢铁集团财务有限公司	渤海钢铁财务公司	天津市	钢铁	地方国有企业

---

① 按机构名称音序排列。

续表

序号	机构名称	机构简称	地区	行业	所有制
21	诚通财务有限责任公司	诚通财务公司	北京市	投资控股	中央国有企业
22	重庆化医控股集团财务有限公司	重庆化医财务公司	重庆市	石油化工	地方国有企业
23	重庆机电控股集团财务有限公司	重庆机电财务公司	重庆市	机械制造	地方国有企业
24	重庆力帆财务有限公司	重庆力帆财务公司	重庆市	机械制造	集体民营企业
25	重庆市能源投资集团财务有限公司	重庆能源财务公司	重庆市	煤炭	地方国有企业
26	创维集团财务有限公司	创维财务公司	深圳市	电子电器	集体民营企业
27	大连港集团财务有限公司	大连港财务公司	大连市	交通运输	地方国有企业
28	大唐电信集团财务有限公司	大唐电信财务公司	北京市	电子电器	中央国有企业
29	大同煤矿集团财务有限责任公司	同煤财务公司	山西省	煤炭	地方国有企业
30	大冶有色金属集团财务有限责任公司	大冶有色财务公司	湖北省	有色金属	地方国有企业
31	东方电气集团财务有限公司	东方电气财务公司	四川省	机械制造	中央国有企业
32	东方集团财务有限责任公司	东方财务公司	黑龙江省	农林牧渔	集体民营企业
33	东风汽车财务有限公司	东风财务公司	湖北省	汽车	中央国有企业
34	东航集团财务有限责任公司	东航财务公司	上海市	交通运输	中央国有企业
35	东旭集团财务有限公司	东旭财务公司	河北省	电子电器	集体民营企业
36	鄂尔多斯财务有限公司	鄂尔多斯财务公司	内蒙古自治区	民生消费	集体民营企业
37	福建七匹狼集团财务有限公司	七匹狼财务公司	福建省	民生消费	集体民营企业
38	福建省能源集团财务有限公司	福建能源财务公司	福建省	煤炭	地方国有企业
39	甘肃电投集团财务有限公司	甘肃电投财务公司	甘肃省	能源电力	地方国有企业
40	港中旅财务有限公司	港中旅财务公司	深圳市	酒店旅游	中央国有企业
41	供销集团财务有限公司	供销财务公司	北京市	农林牧渔	中央国有企业
42	光明食品集团财务有限公司	光明财务公司	上海市	农林牧渔	地方国有企业
43	广东省广晟财务有限公司	广晟财务公司	广东省	有色金属	地方国有企业
44	广东省交通集团财务有限公司	广东交通财务公司	广东省	交通运输	地方国有企业
45	广东粤电财务有限公司	粤电财务公司	广东省	能源电力	地方国有企业
46	广西交通投资集团财务有限责任公司	广西交投财务公司	广西壮族自治区	交通运输	地方国有企业
47	广州发展集团财务有限公司	广发财务公司	广东省	投资控股	地方国有企业
48	广州汽车集团财务有限公司	广汽财务公司	广东省	汽车	地方国有企业
49	贵州茅台集团财务有限公司	茅台财务公司	贵州省	民生消费	地方国有企业

续表

序号	机构名称	机构简称	地区	行业	所有制
50	贵州盘江集团财务有限公司	盘江财务公司	贵州省	煤炭	地方国有企业
51	国电财务有限公司	国电财务公司	北京市	能源电力	中央国有企业
52	国机财务有限责任公司	国机财务公司	北京市	机械制造	中央国有企业
53	国家电投集团财务有限公司	国电投财务公司	北京市	能源电力	中央国有企业
54	国联财务有限责任公司	国联财务公司	江苏省	投资控股	地方国有企业
55	国投财务有限公司	国投财务公司	北京市	投资控股	中央国有企业
56	国药集团财务有限公司	国药财务公司	北京市	商贸	中央国有企业
57	哈尔滨电气集团财务有限责任公司	哈尔滨电气财务公司	黑龙江省	机械制造	中央国有企业
58	海尔集团财务有限责任公司	海尔财务公司	青岛市	电子电器	集体民营企业
59	海航集团财务有限公司	海航财务公司	北京市	交通运输	集体民营企业
60	海亮集团财务有限责任公司	海亮财务公司	浙江省	有色金属	集体民营企业
61	海马财务有限公司	海马财务公司	海南省	汽车	集体民营企业
62	海南农垦集团财务有限公司	海南农垦财务公司	海南省	农林牧渔	地方国有企业
63	海信集团财务有限公司	海信财务公司	青岛市	电子电器	地方国有企业
64	杭州锦江集团财务有限责任公司	杭州锦江财务公司	浙江省	有色金属	集团民营企业
65	航天科工财务有限责任公司	航天科工财务公司	北京市	军工	中央国有企业
66	航天科技财务有限责任公司	航天科技财务公司	北京市	军工	中央国有企业
67	河北港口集团财务有限公司	河北港口财务公司	河北省	交通运输	地方国有企业
68	河北建投集团财务有限公司	河北建投财务公司	河北省	投资控股	地方国有企业
69	河钢集团财务有限公司	河钢财务公司	河北省	钢铁	地方国有企业
70	河南能源化工集团财务有限公司	河南能源化工财务公司	河南省	煤炭	地方国有企业
71	河南双汇集团财务有限公司	双汇财务公司	河南省	农林牧渔	集体民营企业
72	亨通财务有限公司	亨通财务公司	江苏省	电子电器	集体民营企业
73	红豆集团财务有限公司	红豆财务公司	江苏省	民生消费	集体民营企业
74	红星美凯龙家居集团财务有限责任公司	红星美凯龙财务公司	上海市	民生消费	集体民营企业
75	湖北交投集团财务有限公司	湖北交投财务公司	湖北省	交通运输	地方国有企业
76	湖北能源财务有限公司	湖北能源财务公司	湖北省	能源电力	地方国有企业
77	湖北宜化集团财务有限责任公司	湖北宜化财务公司	湖北省	石油化工	地方国有企业

续表

序号	机构名称	机构简称	地区	行业	所有制
78	湖南出版投资控股集团财务有限公司	湖南出版财务公司	湖南省	其他	地方国有企业
79	湖南高速集团财务有限公司	湖南高速财务公司	湖南省	交通运输	地方国有企业
80	湖南华菱钢铁集团财务有限公司	华菱财务公司	湖南省	钢铁	地方国有企业
81	华联财务有限责任公司	华联财务公司	北京市	商贸	集体民营企业
82	淮北矿业集团财务有限公司	淮北矿业财务公司	安徽省	煤炭	地方国有企业
83	淮南矿业集团财务有限公司	淮南矿业财务公司	安徽省	煤炭	地方国有企业
84	吉林森林工业集团财务有限责任公司	吉林森工财务公司	吉林省	农林牧渔	地方国有企业
85	冀中能源集团财务有限责任公司	冀中能源财务公司	河北省	煤炭	地方国有企业
86	江铃汽车集团财务有限公司	江铃财务公司	江西省	汽车	地方国有企业
87	江苏凤凰出版传媒集团财务有限公司	凤凰出版传媒财务公司	江苏省	其他	地方国有企业
88	江苏国泰财务有限公司	江苏国泰财务公司	江苏省	商贸	地方国有企业
89	江苏华西集团财务有限公司	华西财务公司	江苏省	民生消费	集体民营企业
90	江苏交通控股集团财务有限公司	江苏交通财务公司	江苏省	交通运输	地方国有企业
91	江苏省国信集团财务有限公司	国信财务公司	江苏省	投资控股	地方国有企业
92	江苏悦达集团财务有限公司	悦达财务公司	江苏省	投资控股	地方国有企业
93	江西铜业集团财务有限公司	江铜财务公司	江西省	有色金属	地方国有企业
94	金川集团财务有限公司	金川财务公司	甘肃省	有色金属	地方国有企业
95	锦江国际集团财务有限责任公司	锦江财务公司	上海市	酒店旅游	地方国有企业
96	晋煤集团财务有限公司	晋煤财务公司	山西省	煤炭	地方国有企业
97	京能集团财务有限公司	京能财务公司	北京市	能源电力	地方国有企业
98	酒钢集团财务有限公司	酒钢财务公司	甘肃省	钢铁	地方国有企业
99	巨化集团财务有限责任公司	巨化财务公司	浙江省	石油化工	地方国有企业
100	开滦集团财务有限责任公司	开滦财务公司	河北省	煤炭	地方国有企业
101	连云港港口集团财务有限公司	连云港财务公司	江苏省	交通运输	地方国有企业
102	联通集团财务有限公司	联通财务公司	北京市	其他	中央国有企业
103	潞安集团财务有限公司	潞安财务公司	山西省	煤炭	地方国有企业
104	马钢集团财务有限公司	马钢财务公司	安徽省	钢铁	地方国有企业
105	美的集团财务有限公司	美的财务公司	广东省	电子电器	集体民营企业

续表

序号	机构名称	机构简称	地区	行业	所有制
106	南方电网财务有限公司	南网财务公司	广东省	能源电力	中央国有企业
107	南山集团财务有限公司	南山财务公司	山东省	有色金属	集体民营企业
108	内蒙古电力集团财务有限责任公司	内蒙古电力财务公司	内蒙古自治区	能源电力	地方国有企业
109	内蒙古伊泰财务有限公司	伊泰财务公司	内蒙古自治区	煤炭	集体民营企业
110	宁波舟山港集团财务有限公司	宁波港财务公司	宁波市	交通运输	地方国有企业
111	青岛港财务有限责任公司	青岛港财务公司	青岛市	交通运输	地方国有企业
112	青岛啤酒财务有限责任公司	青啤财务公司	青岛市	民生消费	地方国有企业
113	青建集团财务有限责任公司	青建财务公司	青岛市	建筑建材	地方国有企业
114	清华控股集团财务有限公司	清华控股财务公司	北京市	投资控股	中央国有企业
115	日立（中国）财务有限公司	日立财务公司	上海市	电子电器	外资企业
116	日照港集团财务有限公司	日照港财务公司	山东省	交通运输	地方国有企业
117	三房巷财务有限公司	三房巷财务公司	江苏省	石油化工	集体民营企业
118	三环集团财务有限公司	三环财务公司	湖北省	汽车	地方国有企业
119	三峡财务有限责任公司	三峡财务公司	北京市	能源电力	中央国有企业
120	沙钢财务有限公司	沙钢财务公司	江苏省	钢铁	集体民营企业
121	厦门海翼集团财务有限公司	厦门海翼财务公司	厦门市	机械制造	地方国有企业
122	厦门翔业集团财务有限公司	厦门翔业财务公司	厦门市	交通运输	地方国有企业
123	山东晨鸣集团财务有限公司	山东晨鸣财务公司	山东省	民生消费	地方国有企业
124	山东钢铁集团财务有限公司	山东钢铁财务公司	山东省	钢铁	地方国有企业
125	山东黄金集团财务有限公司	山东黄金财务公司	山东省	有色金属	地方国有企业
126	山东能源集团财务有限公司	山东能源财务公司	山东省	煤炭	地方国有企业
127	山东省商业集团财务有限公司	山东商业财务公司	山东省	商贸	地方国有企业
128	山东招金集团财务有限公司	招金财务公司	山东省	有色金属	地方国有企业
129	山东重工集团财务有限公司	山东重工财务公司	山东省	机械制造	地方国有企业
130	山西焦煤集团财务有限责任公司	焦煤财务公司	山西省	煤炭	地方国有企业
131	陕西煤业化工集团财务有限公司	陕西煤化财务公司	陕西省	煤炭	地方国有企业
132	陕西能源集团财务有限责任公司	陕西能源财务公司	陕西省	电力	地方国有企业
133	陕西延长石油财务有限公司	延长石油财务公司	陕西省	石油化工	地方国有企业
134	上海电气集团财务有限责任公司	上海电气财务公司	上海市	机械制造	地方国有企业

续表

序号	机构名称	机构简称	地区	行业	所有制
135	上海纺织集团财务有限公司	上海纺织财务公司	上海市	民生消费	地方国有企业
136	上海复星高科技集团财务有限公司	复星财务公司	上海市	投资控股	集体民营企业
137	上海华信国际集团财务有限责任公司	上海华信财务公司	上海市	石油化工	集体民营企业
138	上海华谊集团财务有限责任公司	华谊财务公司	上海市	石油化工	地方国有企业
139	上海浦东发展集团财务有限责任公司	浦发财务公司	上海市	投资控股	地方国有企业
140	上海汽车集团财务有限责任公司	上汽财务公司	上海市	汽车	地方国有企业
141	上海上实集团财务有限公司	上实财务公司	上海市	投资控股	地方国有企业
142	上海外高桥集团财务有限公司	外高桥财务公司	上海市	投资控股	地方国有企业
143	上海文化广播影视集团财务有限公司	上海文广影视财务公司	上海市	其他	地方国有企业
144	申能集团财务有限公司	申能财务公司	上海市	能源电力	地方国有企业
145	深圳华强集团财务有限公司	华强财务公司	深圳市	其他	集体民营企业
146	深圳能源财务有限公司	深圳能源财务公司	深圳市	能源电力	地方国有企业
147	深圳市有色金属财务有限公司	深圳有色财务公司	深圳市	有色金属	地方国有企业
148	神华财务有限公司	神华财务公司	北京市	煤炭	中央国有企业
149	首都机场集团财务有限公司	首都机场财务公司	北京市	交通运输	中央国有企业
150	首钢集团财务有限公司	首钢财务公司	北京市	钢铁	地方国有企业
151	顺丰控股集团财务有限公司	顺丰财务公司	深圳市	其他	集体民营企业
152	四川省宜宾五粮液集团财务有限公司	五粮液财务公司	四川省	民生消费	地方国有企业
153	四川长虹集团财务有限公司	长虹财务公司	四川省	电子电器	地方国有企业
154	松下电器（中国）财务有限公司	松下财务公司	上海市	电子电器	外资企业
155	苏州创元集团财务有限公司	苏州创元财务公司	江苏省	机械制造	地方国有企业
156	太钢集团财务有限公司	太钢财务公司	山西省	钢铁	地方国有企业
157	天津渤海集团财务有限责任公司	天津渤海财务公司	天津市	石油化工	地方国有企业
158	天津港财务有限公司	天津港财务公司	天津市	交通运输	地方国有企业
159	天津能源集团财务有限公司	天津能源财务公司	天津市	电力	地方国有企业
160	天津天保财务有限公司	天津天保财务公司	天津市	投资控股	地方国有企业
161	天津物产集团财务有限公司	天津物产财务公司	天津市	商贸	地方国有企业
162	天津医药集团财务有限公司	天津医药财务公司	天津市	石油化工	地方国有企业

续表

序号	机构名称	机构简称	地区	行业	所有制
163	天瑞集团财务有限责任公司	天瑞财务公司	河南省	建筑建材	集体民营企业
164	通用技术集团财务有限责任公司	通用财务公司	北京市	商贸	中央国有企业
165	铜陵有色金属集团财务有限公司	铜陵有色财务公司	安徽省	有色金属	地方国有企业
166	万向财务有限公司	万向财务公司	浙江省	汽车	集体民营企业
167	五矿集团财务有限责任公司	五矿财务公司	北京市	有色金属	中央国有企业
168	武汉钢铁集团财务有限责任公司	武钢财务公司	湖北省	钢铁	中央国有企业
169	物产中大集团财务有限公司	物产中大财务公司	浙江省	商贸	地方国有企业
170	物美商业财务有限责任公司	物美财务公司	北京市	商贸	集体民营企业
171	西部矿业集团财务有限公司	西部矿业财务公司	青海省	有色金属	地方国有企业
172	西电集团财务有限责任公司	西电财务公司	陕西省	机械制造	中央国有企业
173	西门子财务服务有限责任公司	西门子财务公司	北京市	电子电器	外资企业
174	西王集团财务有限公司	西王财务公司	山东省	农林牧渔	集体民营企业
175	新奥财务有限责任公司	新奥财务公司	河北省	其他	集体民营企业
176	新凤祥财务有限公司	新凤祥财务公司	山东省	有色金属	集体民营企业
177	新华联控股集团财务有限责任公司	新华联财务公司	北京市	民生消费	集体民营企业
178	新希望财务有限公司	新希望财务公司	四川省	农林牧渔	集体民营企业
179	徐工集团财务有限公司	徐工财务公司	江苏省	机械制造	地方国有企业
180	兖矿集团财务有限公司	兖矿财务公司	山东省	煤炭	地方国有企业
181	阳泉煤业集团财务有限责任公司	阳煤财务公司	山西省	煤炭	地方国有企业
182	一汽财务有限公司	一汽财务公司	吉林省	汽车	中央国有企业
183	伊利财务有限公司	伊利财务公司	内蒙古自治区	农林牧渔	集体民营企业
184	亿利集团财务有限公司	亿利财务公司	北京市	农林牧渔	集体民营企业
185	营口港务集团财务有限公司	营口港财务公司	辽宁省	交通运输	地方国有企业
186	粤海集团财务有限公司	粤海财务公司	广东省	投资控股	地方国有企业
187	云南建投集团财务有限公司	云南建投财务公司	云南省	建筑建材	地方国有企业
188	云南昆钢集团财务有限公司	昆钢财务公司	云南省	钢铁	地方国有企业
189	云南冶金集团财务有限公司	云南冶金财务公司	云南省	有色金属	地方国有企业
190	云南云天化集团财务有限公司	云天化财务公司	云南省	石油化工	地方国有企业
191	招商局集团财务有限公司	招商局财务公司	北京市	交通运输	中央国有企业

续表

序号	机构名称	机构简称	地区	行业	所有制
192	浙江省交通投资集团财务有限责任公司	浙江交投财务公司	浙江省	交通运输	地方国有企业
193	浙江省能源集团财务有限责任公司	浙能财务公司	浙江省	能源电力	地方国有企业
194	振华集团财务有限责任公司	振华财务公司	贵州省	电子电器	地方国有企业
195	正泰集团财务有限公司	正泰财务公司	浙江省	电子电器	集体民营企业
196	郑州宇通集团财务有限公司	宇通财务公司	河南省	汽车	集体民营企业
197	中材集团财务有限公司	中材财务公司	北京市	建筑建材	中央国有企业
198	中车财务有限公司	中车财务公司	北京市	机械制造	中央国有企业
199	中船财务有限责任公司	中船财务公司	上海市	军工	中央国有企业
200	中船重工财务有限责任公司	中船重工财务公司	北京市	军工	中央国有企业
201	中广核财务有限责任公司	中广核财务公司	深圳市	能源电力	中央国有企业
202	中国大唐集团财务有限公司	大唐财务公司	北京市	能源电力	中央国有企业
203	中国电建集团财务有限责任公司	中电建财务公司	北京市	建筑建材	中央国有企业
204	中国电力财务有限公司	中国电力财务公司	北京市	能源电力	中央国有企业
205	中国电子财务有限责任公司	中国电子财务公司	北京市	电子电器	中央国有企业
206	中国电子科技财务有限责任公司	中电科财务公司	北京市	军工	中央国有企业
207	中国航空集团财务有限责任公司	国航财务公司	北京市	交通运输	中央国有企业
208	中国航油集团财务有限公司	中航油财务公司	北京市	石油化工	中央国有企业
209	中国核工业建设集团财务有限公司	中核建财务公司	北京市	建筑建材	中央国有企业
210	中国华电集团财务有限公司	华电财务公司	北京市	能源电力	中央国有企业
211	中国华能财务有限责任公司	华能财务公司	北京市	能源电力	中央国有企业
212	中国化工财务有限公司	中国化工财务公司	北京市	石油化工	中央国有企业
213	中国黄金集团财务有限公司	中国黄金财务公司	北京市	有色金属	中央国有企业
214	中国南航集团财务有限公司	南航财务公司	广东省	交通运输	中央国有企业
215	中国能源建设集团财务有限公司	中国能建财务公司	湖北省	建筑建材	中央国有企业
216	中国平煤神马集团财务有限责任公司	平煤神马财务公司	河南省	煤炭	地方国有企业
217	中国石化财务有限责任公司	中石化财务公司	北京市	石油化工	中央国有企业
218	中国铁建财务有限公司	中铁建财务公司	北京市	建筑建材	中央国有企业
219	中国铁路财务有限责任公司	中国铁路财务公司	北京市	交通运输	中央国有企业
220	中国一拖集团财务有限责任公司	一拖财务公司	河南省	机械制造	地方国有企业

续表

序号	机构名称	机构简称	地区	行业	所有制
221	中国移动通信集团财务有限公司	中移动财务公司	北京市	其他	中央国有企业
222	中国重汽财务有限公司	重汽财务公司	山东省	汽车	地方国有企业
223	中海集团财务有限责任公司	中海财务公司	上海市	交通运输	中央国有企业
224	中海石油财务有限责任公司	中海油财务公司	北京市	石油化工	中央国有企业
225	中航工业集团财务有限责任公司	中航工业财务公司	北京市	军工	中央国有企业
226	中核财务有限责任公司	中核财务公司	北京市	军工	中央国有企业
227	中化工程集团财务有限公司	中化工程财务公司	北京市	建筑建材	中央国有企业
228	中化集团财务有限责任公司	中化财务公司	北京市	石油化工	中央国有企业
229	中集集团财务有限公司	中集财务公司	深圳市	机械制造	集体民营企业
230	中建财务有限公司	中建财务公司	北京市	建筑建材	中央国有企业
231	中交财务有限公司	中交财务公司	北京市	建筑建材	中央国有企业
232	中节能财务有限公司	中节能财务公司	北京市	其他	中央国有企业
233	中开财务有限公司	中开财务公司	深圳市	交通运输	地方国有企业
234	中联重科集团财务有限公司	中联重科财务公司	湖南省	机械制造	地方国有企业
235	中粮财务有限责任公司	中粮财务公司	北京市	农林牧渔	中央国有企业
236	中铝财务有限责任公司	中铝财务公司	北京市	有色金属	中央国有企业
237	中煤财务有限责任公司	中煤财务公司	北京市	煤炭	中央国有企业
238	中铁财务有限责任公司	中铁财务公司	北京市	建筑建材	中央国有企业
239	中信财务有限公司	中信财务公司	北京市	投资控股	中央国有企业
240	中兴通讯集团财务有限公司	中兴财务公司	深圳市	电子电器	集体民营企业
241	中冶集团财务有限公司	中冶财务公司	北京市	建筑建材	中央国有企业
242	中油财务有限责任公司	中油财务公司	北京市	石油化工	中央国有企业
243	中远财务有限责任公司	中远财务公司	北京市	交通运输	中央国有企业
244	忠旺集团财务有限公司	忠旺财务公司	大连市	有色金属	集体民营企业
245	珠海格力集团财务有限责任公司	格力财务公司	广东省	电子电器	地方国有企业
246	珠海华发集团财务有限公司	华发财务公司	广东省	投资控股	地方国有企业
247	紫金矿业集团财务有限公司	紫金矿业财务公司	福建省	有色金属	地方国有企业

后　记

　　2017年，中国经济缓中趋稳，供给侧结构性改革稳步推进，产业结构持续优化。企业集团财务公司作为与实体经济紧密联系的金融机构，坚守"服务集团"的基本定位，不断深化金融服务，继续强化风险管控，为集团践行国家战略、优化产业结构提供了有力支持。本年度是中国财务公司协会（以下简称"中国财协"）联合中国社会科学院财经战略研究院，第三次组织撰写企业集团财务公司行业发展报告（以下简称"报告"）。报告运用大量数据和案例生动翔实地展示了2017年财务公司行业发展运行情况，忠实客观地描述了在发展过程中面临的机遇和挑战。

　　编写组总结了前两次编著经验，结合2017年行业发展特点，对篇章结构做了相应的整合和优化。报告紧密结合监管层对金融机构加强风险防范的要求，新增风险篇，并将发展篇与展望篇合并，使得报告更为精简。

　　报告得到了监管部门、中国财协领导的关心和指导，得到了各会员单位的支持和帮助。中国财协专职常务副会长王岩玲和中国社会科学院财经战略研究院院长何德旭共同主持报告的起草工作；中国财协副秘书长李清军和张若甜作为报告牵头人全程参与编写讨论工作；各会员单位积极反馈调查问卷和案例，为报告提供了翔实的数据和丰富的案例；社会科学文献出版社对报告的出版给予了大力帮助。在此一并表示衷心感谢！

　　报告由中国财协、中国社会科学院财经战略研究院、中海石油财务有限责任公司、中油财务有限责任公司、中国石化财务有限责任公司、中国华电集团财务有限公司、航天科技财务有限责任公司、中核财务有限责任公司、中国核工业建设集团财务有限公司、中节能财务有限公司、中化工程财务有限公司等机构共同撰写。

　　报告各篇章的写作分工如下：第一、二、三章由中国社会科学院王朝阳、郑联盛、王文汇，社会科学文献出版社史晓琳共同撰写；第四章由中国财协提供；第五章由中国财协尚丽丽、都春雯撰写；第六章由中国财协朱静撰写；第七章由中国石化财务有限责任公司杨睿撰写；第八章由中节能财务有限公司杨兴撰写；第九、十章由航天科技财务有限责任公司王晓丽撰写；第十一、十二章由中化工程财务有限公司蒋燕撰写；第十三章由中核财务有限责任公司张剑撰写；第十四、十五、十七章由中国华电集团财务有限公司丁大忠撰写；第十六、十八章由航天科技财务有限责任公司李慧撰写；第十九章由中国石化财务有限责任公司杨睿撰写；第二十、二十一、二十二章由中油财务有限责任公司王文忠、刘茉撰写；第二十三、二十五章由中海石油财务有限责任公司汪恒、中国核工业建设集团财务有限公司彭巾媚撰写；第二十四章由中国社会科学院王朝阳、中海石油财务有限责任公司汪恒撰写。

中国社会科学院王朝阳、中海石油财务有限责任公司汪恒负责报告的统稿工作，社会科学文献出版社史晓琳等负责报告的编辑校对工作，中国财协李清军、张若甜和陈达承担了报告的修改完善工作，中国财协尚丽丽负责数据统计和组织协调工作，中国财协孙现梅做了大量的问卷和案例回收及整理工作，中国财协钟舒婷、钱昆承担了报告英文目录及各篇摘要的翻译工作。

由于水平有限，不足之处在所难免，恳请广大读者批评指正。

编写组

2018 年 4 月

图书在版编目（CIP）数据

中国企业集团财务公司行业发展报告. 2018 / 中国
财务公司协会，中国社会科学院财经战略研究院编著. --
北京：社会科学文献出版社，2018.6
　ISBN 978-7-5201-2783-7

　Ⅰ. ①中…　Ⅱ. ①中…　②中…　Ⅲ. ①企业集团－金
融公司－经济发展－研究报告－中国－2018　Ⅳ.
①F279.244

　中国版本图书馆CIP数据核字（2018）第088376号

中国企业集团财务公司行业发展报告（2018）

编　　著 / 中国财务公司协会
　　　　　中国社会科学院财经战略研究院

出 版 人 / 谢寿光
项目统筹 / 史晓琳
责任编辑 / 史晓琳　崔彦茹

出　　版 / 社会科学文献出版社·国际出版分社（010）59367243
　　　　　地址：北京市北三环中路甲29号院华龙大厦　邮编：100029
　　　　　网址：www.ssap.com.cn
发　　行 / 市场营销中心（010）59367081　59367018
印　　装 / 三河市东方印刷有限公司

规　　格 / 开　本：787mm×1092mm　1/16
　　　　　印　张：20　字　数：373千字
版　　次 / 2018年6月第1版　2018年6月第1次印刷
书　　号 / ISBN 978-7-5201-2783-7
定　　价 / 148.00元

本书如有印装质量问题，请与读者服务中心（010-59367028）联系